質的社会調査の方法

他者の合理性の理解社会学

QUALITATIVE RESEARCH METHODOLOGY

著・岸 政彦
　　石岡丈昇
　　丸山里美

有斐閣ストゥディア

まえがき──質的な調査の，質的なノウハウ

　質的調査の教科書を書いてください，という依頼を受けたとき，最初に頭に浮かんだのは，マニュアルのような教科書よりも，読み物として読んで面白い本を作りたい，ということでした。質的調査に限らず，教科書というものは何でもそうですが，マニュアル化していくと，授業では使いやすいかもしれませんが，学生や院生が読んでもぜんぜん面白くありません。どうせ書くなら，授業でも使える形のままで，なるべく読んで面白い本にしようと思いました。

　私は，ささやかではありますが，それなりの社会調査の経験があります。これまで，いろんな調査をして，そのつどその現場でいろいろなことを体験してきました。この歳になって，そうした体験がある程度積み重なってきました。調査の現場で，たくさんの楽しいこと，しんどいこと，辛いこと，嬉しいことに出会いました。なによりも，たくさんの人びとと出会いました。そして，現場で出会う，たくさんのしんどいことや辛いことに，自分なりに対処してきました。

　気がつくと，そういう体験と，自分なりの対処法が，だんだんとひとつの「まとまり」になってきました。

　私たちは，量的調査をおこなうこともありますが，仕事の中心は質的調査です。質的調査とは，簡単にいえば，「数字を使わない調査」のことです。インタビュー，聞き取り，「参与観察」，歴史的資料や新聞記事の収集など，もっぱら「質的」なデータを集めて分析することが，私たちの仕事です。こうした質的調査では，量的調査のような，すぱっと切れ味のよい，クリアな知識を得ることはほとんどありません。それはひたすら地味な，地に足のついた，地を這うような，地道な調査です。したがって，そこで得られる知識も，もたもたとした，あやふやな，まとまりのないものになりがちです。

　そして，質的調査で得られる知識と同じように，質的調査の「方法」に関することも，どうにも大雑把で，断片的で，いいかげんで，感覚的な知識しか得られないことがほとんどです。

　しかし，ふと自分の仕事を振り返ってみると，こうした「おおまかな知識」や「なんとなく積み重なった経験」は，だんだんとそれなりにまとまってきて，

自分の「ノウハウ」のようになってきました。そして，学生や院生に伝えるときも，自分なりの伝え方ができてきました。たとえば，細かいことですが，インタビューをするときにはICレコーダの下にタオルやハンカチを敷いたほうがいいよ，というようなことです（何故なのかは本文を参照してください）。

私たちがそれなりに蓄積してきたノウハウは，それ自体が非常に「質的」なものですが，それは調査の現場でとても役立つものです。

そして何より，実際の調査というものは，面白い。

このことを私は，最初の著作である『同化と他者化──戦後沖縄の本土就職者たち』のもとになった調査で学びました。この本は，復帰前の沖縄から，単身出稼ぎや集団就職などで東京や大阪に渡った若者たちの生活史を分析したものです。かれらの大半はやがて沖縄にUターンしていくのですが，このときに「沖縄アイデンティティ」がどのように構築されていくかを考えたものです。この調査で私は，さまざまな体験をしました。

私は，この私なりの経験やノウハウを，新しい教科書にそのまますべて書いてやろうと思いました。それは「読んで面白く，現場でも役に立つ」ものになるに違いありません。もちろん授業でも使いやすいものになるはずです。

この本を書くことになり，私はすぐに，二人の若手社会学者に協力してもらおうと思いました。どちらも，体を張った本格的な現場調査で高く評価されている，本物のフィールドワーカーです。

ひとりは，丸山里美さん。私の若いときからの研究仲間で，女性ホームレスをずっと調査しています。その調査は，女性ホームレス当事者の生活に，深く入り込むものです（『女性ホームレスとして生きる──貧困と排除の社会学』）。丸山さんは，ホームレスであることに加えて，女性であることからくる彼女たちのさまざまな経験を，ほんとうにじっくりと聞き取っています。路上に出ること，路上で暮らすこと。そして路上にとどまること。丸山さんは，彼女たちの人生の，複雑な事情や，生き延びるための努力，そして積極的な選択を描いています。

もうひとりは，石岡丈昇さん。フィリピンのマニラのスラムにあるボクシングジムに住み込んで，とても重要なエスノグラフィー（フィールドワークの記録）を書きました（『ローカルボクサーと貧困世界──マニラのボクシングジムにみる身体文化』）。一見するととても過酷な，将来の保証もないような過酷なボクシ

ングの世界に，なぜボクサーたちは入っていくのでしょうか。石岡さんは自分自身もジムに住み込んだ経験から，ボクシングの世界がボクサーたちによってどのように意味付けられているのかを描きました。

　私はこの本に，この二人の経験と知識がどうしても必要だと思いました。そして，それぞれ「フィールドワーク」と「参与観察」の章を執筆していただくことができました。私たち3名と，担当編集者の四竈佑介さんは，東京の有斐閣の会議室に何度も集まって，何時間も熱い議論を戦わせました（そしてそのあとは冷たいビール）。そうしてできあがったのが本書です。

　ここで書かれていることは，おそらく社会問題の現場の真ん中で，体ごとぶつかってフィールドワークをしているものなら，誰もが経験することだと思います。そしてそのすべてを，これから現場に入っていく方たちに伝えたいと思います。

　参与観察や生活史だけではなく，質的調査には，ビデオ分析や会話分析，エスノメソドロジーなどもありますが，本書ではもっとも基礎的な，「フィールドワーク」「参与観察」「生活史」の3つのタイプの調査法を取り上げました。

　まず序章では，きわめて大雑把にまとめられた量的調査と比較しながら，質的調査とはそもそも何なのかが議論されます。そして，第1章では，「総合的な実態調査」としてのフィールドワークの経験が語られます。第2章では，より「身体的」な「参与観察」が紹介されます。第3章では，個人の語りに基づく「生活史」調査について述べられています。

　質的調査の社会学は，現場と研究室を無限に往復することでしか，やっていけません。本書を読んだみなさんが，新たな現場へ入っていくときのガイド役になれば幸いです。

　　2016年10月

　　　　　　　　　　　　　　　　　　　　　　　　　　　　　　岸　政彦

著者紹介

岸　政彦（きし　まさひこ）　　　　　　　　　　　　　　序章，第 3 章

大阪市立大学大学院文学研究科後期博士課程単位取得退学。博士（文学）
現在，立命館大学大学院先端総合学術研究科教授
主要著作
『同化と他者化――戦後沖縄の本土就職者たち』ナカニシヤ出版，2013 年
『街の人生』勁草書房，2014 年
『断片的なものの社会学』朝日出版社，2015 年（紀伊國屋じんぶん大賞 2016）
『マンゴーと手榴弾――生活史の理論』勁草書房，2018 年
『地元を生きる――沖縄的共同性の社会学』（共著）ナカニシヤ出版，2020 年
『リリアン』新潮社，2021 年（第 38 回織田作之助賞）
『東京の生活史』（編）筑摩書房，2021 年（紀伊國屋じんぶん大賞 2022）
『生活史論集』（編）ナカニシヤ出版，2022 年（石岡，丸山執筆）

石岡　丈昇（いしおか　とものり）　　第 2 章，ブックガイド（新しい著作，古典）

筑波大学大学院博士課程人間総合科学研究科単位取得退学。博士（学術）
現在，日本大学文理学部教授
主要著作
『ローカルボクサーと貧困世界――マニラのボクシングジムにみる身体文化』世界思想社，2012 年（第 12 回日本社会学会奨励賞著書の部）
Southern Hemisphere Ethnographies of Space, Place and Time（共著）Peter Lang, 2018 年
「カムバックについて――「世界なき習慣」をめぐる考察」『現代思想』第 47 巻第 4 号，2019 年

丸山　里美（まるやま　さとみ）　　　　　　第 1 章，ブックガイド（教科書）

京都大学大学院文学研究科博士課程単位取得認定退学。博士（文学）
現在，京都大学大学院文学研究科准教授
主要著作
『女性ホームレスとして生きる――貧困と排除の社会学』世界思想社，2013 年（第 33 回山川菊栄賞，第 5 回日本都市社会学会若手奨励賞，第 3 回福祉社会学会学術賞）
「自由でもなく強制でもなく」『現代思想』第 34 巻第 9 号，2006 年
「女性ホームレスの問題から――女性の貧困問題の構造」小杉礼子・宮本みち子編『下層化する女性たち――労働と家庭からの排除と貧困』勁草書房，2015 年

目次

まえがき──質的な調査の，質的なノウハウ　　i

序章　質的調査とは何か　　1

1. 社会学と社会調査 ……………………………………… 1
   社会学って何ってよく聞かれる（1）　社会問題を研究する普通の学問（3）　社会問題とは（5）

2. 社会学における「データ」とは何か ………………… 7
   多様で流動的な社会学のデータ（7）　社会学における「方法」（8）

3. 量的調査と質的調査 …………………………………… 10
   量的調査とは（10）　問題を細かく分解する（12）　量的調査の制約（14）

4. 質的調査とは …………………………………………… 15
   フィールドワーク（15）　参与観察（16）　生活史調査（18）

5. 「質的」とはどういうことか ………………………… 20
   問いの立て方の違い（20）　何を問うかによって調査法が異なる（22）　知識とは何か（24）

6. 「他者の合理性」の理解社会学 ……………………… 27
   質的調査がめざすもの（27）　他者の合理性を理解する（29）　「もうひとつのゲーム」を見つけること（31）　安易な理解は暴力である。しかし……（32）

7. まとめ …………………………………………………… 35

CHAPTER 1　フィールドワーク　　37

1. フィールドワークとは ………………………………… 38
2. テーマ設定 ……………………………………………… 39

v

2-1 問題意識を育てる　39
はじまりは漠然とした問題意識（39）　フィールドを探す（41）

2-2 文献リストをつくる　42
データベースで検索する（42）　文献をリストアップする（43）

2-3 フィールドに行こう　44
フィールドに入る（45）　調査の依頼をする（46）

3 フィールドワークをする ……………………………………… 51

3-1 フィールドで何をするか　51
「ぶらぶら」して過ごす（51）　インタビューをする（52）　てみやげと謝礼（53）　記録を取る（55）　記録を取るコツ（56）

3-2 何者としてフィールドでふるまうか　58
施設利用者と職員としてのふるまいの違い（58）　「仲間」と支援者としてのふるまいの違い（59）

3-3 調査者の守るべき倫理　61
相手の都合を優先する（61）　誰の／何のための調査か（62）　調査における葛藤と覚悟（63）　ラポールの問題（64）

3-4 調査者の属性　65
ハラスメントの危険性（66）　調査者の属性は調査の個性（67）　調査の「客観性」（69）

4 データ分析と論文の執筆 ……………………………………… 71

4-1 データの整理　71
目的にあわせた文字起こし（71）　データ整理から疑問が浮かびあがる（72）　データの矛盾（73）

4-2 問いを見つける　75
フィールドワークの焦点を絞る（75）　おもしろいところはどこか（76）　フィールドを離れて考える（77）　調査対象者の主観的世界（79）

4-3 先行研究から問いを見いだす　80
先行研究のなかに位置づける（80）　「意志」とは何か（82）　結論にあわせて問いをつくる（83）

4-4 論文を書く　85
論文を書く作法（85）　論文に書かれた順序どおりに研究が進むわけではない（88）　根拠にもとづいて書く（89）　調査の痕跡を残す（90）

4-5 プライバシーへの配慮と成果の還元　90
プライバシーに配慮する（90）　研究成果の還元（92）

5 フィールドワーク――まだ見ぬ他者と自分に出会う …………… 92

参与観察　95

1 「気分」からの立論 …… 96
- 1-1 具体的な調査経験から　96
- 1-2 参与観察の核心　96
- 1-3 ウェーバーの「思いつき」　98

2 調査のなかから問題設定を立てる …… 99
- 2-1 わかったことを書く　99
- 2-2 教室での報告：知り直すこと　101
  自分にとって面白いこと／他人にとって面白いこと（101）　ゴシップ的に面白いこと／社会学的に面白いこと（103）　「ものの捉え方」のバージョンアップと社会的事実（105）
- 2-3 対象とテーマ　106

3 フィールドへの没入 …… 107
- 3-1 暗中模索の地獄　107
  「気分」から「問い」へ（107）　外してはならない事象（109）
- 3-2 「待ち」の調査　110
- 3-3 誰として参与するのか　111
  「誰として」というカテゴリー（111）　参与観察の視点（112）
- 3-4 3種の記録　114
  継続の重要性とコツ（114）　フィールドの「気分」を書き残す（117）
- 3-5 自分の常識から相手の常識へ　118
  フィールドの描写の例（119）　図表作成の例（123）
- 3-6 「人びと」ではなく「人びとの対峙する世界」を知る　127
  「生きられた」社会問題（128）　人びとの世界の捉え方（130）　理解可能性（131）

4 論文執筆 …… 133
- 4-1 フィールドからの帰還　133
- 4-2 理論を使う　134
- 4-3 内容を一言でまとめる　137
- 4-4 リアルタイムと最終地点　140
- 4-5 「問い」をつくる　144
- 4-6 他者の不合理性？　146
- 4-7 書き控えたもの　147

5 参与観察の特徴——リアルタイムの社会認識 …… 150

3 生活史　　155

1 人生の語りを聞く …… 156
生活史調査という「特殊な行為」(156)　生活史調査の経験 (158)　息を止めて海に潜る (160)　「誰に」聞くのか (161)　当事者や関係者に聞くことの意味 (162)　ラポールと調査の暴力 (164)　人数はどれくらいに聞けばよいか (166)　何を聞くのか①——生活の履歴としての生活史 (167)　何を聞くのか②——歴史的事実についての生活史 (169)　「何を語ったか」と「どう語ったか」(170)　生活史調査は科学ではない？ (171)

2 生活史調査の歴史 …… 173

2-1 生活史的センス　173
オスカー・ルイスの文体 (174)　スタッズ・ターケルのインタビュー (177)　民俗学の語り (178)

2-2 社会学における生活史　180
トマスとズナニエツキ (180)　中野 卓 (182)　桜井 厚 (185)　谷 富夫 (189)　語りは「事実」か，それとも「物語」か (192)　そのほか，おすすめの本 (195)

3 実際にやってみる …… 198
アポイントを取ることが最大の難関 (198)　アポ取りが失敗しても落ち込む必要はない (199)　アポ取りの手順 (201)　待ち合わせと聞き取りの場所 (202)　録音機材やメモについて (203)　インタビューという「異常事態」(205)　「ピントを合わせない集中」(207)　どうやって質問をつなげるか (208)　インタビューに正解はない (210)　インタビューの終わり (214)　インタビューの後で (215)　テキストに書き起こす (216)

4 生活史を「研究」する …… 219
テキストデータの編集 (219)　「歴史と構造」のなかに語りを置き直す (227)　新しい「理論」へ向けて (229)　語られる沖縄 (231)　他者理解のために (234)　生活史調査の「トライアングル」(236)

5 最後に——生活史は「それ自体で面白い」…… 238

ブックガイド　241
あとがき　255
事項索引　257
人名索引　262

Column ●コラム一覧

❶ 社会調査士 ………………………………… 34
❷ 調査依頼書 ………………………………… 47
❸ 経　費 ……………………………………… 55
❹ セクシュアル・ハラスメント …………… 69
❺ 外 国 語 …………………………………… 132
❻ 写　真 ……………………………………… 138

本書のコピー，スキャン，デジタル化等の無断複製は著作権法上での例外を除き禁じられています。本書を代行業者等の第三者に依頼してスキャンやデジタル化することは，たとえ個人や家庭内での利用でも著作権法違反です。

CHAPTER 序章

質的調査とは何か

1　社会学と社会調査

社会学って何ってよく聞かれる

　これを読んでいるみなさんは「社会学部」あるいは「社会学科」の学生か院生でしょうか。いまは大学の学部や学科の名前も「個性的」なところが多くなっていて，社会学の頭に「総合」とか「国際」とか「情報」とかが付いているかもしれません。おおきく学部として社会学を勉強するところかもしれないし，いろんな領域が寄せ集まった学部のなかで，学科あるいは専攻コースとして社会学を勉強しているのかもしれません。あるいは，たんに「共通科目」のような授業で社会学を取って，そのレポートのためにあわててこれを読んでいるのかもしれません。
　いずれにせよ，社会学という学部，学科，専攻，科目は，日本の大学のなかにたくさんあります。社会学者が書いた本もたくさん書店に並んでいて，なかにはベストセラーを連発する有名な社会学者もいます。ここのところずっと日本は不景気で，学生の就職もたいへんなので，「就職に有利」と言われている理系や経済学などに受験生が集まりがちですが，意外に社会学は人気があって，受験でも健闘しているところがたくさんあります。私（岸）が所属するのは，

関西ではわりと大きな私立大学で,「社会学部」という独立した学部です。福祉学科もありますが,私がいるのはそのなかでも社会学科というところで,ここでは社会学という学問を基礎から応用まで学べることになっています(ちなみに就職もわりと好調です)。

私のゼミの学生たちは,1回生(関西では大学1年生のことをこう言います)から4回生までずっと,社会学の勉強をすることになっています。1回生は,社会学の歴史や概論,社会調査の基礎を学び,徐々に専門的な授業を履修しながら,最後はゼミに所属して,社会学的な卒論を書きます。だから,私のところの学科に入学すると,社会学という学問について,かなり詳しく勉強することになります。

ところが,3回生から始まる私のゼミで,ゼミ生からたびたび質問されることがあります。いまの就活は,公式的には4回生から始まることになっているのですが,夏休みにはもうインターンシップが始まったり,就活でアピールするネタをつくるために短期留学に行ったりと,3回生の夏にはもう広い意味での就活が始まってしまいます。そのときに,よくこんなことを聞かれます。

> 就活の面接で,「社会学部というところは,何を勉強するところですか?」「社会学って,どういうことを勉強するのですか?」とよく聞かれるらしいのですが,そういうときは何て答えたらいいですか?

驚くことに,1回生からきっちりと社会学を勉強しているはずの学生でも,「社会学って何」って言われて答えられないのです。そして,もっと驚くことに,社会学というものを仕事にしている私でさえ,そう聞かれるたびに一瞬とまどうのです。

普通,「〇〇学入門」という教科書には,その学問の成り立ちや基礎的な概念・知識が書かれています。しかし,「社会学入門」のようなタイトルの本には,しばしば,「社会学とは何か」「社会学は何でないか」ということを,まるまる1冊費やして書かれてあったりします。素朴に読んだら,「え,そこから?」と思わずつっこんでしまうような話です。要するに,社会学という学問は,いろいろな歴史的経過があってのことですが,さだまった定義もないし,共通の対象や枠組みや概念もなく,専門的に勉強している学生や,それで飯を

食っている研究者でさえ，「結局それは何ですか」と聞かれて答えにつまってしまうほど，あやふやで，なんでもアリで，幅広い，多様な姿をもつ，適当極まりない領域なのです。この「社会学とは何か」という問いをめぐって社会学的な研究がおこなわれることさえあります。

しかし，そうはいっても，学部や学科として成り立っていて，5000人ぐらいが参加している大きな学会もあり，本屋に行けば社会学者が書いたたくさんのベストセラーが並んでいるわけですから，「だいたい社会学ってこういう感じの学問」というコンセンサスというか，慣習的な定義はあります。

社会問題を研究する普通の学問

私は，上記の就活での質問に悩む学生から質問をされたときは，こう答えるようにしています。

「いろんな社会問題について調査して研究する学問です」って言っとけばいいよ。

この定義は，学会の規約のどこかに書いてあるわけでもないし，偉い先生が書いて定番になっている教科書にそう書かれてあるわけでもありません（そもそも社会学には定番となる教科書がありません）。しかし，たとえば，2013年10月12・13日に慶応大学で開催された，第86回日本社会学会大会の大会プログラムでは，「自由報告」のカテゴリーが以下のようになっています（わかりやすいように少しだけ編集してあります）。

学史・学説，理論，家族，都市，地域社会・地域問題，階級・階層・移動，産業・労働・組織，社会運動，災害，知識・科学，文化・社会意識，消費社会・サブカルチャー，社会病理・逸脱，福祉・保健・医療，性・ジェンダー，子ども・青年・中高年，民族・エスニシティ，国際・エリアスタディーズ，環境，宗教，教育，歴史・社会史・生活史……

学会の大会というのは，要するにその学会に所属する院生や研究者が集まって，みんなの前で自分の研究成果をまとめて報告するためのものです。「日本

社会学会」は，いろいろある社会学系の学会でもいちばん大きなメジャーなところなので，1カ所でやるわけにもいかないので，こうやってたくさんの「部会」というものに分かれているのです。そして，その部会は，報告者のテーマに沿ったかたちでゆるやかにまとまるようになっています。要するに，このリストは，これが全部ではないですが，日本の多くの社会学者が「やっていることのリスト」になっているのです。

　もう少しそれぞれの報告内容を見てみると，たとえば「反貧困運動」「寄せ場労働」「コスプレ」「依存症の自助グループ」「家族構造の変化」「雇用関係の国際比較」「児童自立支援施設」「限界集落」「少数民族の女性のライフヒストリー」「映像表現の歴史」など，そのほとんどが，かなり具体的なイシューについての報告になっています。

　社会学，特に日本の社会学は，おおきくわけて2つの潮流が合体したところで成り立っています。ひとつは，ヨーロッパの社会学の古典を中心にした「社会哲学のようなもの」を学説史的に研究する社会学。そしてもうひとつが，アメリカ社会学の影響を受けた，統計やフィールドワークを用いた「特定の社会問題の研究」としての社会学です。

　ざっと学会のプログラムを眺めてみればすぐわかりますが，現在の日本の社会学者が「実際にやっている仕事」は，「特定の社会問題」を対象として，さまざまな手法を用いてそのことについて調べ，調査し，分析し，そしてそうすることで，その社会問題についての知識を蓄積していく，というものになってきてます。もちろん，現在でも「理論」や「学説史」は，社会学の非常に重要な研究テーマであるわけですが，いまでは大半の社会学者が，若者問題から貧困問題まで，文化からメディアまで，教育から宗教まで，さまざまな領域における，広い意味での社会問題を調査し研究しているのです。

　ずっと昔から「社会学がどういうものなのか，いまひとつはっきりわからない」と言われてきましたが，これだけ多様なテーマに取り組んでいるのですから，見た目からして何をやっているのかわからないひとたち，という感じに思われてしまったとしても不思議ではありません。しかし，たとえやってることが一見するとバラバラなようでも，おおまかに社会問題といわれているものを調査研究している，ということは共通しています。この世界には，社会問題といわれるさまざまな事象があって，それは経済や法律の問題には還元できない

ので,「社会問題を社会問題として考える」のは, いまのところ経済学や法学よりも, 社会学が主に担っている作業なのです。繰り返しますが, この社会問題という概念は, ここでは文化やメディアやファッションなども含めた, ものすごく幅広い概念として使っています。いずれにせよ, 社会学というものは, 広い意味での社会問題を地道に調査・研究する学問だと思ってください。

社会問題とは

さて次に, それでは, この社会問題とはいったい何でしょう。この問題も, それはそれで本が10冊ぐらい書けるほど, 大きくて重要な問題ですが, 実はこの社会問題というものは, 研究者が自分で構成するものでもあるのです。もちろん, ひきこもり, 貧困, 政治不信, 環境問題といった, すでにはっきりと社会問題として認識されている問題も数多くあり, たくさんの社会学者がこれらの問題に取り組んでいます。

しかし, 社会学にはもともと,「人が存在すると思っているものは, 存在する」という考え方があります。逆にいえば,「存在するものは, 人がそれが存在すると思っているものである」ということになります。この理論を使って社会問題を定義すると, こうなります。「社会問題とは, 人びとが『社会問題だ』と思っているもののことである」。もちろん, 何でもかんでも社会問題だと, 自由に恣意的に定義できるわけではありません。しかし, ここで重要なことは, 社会問題とは, すでにはっきりと問題として定義されているものだけではない, ということです。世界には, まだ「社会問題だ」とはっきり認識されていないけど, 実は大きな問題である, ということがやまほどあります。たとえば, 30年前までは,「セクハラ」という言葉すら, ほとんどの人が知りませんでした。ですから, その時代には, セクハラという社会問題は, 人びとの意識には存在しなかったのです。ただ, 職場や学校などで, 女性たちが非常に不愉快な思いをずっとしてきていたのです。それは「名前のついていない」問題でした。人びとはそれが, 自分たちの問題だけではない, 大きな社会問題であるということに気付きませんでした。まず誰かが, そのような不愉快な感覚に「セクシュアル・ハラスメント」という名前をつけ, それが「社会全体の問題である」と定義付けました。そしてそれが, それまで自分だけが感じる不愉快だと思ってきた人びとの支持を集め, 非常に重要な社会全体の問題として認識されるよう

になってきたのです。

　要するに，社会学という学問は，社会問題を研究対象としますが，この社会問題という対象自体を，社会学が構成していく，という側面があるのです。これまで多くの社会学者が，同業の社会学者でさえ問題だと認識していなかったような社会問題に名前をつけ，定義し，調査し，そして研究するということをしてきました。私たちは，自分の研究対象を自分で見つけ，探し出し，あるいは作り出したりすることさえあるのです。いうまでもなくこれは，「でっちあげる」ということとはまったく違います。社会学者がもたらした新たな社会問題の発見や定義は，そのあと学会や一般社会のなかで批判され，検討され，再調査され，吟味され，それがほんとうに問題なのかどうかを徹底的に問い直されるのです。そして，そうした「社会と社会学者との相互作用」のなかで，新しい社会問題へのまなざしが生み出されていくのです。

　もともと社会問題といわれるものには相当な幅があります。そして，そのうえ，社会学者があらたな社会問題を発見し，再定義することもよくおこなわれます。これだけ研究対象が多様で流動的だと，しぜんと，そういう対象を調査分析する手法も，対象にあわせて多様になってきます。ですから，社会学は社会問題を調査研究する学問ですよ，と言ったとしても，よくある社会問題のリストのようなものにただ従ってテーマを選んでいるわけではないのです。むしろ，まだ名前のついていない問題を発見し，果敢に切り込んでいって，新たな社会問題の領域を開いていくというところに，社会学の価値とスリルがあるのです。

　さて，社会学とはどういう学問で，社会学者たちは何をしているのかを，非常に簡単に述べました。それでは，そういう社会問題というものを，社会学者たちはいったいどのようなツールで調査分析しているのでしょうか。しかしその前に，社会問題の調査における「データ」とは何か，ということについて，最低限のことをおさえておく必要があります。

社会学における「データ」とは何か

多様で流動的な社会学のデータ

　社会問題を調査することで，私たちはさまざまな「データ」というものを手に入れることになります。そうしたデータをできるだけたくさん集めることが，社会学者のもっとも基礎的な，そしてもっとも大切な仕事なのです。しかし，ここで得られるデータは，いわゆる理系の学問で得られているデータとは，すこし性質がちがいます。

　たとえば，ある石ころがあるとします。大きさは3センチで，色は白，成分は石灰です。この石ころは，世界中のどこに持っていっても，大きさや成分などの性質は変わりがありません。3センチはどこの国でも3センチです。科学者とよばれる人びとは，こうした，どこの国でも，どんな状況でもかわらないしっかりしたデータにもとづいて，科学を営んでいるのです（ほんとうはそんなに単純なものではないですが，ここではとりあえずそういうことにしておいてください）。

　その一方で，私たち社会学者が社会調査を通じて得るデータには，ひじょうにあやふやなものがたくさん含まれています。むしろ，そうしたあやふやであるということは，社会調査のデータの本質的な性質ですらあります。

　なぜかというと，私たちの調査対象は，「社会」や「人間」だからです。社会は，つねに変化し動き続けていて，その大きさも色も成分もはっきりしません。そして，人間が語る言葉は，多様で複雑で，ときには間違い，嘘，秘密などが含まれていることもあります。また，社会学者も社会の一部分ですから，社会学者が観察して調査したことによって，社会の側が変化してしまう場合もあります。

　たとえば，医学であれば，基本的には病気は「悪いこと」で，「治すべきもの」です。このことは，どこの国でも，どの街でも，だれにとっても，基本的には同じことであるとされていますし，実際にそうだと思います。しかし，たとえば社会学の場合だと，調査の対象が「人びとそのもの」になるので，そんなに単純にはいきません。貧困や差別の問題を研究していて，しばしば出会う

のが,「いままで差別されたことがない」と話す被差別の当事者や,「これはこれで楽しく暮らしている」と語る貧困の当事者の存在です。私たちは,特定の社会問題について勉強しようと思って,いろいろな人と出会っていろいろな語りを聞き取ります。そのときに,ほかでもないその当事者から,その社会問題の「問題性」自体を否定されるようなことを言われることもあるのです。

　もちろん,こうした「社会学におけるデータの多様性」は,貧困や差別といった深刻な問題だけにあらわれるのではありません。私のゼミでは,毎年「腐女子」や「オタク」,あるいは「コスプレ」という文化をテーマに卒論をかく学生がたくさんいるのですが,ときどき調査に苦労することがあります。あるとき,「先生,『オタク』がどこにもいません」と言われたときは驚きましたが,よくよく話を聞いてみると,友だち（彼自身もある分野のかなりコアなオタクでしたが）にインタビューしようと思っても,「いや俺なんかただのヌルオタ（中途半端なオタク）だから」という理由で断られてしまうというのです。つまり,自分などこの分野のオタクだと胸を張っていえるほどの知識も経験もない,そんな自分をオタクだなどとおこがましい,というわけです。私はそれを聞いてなるほどと思いました。誰がオタクか,ということ自体が,人びとのコミュニケーションのなかで流動し,再定義され,異議申し立てを受けるのです。こうなると,そもそも調査対象者と出会うことすら難しくなります（結局彼の卒論のテーマは「自分で自分をヌルオタと呼ぶオタクたち」ということになりました）。あるいはまた別の学生ですが,「リア充」について調べようと思ったけど,自分のことをリア充だと認める学生がまわりにひとりもいなかった,ということもありました。まわりの誰に聞いても自分はリア充ではないと言われたのです。

　一般的に言って,ある問題に関わる人びとのあいだで,もっとも基礎的な事実さえ一致しない,ということもよくありますし,そうした不一致をめぐって争いが起こることさえあります。相手が「人間」である以上,こういうことはしかたのないことなのです。あるいは,こうした予想外の多様性や流動性こそ,社会学のデータの面白さといってもいいかもしれません。

社会学における「方法」

　このように,自然科学にくらべて非常にあいまいであやふやで,あまり信用できないデータに基づいて社会学はやっていくしかないのですが,それでも私

たちの手許には，ぜんぜん信頼できないデータしかないわけではありません。なんとかこのあやふやであいまいな社会という「おばけ」のような対象から，しっかりした信頼できるデータを得ようと，たくさんの社会学者ががんばって「ノウハウ」を積み重ねてきました。

このノウハウのことを「方法論」あるいは単に「方法」といいます。げんざい多くの社会学者によって，統計調査，フィールドワーク，参与観察，生活史調査といったさまざまな方法が採用されています。社会学者がデータを得るための調査の方法は他にもたくさんありますが，もっともひろくおこなわれているのがこれらの方法です。

全体として私たち社会学者が使えるデータは，おおよそふたつに分けることができます。数量的なものと，そうでないものです。

前者は「量的データ」といい，要するに「数字」のことです。統計的調査（アンケート調査）などで，数字のかたちで得られた調査結果や，官公庁などが定期的に発表する「国勢調査」のような統計データなどがあります。こうしたデータにもとづく社会調査を「量的調査」とよびます。

後者は「質的データ」といい，後述するフィールドワークや参与観察，生活史調査などで得られた，会話記録や観察記録，写真，音声，動画などのデータや，さらには新聞記事や行政資料，歴史的資料，映画やポピュラー音楽，広告など，多彩なものがここに含まれます。こうしたデータにもとづく社会調査を「質的調査」と呼びます。データが量的データと質的データに分けられるのと同じように，社会学の調査も，量的調査と質的調査に分かれます。

しかしながら，ほんとうは私は，社会学の調査が，量的調査と質的調査にそれほど単純にはっきりと分かれるとは思ってはいません。それは実際には正しくない分け方だと思います。でも，この教科書のシリーズでは『量的調査』と『質的調査』がはじめから分かれていて，私はそのうちの『質的調査』を執筆することになったので，本書では主に質的調査について書きます。しかしこれを読む方には，社会学の調査法はそれほどきれいにふたつに分かれるわけではないということを，ここで注意しておきたいと思います。ただ，以下では，話をわかりやすくするために，あえて極端に単純化した量的調査と比較しながら，質的調査の特徴を述べます。

3 量的調査と質的調査

量的調査とは

　質的調査について説明するまえに、比較のために、量的調査について簡単に説明しましょう。

　量的調査は、アンケート調査、調査票調査、質問紙調査、あるいは統計的調査など、いろいろな名前で呼ばれますが、「アンケート」と聞いて私たちが素朴に思い浮かべるイメージのとおりの調査法です。アンケートをたくさん取って、これは何パーセントで、あちらは何パーセント、というものです。それはとにかく「数字」を使う調査法だと思ってください。

　一定以上の数の調査対象者に、「アンケート」「質問紙」「調査票」（以下では「調査票」で統一）と呼ばれる調査項目が書かれた紙を配布し、質問に対して当てはまる回答を選んで記述してもらう。そしてその結果をパソコンに入力し、集計・分析をおこなう、というのが、量的調査のおおざっぱなやり方です。そして、そこで得られた量的（数字的）データをもとに、仮説を構築しそれを検証していくのがこの調査の目的です。この調査のメリットはたくさんありますが、もっとも大きなものは、それが「科学的な、はっきりした知識を与えてくれる」ということでしょう。もちろん、「確定した知識」が、社会という複雑な対象についてそんなに簡単に手に入るわけはありませんから、そこまで単純な考え方をする研究者はほとんどいませんが、一般的なイメージではそういうことが期待されています。

　非常に乱暴なまとめ方をすると、よくあるタイプの量的調査では、問題の立て方は、多くの場合以下のような形式になっています。

　　　「○○な人ほど△△である（かどうか）」

　これをどれくらいの高い確率で言うことができるか。これが、多くの量的調査が目的としていることです。

　もうすこし正確にいうと「『○○な人ほど△△でない』という仮説を統計的

に捨てられるかどうか」ということですが,量的調査独特の言い回しでややこしくなるので,以下ではあえて大雑把に,「○○な人ほど△△であるかどうか」という言い方で表現します。みなさんは量的調査の教科書で「帰無仮説」という言葉についてちゃんと勉強しておいてください。

たとえば,「犬が好きなひとは猫も好き」かどうか,ということを,どれくらいの「確かさ」で言い切ることができるでしょうか。あるいはもっと難しいですが,「都会に住んでいるひとは,田舎に住んでいるひとに比べて,外国人に対する拒否感が少ない」かどうか,ということは,どれくらいはっきりと言い切ることができるでしょうか。

量的調査でまず大切なのは,調査の目的にふさわしい規模の数を集めることです。それによって「社会」というこのあやふやでわかりにくいものについての,かなり適切な推定をすることができます。たくさんの数を集めることで,正確さ——つまり「全体に対する適切な推論の根拠」を得ることができるのです。もちろん,数が多ければ自動的に正しくなるわけではありませんが。

たとえば,「大阪市長の支持率とその要因」を調べたいとします。適当にそのへんの大阪人5人に「いまの大阪市長を支持していますか？」と聞いても,大阪市民の市長支持率について,正確なデータは得られません。5人全員が不支持かもしれないし,5人全員が支持かもしれません。数が少なすぎると,偶然の働きや「誤差」が大きくなりすぎるのです。あるいは,非常に偏った相手に聞いてしまっているかもしれません。たとえば大阪の淀屋橋の橋の上を通っているネクタイのひとは,かなりの確率で大阪市の職員です。ここで大阪市の行政について路上インタビューをしても,とても偏った結果になることは容易に予想がつきます。

できるだけ偏りのない相手に,そしてその数も5人や10人ではなく,数百人,あるいは数千人に同じ質問をすることで,正確な「分散」(ちらばり)を得ることができます。大阪市民,あるいは日本国民全員に調査をすることは,コストや時間が限られているなかでは不可能ですが,ある一定の,偏りのないサンプルを集めることで,大阪市民や日本国民のことを,かなり正確に「推定」することができます。たとえば,大阪に住む大学教授5人のうち3人が大阪市長を支持している,というだけでは,大阪市民「全体」について何も確かなことを言うことはできません。ただ,「たまたま会った5人の教授がそう答えた」

ということができるにすぎません。しかし，たとえば標本のバイアスがないようにうまく抽出された大阪市民1000人に聞いて，そのうちの600人が大阪市長を支持すると答えたばあい，「すべての大阪市民の6割ぐらいは市長支持である」ということを，かなり信頼できるかたちで言うことができます。そうすると，そのつぎに，その6割の人びとはどのようなプロフィールの持ち主なのかをみることで，「大阪市長を支持するのはどのような人なのか」「どのような人から大阪市長は支持されているのだろうか」ということを推定することができます。

問題を細かく分解する

質問表の作りかたにも，いろいろな決まりごとや制限があります。たとえば，卒論で「モテ」ということをテーマにして考察するとします。「モテ」とか「リア充」とかをテーマに，学生にアンケートを取って卒論を書きたい，という学生は毎年少なからずいます。これが簡単そうにみえて意外に大変なのです。

まず，「モテ」を定義することから始まります。モテるひと，とは，具体的にはどのような人なのでしょうか。それは付き合った人の数が多いひとのことでしょうか。それとも，ひとりと長い期間付き合ったひとのことでしょうか。それとも，「告白された」あるいは「口説かれた」数の多いひとのことでしょうか。しょっちゅう口説かれるけども，まだ男性と付き合ったことのない女性は，「モテ」に入るでしょうか。つまり，ここであきらかになるのは，私たちはこの「モテるひと」という対象を調べることを通じて，「ほんとうは何を知りたいのか」をはっきりさせる必要がある，ということです。そしてそれを量的調査を通じて分析しようとするなら，まずもってそれを「数字」に置き換えることをしなければなりません。

ここであえて非常に乱暴に単純化して，とりあえず「性行為をおこなった人の数が多い」ひとのことを「モテるひと」だと定義するとしましょう。次に，それを「何と関連があるか」を考えなければなりません。ここで「仮説」が必要になります。つまり，モテる人の「モテる」ということの定義やその要因は何か，ということを設定する必要があります。ここで例えば，「社交的なひとほどモテる」という仮説を立てたとします。するとすぐに，「社交的かどうかをどのようにして測定するのか」という問題が出てきます。これを，「社交的

なひとは友だちが多いはずだ」と推測し，友だちの数で社交的かどうかを測定するとしましょう。「友だちが多いひとほどモテるのではないか」と考えて，それを調査ではっきりさせようとすると，こんどは，「友だち」の数をどうやって測定すればよいかという問題が生じます。これは簡単そうでとても難しい問題です。たとえばこれを読んでいるあなたに友だちが「何人いるか」ということを，数字をあげて考えてみてください。たちまち，「あれ，あいつって友だちだっけ」という，微妙なひとがたくさん出てくると思います。さきほど，「モテる」ということに定義が必要だったのと同じように，「友だち」という概念にも定義が必要になるのです。そうしないと，数字に置き換えることができなくなります。

ここでさらに単純化して，「ケータイの連絡先リストに入っているひとの数」が多いほど友だちも多いはずだ，と推測して，友だちが多いかどうかを，連絡先リストに入ってるひとの数が多いかどうかで判断することにしましょう。すると，さきほどの「社交的なやつのほうがモテるのではないか」という仮説は，次のような形式にパラフレーズすることができます。

「ケータイの連絡先リストに入ってる件数が多ければ多いほど，性行為をおこなった人数が多い」

このことがどのくらいの確率ではっきりと言うことができるかどうかを，偏りなく抽出されたサンプル集団に対して実際にアンケートをおこない，その結果を集計して分析する。これが量的調査のプロセスなのです。

ここで「擬似相関」に気をつける必要があります。それは，本来は関係ない複数の要素が，数字の上だけでみるとまるで相関関係があるかのように見えてしまうことです。あるいはまた，もし本当の相関関係があったとしても，それを因果関係と混同してはいけません。ケータイの連絡先の件数が多いとモテる，という相関関係があったとしても，たとえば「無関係な他人の電話番号を必死で登録し，件数を増やせば，モテるようになる」わけはありません。

さて，ここで気がつくのは，最初に「これを調査してやろう」というところから，かなり遠くまできているということです。自分が立てたはじめの問いかけは，大規模なアンケート集計のために，できるだけ単純化され，極限まで形

式化されて，数字に置き換えが可能な形になっていきます。ここまでやらないと，「○○なひとほど△△である」ということを，かなりの確率ではっきりと「言い切る」ことができないからです。そのかわり，いちどこうした量的調査で明らかになった事実は，精度の高い，確定した「事実」とみなされ，科学的知識として非常に高い価値を与えられます。

量的調査の制約

　ただ，この量的調査は，それが「科学的」であるぶん，さまざまな制約があります。たとえば，調査のときに使う調査票についても，たくさんの細かいきまりごとがあります。何百人，何千人というひとに配布する調査票は，かならず同一のものでなければなりません。そのため，途中で変更や差し替えがききません。調査票の質問項目は，調査するテーマに適合した具体的なものにする必要があります。そこにあいまいな点があったり，間違えやすい書き方がされていたり，選ぶのに迷うような選択肢が紛れ込んでいたりしてはいけないのです。たとえば，「社会には，物質的な豊かさや心の豊かさが必要だと思いますか」というような質問項目です。これだと，「両方大事だ」と考えるひとは迷わず YES ですが，どちらか片方だけが大事だと考えるひとにとっては，回答することができません（このような質問文を「ダブル・バレル質問」と呼びます）。

　また，調査する対象も，それが調査するテーマに当てはまる人びとなのかが大事です。たとえば，上記のような大阪市民の意識調査をしたいときでも，コストや手間の関係で，大阪市民全員を調査することはできません。したがって，私たちは，大阪市民から調査可能な人数を「抽出」して，その人びとを対象にして調査することになります。このような抽出を「サンプリング」というのですが，それがほんとうに大阪市民全員の意識を「代表」しているかどうか，常に問われます。たとえば，大阪市の職員だけを相手にして，大阪市の行政をどう思うかと聞いても意味がありません。そのような恣意的なサンプリングをしても正確な結果は得られないからです。

　他にもさまざまなきまりがありますが，このようにして作られた調査票をもとに，周到に選ばれた対象者に調査をおこないます。そして，そこで回収された調査票のデータをパソコンに入力し，さまざまな統計的処理をほどこします。

　簡単にいえば，量的調査とは，事前に入念に作られた調査票をもとに，バイ

アス（偏り）なく抽出された人びとに調査をおこない、そのデータを統計的処理にかけ、母集団の特性を推定することで、ある程度確定した、科学的な知識を得ることができる調査です。それは、数値化のために極端にシンプルに切り詰められたいくつかの質問を組み合わせることで、目には見えない社会の大きな構造や変化を明らかにすることができる調査である、ということになります。

そのほか、量的データは、すでに述べたように、統計的調査だけではなく、官公庁や民間の調査会社などが発表する統計データを2次的に使用することで得られます。これらの2次的な量的データの使用もまた「量的調査」と呼ばれることがあります。

4. 質的調査とは

社会学者がデータを集めるために使うツールは、上記のような科学的で数学的な処理をする統計的調査だけではありません。この統計的調査のことを、別名で「量的調査」と呼びますが、他方で社会学には「質的調査」と呼ばれる方法もあります。ここでは、質的調査の具体的な方法のうちで、本書で解説されている次の3つの方法について、簡単に述べておきます。

フィールドワーク

「フィールドワーク」について簡単に説明するのはたいへん難しいですが、大雑把にいってそれは「ある地域や集団を対象とした、総合的な実態調査」ということになります。たとえば、ある小さな村に何度も通い、そこで暮らす人びとにインタビューをおこない、役所が出した統計データや新聞記事を集め、古い地図や写真をコピーし、お寺に残された歴史的な資料を書き写し、そこで使われている日常用品を購入し、地元特有の食べ物を調べ上げ、地域に残る民話や伝説を収集し……ということをおこない、調査対象の集団や地域を「総合的に把握・分析する」のが、このフィールドワークです。

ただ、げんざいでは、フィールドワークという言葉はほとんど「質的調査」と同義になっていて、上記の生活史法や参与観察法がフィールドワークに含まれることもありますが、ここではフィールドワークは「総合的な実態調査」と

いう意味で使います。

　フィールドワークが発達してきたのは，特定の集団や地域を対象とする，民俗学や文化人類学という領域でした。たとえば古典的な文化人類学では，アフリカや太平洋の小さな村まで出かけていって，そこに何カ月も何年も住み込み，その社会の文化や規範，儀式やタブーなどを詳細に調べるということをしています。この調査で対象となっている社会は，私たちが知っている社会とはずいぶん違いますから，それを理解するためには本当にいろいろな種類のデータをたくさん集めなければなりません。地元の農民たちが使っている農具，季節ごとの儀式や行事，音楽や舞踊，神話や伝説，あるいはまた，歴史的資料や行政資料，統計データや新聞記事，とにかく調査対象に関わる「すべてのデータ」が集められます。ようするに，フィールドワークとは，「さまざまな方法をミックスして対象を総合的に理解し分析するための方法」なのです。

　他の質的調査法にも共通することですが，フィールドワークも，比較的小さな集団，小さな街や村が対象になります。あまりに大きすぎると，総合的なデータを集めることができなくなるからです。たとえば，大阪市西成区の「釜ヶ崎」（日雇い労働者が集まる「ドヤ街」と言われる地域）に関するフィールドワークはありますが，「大阪市」そのもの全体のフィールドワークはかなり難しいと思います。

　フィールドワークは，生活史法や参与観察法，あるいは本書では省略しましたが会話分析やエスノメソドロジーとよばれる方法などと違って，明確な対象や手法があるわけではありませんが，ある集団や組織，社会を対象とした総合的な実態調査としてのフィールドワークから，非常に多くの重要な著作が生まれています。

参与観察

　ある特定の組織や集団，地域に「入り込んで」，そこで生活したり仕事をしたりしている人びとのなかに混じって，そこで起こっている会話ややりとり（難しくいえば「相互作用」）を記録するのが「参与観察」です。参与とは，参加と同じ意味です。改まったかたちでアンケートやインタビューをするのではなく，人びとがそこで自然におこなっている相互作用を，そこに混じって観察するという調査方法です。フィールドワークの中に含まれますが，ここではかな

り少人数の具体的な集団に参加するかたちでの実地調査を参与観察と呼んでおきます。

たとえば，E.ゴフマンという社会学者は，ある精神病院にスタッフの資格で実際に入り込み，患者どうし，患者と医者，医者どうし，医者と他のスタッフなどのあいだの会話ややりとりを記録し，医療施設で人間がどのように扱われるかについて，非常に刺激的な本を書きました。他にも，P.ウィリスは，労働者階級が多いイギリスのある街の高校に入り込み，そこの不良少年たちと交流を重ね，少年たちの生活や態度，価値観について，すばらしい本を書きました。

このように，参与観察は，あらたまった調査をするのではなく，人びとの暮らしや仕事の現場で，自然におこなわれている相互作用を，いわば「内側から」観察するやり方です。

とうぜん，現場はつねに流動していますから，いちいち録音したり撮影したりはできません。参与観察を採用した多くの調査者は，いろいろ工夫をして，小さなメモを持ちあるいて可能なときに走り書きしたり，一日の観察が終わったあとで記憶を絞り出してその日にあったことを書きとめたりします。

参与観察法のいちばんの強みは，やはり「現場で何がおきているか」を実際に観察できることです。たとえば，「暴走族」のような逸脱集団（世の中の規範から外れた集団。かならずしも悪い意味ではありません）について，私たちは何を知っているでしょうか。なんとなく，それは恐いひとたち，悪いひとたち，まったく世の中のルールを守らない，むちゃくちゃな人たちであるというイメージを持ってはいないでしょうか。しかし実際には，暴走族の若者たちは単にすべてのルールや規範を破っているのではありません。むしろ，その内部においては厳しい先輩＝後輩のタテ社会の規範や，仲間内の厳格な掟があり，それに違反するとひじょうに厳しいサンクション（罰）が与えられることになるのです。ここから何がわかるでしょうか。暴走族のような逸脱集団は，単にルールに反抗しているのではなく，世の中の多くの人びととは「別のルール」を持っているだけだ，ということがわかります。

他にも，たとえば，私自身が昔やった調査では，日雇いの建築労働者たちがどのようにお互いをラベリング（レッテル貼り）し，そうした小集団のなかで貼られたラベル（たとえば「仕事ができる元ヤンキー」とか「使い物にならないサラ

リーマン崩れ」のような）が，いかに本人たちのその集団での地位を決定するか，ということを分析しました。みなさんにも心当たりがあると思いますが，サークルやバイト先などでの小集団で，どのようなラベルを貼られるか，どのような「キャラ」として扱われるかということが，その後の生活の良し悪しを決定する，ということはよくあることです。

　参与観察は，ひとりの個人の語りを聞く生活史法と違い，「そこで実際に起きていることをリアルタイムで観察できる」という利点があります。しかし，ここでもまた，いろいろな問題が指摘されています。たとえば，それが数人の小さな集団でも，観察するひとは「神の視点」ではなく「そのひとの視点」でしか観察できないわけですから，どうしても集団全体を見渡すことはできません。したがって，そのひとの観察ではそういうことがいえても，もし他のひとが同じ集団で参与観察をしたときに，違う結果が出るかもしれません。他のすべての質的調査とおなじく，参与観察でも，「そのデータは真実か」「そのデータは確かなものか」ということが常に問われます。

　しかし，参与観察は，この方法を採用した多くの名著が生まれていることからもわかるように，「私たちがどのように日常生活を送り，どのように仕事をしているか」ということを明らかにするための，非常に強力な道具なのです。

生活史調査

　前節の統計的調査の対極にあるのが，質的調査法のなかでも，「生活史法」あるいは「生活史調査」，あるいは単に「生活史」と呼ばれる方法です。他にも，ライフ・ヒストリー，ライフ・ストーリー，オーラル・ヒストリー，ナラティブなどと，いろいろな呼ばれ方をしていますが，本書では「生活史」に統一します。生活史は，簡単にいえば，個人の人生の物語です。ただこのことばには，単なる生い立ちのストーリーだけでなく，個人が語るさまざまな言葉，感情，記憶，意識，主張，価値観など，多くのものが含まれます。いずれにせよ，たったひとり，あるいは数人の生い立ちや経験の長い語りにもとづいて社会的なことを考察する方法が「生活史法」と呼ばれます。

　もともとは，20世紀はじめにアメリカの「シカゴ学派」という社会学の流派ではじまりました。W. I. トマスとF. W. ズナニエツキの『ヨーロッパとアメリカにおけるポーランド農民』（1918〜20年）がその代表です。トマスとズナ

ニエツキは，当時のアメリカに移民にきていたポーランド人の日常生活や意識を調べるために，「ヒューマン・ドキュメント」とよばれるデータを駆使しました。それは膨大な人びとの手紙，新聞の記事や投稿，行政記録，あるひとりの青年の手記などです。

トマスとズナニエツキの時代から現在にいたるまで，「生活史」という名のもとに，「ヒューマン・ドキュメント」あるいは「ライフ・ドキュメント」という，いわば「何でもあり」の資料を使ってさまざまなことが分析されてきましたが，げんざいでは「生活史」といえば，大雑把に「個人のインタビューから得られる人生の語り」を意味しています。日本では中野卓，桜井厚，谷富夫らによって紹介され，定着しました。

こうしたデータは，統計的調査とちがい，かならずしも調査したいと思う人びと（たとえば，ここでいうポーランド移民という母集団）の「全体」を「代表」していないかもしれません。また，統計的処理ではなく調査者の「解釈」によって書かれたその論文も，「科学的」とはとても呼べないほど主観的なものになってしまうかもしれません。しかし，特にマイノリティの人びとなどが対象である場合には，私たちは，さまざまな問題に向かい合ったり，苦しんだりしている人びとが，この世の中にいったい何人ぐらいいるのか，その総数さえ正確に知ることはできません。したがって，そのなかからサンプリングするということも，非常に困難になります。そうすると，私たちは，どうしても統計的調査では調べられないことを調べる必要がでてくるのです。もちろん，質的調査は，単に量的調査ができないことをするための，代替的な調査法なのではありません。質的調査によって得られるデータは，それ独特の高い価値があります。そのために社会学者は，「質的調査」という方法を，社会学の成立の当初から発展させてきたのです。「生活史法」は，そのうちのひとつで，個人の語りという「もっとも質的なデータ」を扱う調査法です。

私たち個人の感情や経験，価値観や考え方は，もっと大きな社会の構造や歴史的変化によって形成されています。ある個人が辿る人生の軌跡や，そのひとが持っている意見や態度，感情や価値観などは，そのひとが置かれた社会的立場や階層，性別，職業，学歴などで変わってくるのがふつうです。また，ある大きな歴史的事件にまきこまれた人びと，あるいはある大きな社会的変化を実際に体験した人びとなどの人生や語りは，その歴史的・社会的できごとの刻印

を強く受けていることがあります。個人の人生の語りを聞くことは，社会全体を考えることと無縁ではないのです。

　さらに，そうした歴史的事件や社会的変化を実際に経験した人びとには，「その本人しか知り得ないこと，その本人にしかわからないこと」があります。これはもちろん，「ほかのひとにはまったく理解できない」という意味ではありませんが，やはり「それを経験した本人に聞くこと」がいちばん「確か」であることは，よくあります。この意味でも，個人にインタビューする価値があります。

　もうひとつ，この調査法は，さきほども述べたように，「マイノリティ」と言われる人びとの調査においてよく採用されます。マイノリティとは，世の中で差別されているひと，少数派の人びと，弱い立場にいる人びとのことです。これらの人びとは，たくさん出会うことが難しく，また母集団も確定できないため（たとえば「いじめにあったひと」が全国で何人いるか，正確に把握することは不可能です），調査の過程で出会った「当事者」のひとりの個人に話を聞く，ということは，非常に有効な調査法になります。

　ただ，そうはいっても，やはり「個人の語りからどれくらい社会全体のことが〈客観的に〉言えるか」という問題は，最後まで付いてまわります。生活史法は，刺激的でユニークなぶんだけ，あいまいで不確かな部分が常に残ります。これらの問題をどう乗り越えていくか，いまでもさかんに議論がおこなわれています。

5　「質的」とはどういうことか

問いの立て方の違い

　さて，それでは，これらの3つに代表されるような質的調査の方法を使って，いったい何が明らかになるでしょうか。この問題を考えるまえに，まずは，質的調査で得られるデータはどのようなもので，そしてさらに，「質的である」ということはどのようなことかについて，考えてみる必要があります。

　社会学で扱うデータは，前節でみたような，量的調査によって得られる数値化されたデータだけではありません。すでに述べたように，会話，動画，写真，

インタビュー，手記，新聞記事，行政文書など，およそありとあらゆるものがデータになります。

　質的調査と量的調査がそれほどはっきり分かれるわけではありませんが，それでもそのふたつの調査法のあいだには，ある重要な違いがあります。それは，片方は数字を使った科学っぽい感じの調査で，もう片方は語りや歴史資料を使った文学っぽい感じの調査，ということだけではありません。むしろ，データの量か質かという性質によって分かれるというよりも，「問いの立て方」が異なるのです。

　もういちど，量的調査におけるさまざまな仮説のうちで，よくあるタイプのものがどういう形をとるかを見てみましょう。それは，次のような形式になります。

　「○○な人ほど△△である」

　ここで，この形の仮説が，バイアスのかかっていない，つまり偏りが出ないようにいろいろなひとに聞いたアンケートによって，高い確率で，つまり単なる誤差や偶然によって出たのではないような，はっきりとした形でこれが言えたとします。すでに述べましたが，より正確にいえばこれは，「『○○な人ほど△△でない』という仮説を統計的に捨てられるかどうか」ということになりますが，先ほどと同じように，ここでは話を単純化するために，大雑把な言い方を続けることにします。さて，それはどういう意味を持つでしょうか。

　偏りやバイアスがないサンプルの分析から，誤差や偶然ではないような確かさでこの仮説が確かめられた（より正確には「反対仮説が阻却された」），ということは，それはその母集団の，あるポートレイトとして「使う」ことができるということなのです。ある程度の例外や少数事例を必ず含みながらも，その母集団に生きる人びとのうちで，○○な人びとは，ある確率において△△なのだ（より正確には「△△でないとはいえない」）と，そういうことが言えるのです。

　たとえば，ある母集団から偏りなく抜き出したサンプルにアンケート調査をした結果，「学歴が高い人ほど，そばよりうどんが好き」という結果が出たとします（念のために言っておきますがフィクションです）。そうすると，この調査結果から，母集団についても，かなりの確率（確かさ）で学歴が高い人ほどう

んが好きということが推定されるのです。つまり、この集団では、学歴（これを「文化資本」と呼んだ社会学者もいます）と食べ物の好みが関連しているのです。ということは、この集団は、どのくらいの程度学校という制度のなかで勉強したかということによって、個人個人の趣味やライフスタイルまで変わってくる、ということを、かなりはっきりとした形で述べることができるのです。

何を問うかによって調査法が異なる

うまく設計され実施された量的調査は、現実的に手に入る範囲でのサンプルから、その母集団全体の姿を描くことができます。こういう統計的な知識を組み合わせて、私たちが暮らしているこの社会はどういう社会なのかを、だれもが納得できる形で指摘することができるのです。これは普通、「科学」と呼ばれる知識のスタイルそのものです。

量的調査は、「だれもが納得できる形で（あるいは、疑問がある場合は反論できる形で）はっきりしたことを言う」ということを目的としています。その目的を達成するために、問いかけの形をぎりぎりまで切り詰め、数値化し、オープンな手続きで、統計的に処理するのです。最初に数字を使いたいと思って使うわけではありません。むしろ逆で、はじめに「どのような形の知識を得ようとするか」という分かれ道があり、そこでひとつの道を選んでその道をまっすぐ歩いていった結果、いまのような形の量的調査になっているのです。

しかし、私たちが知りたいこと、私たちが問いかけたいことは、ほんとうにいろいろあります。その問いの形式も、ひとつではありません。特定の社会問題に「コミット」して、そのことをいっしょうけんめい調べていくと、必ずしもこのような形を取らない問いかけがたくさん出てきます。

たとえば私（岸）は、短い期間ですが、たまたま縁があり、拒食症や過食症などの「摂食障害」という問題について勉強していたときがありました。そのときに面白いなと思ったことがたくさんありますが、そのひとつに、「『病気』『治療』『回復』という言葉の定義が当事者や関係者によってそれぞれ違う」ということがありました。ふつう、私たち部外者は、摂食障害というものが「病気」だと思っていて、みんなが「回復」することを願っていると思っていて、そのために「治療」が必要なのだと思っています。しかし、自助グループや医療機関、あるいは個人的に出会った当事者の方々にいろいろとお話を聞くと、

そんなに単純ではなかったのです。

　まず，摂食障害が「病気」かどうかで，いろいろな意見がありました。そんなはずはない，それは病気に決まってる，というのは，ほんとうに部外者の思い込みでした。それは確かに，人生を苦しいものにする「問題」ではあったのですが，ふつうに私たちが考える「病気」というカテゴリーには収まらないところでいろいろな問題が生じていたのです。そしてそれだけでなく，ふつうの「病気」として扱われることによる，さまざまな不愉快な経験についての語りもたくさん聞かれました（たとえば，医者からの無理解で乱暴な扱いなど）。したがって，摂食障害が「病気」かどうかという，非常に基本的なところから，まず見直して考え直すことが必要になっていたのです。もちろん量的調査でも，ここまで考えている研究者も多いですが，やはりこうした「捉え直し」が起こるのは，現場で「質的な関わり方」をする場合です。

　同じように，「治療」とは何か，ということについても，現場でさまざまな意見がありました。そして，「回復」という概念もまた問い直されていました。問題を「拒食」や「過食」という，摂食行動における問題点ということに限定してしまうと，そういう問題行動が続いているか収まっているかで，回復したかどうかを判断しがちです。しかし，私が出会った狭い範囲での人びとに限っても，食事における問題行動がまったく無いにもかかわらず，対人関係などにおいて非常に大きな問題を抱えている人や，主観的な「しんどさ」がまったくなくならない人，あるいは逆に，いまだにずっと過食嘔吐が続いているけど，自分としては昔に比べたらずいぶんと楽になったと感じている人など，さまざまな人の語りがそこに存在したのです。

　そうすると，これらの問題を考えるときに，問いの立て方も，たとえば「〇〇なひとほど△△である」というきれいな形には収まらなくなってきます（もちろん量的調査の仮説のスタイルにはもっと他にもたくさんありますが）。それはたとえば，「それでは『回復』とはそもそも何か」という，非常に大雑把で曖昧で，科学や数値化の枠には収まらないような問いの立て方になるのです。また，調査のプロセス自体も，たとえばたまたま出会った当事者や関係者にじっくりと何時間もインタビューしたり，あるいはまた，医療機関や自助グループに何度も足を運んでそこでおこなわれていることや会話などを記録したり，その問題に関係する新聞記事や行政資料や参考文献を集めたりと，一見すると行き当た

りばったりのような，手探りの，ばらばらの断片をかき集めるようなものになります。そして何よりも，そこでは「ランダムサンプリングで得られたデータ」ではなく，訥々と絞り出すようにゆっくりと語られる当事者の体験の語りのような，仮説や命題の形にはまったく収まらないようなものになるのです。

これが，「質的調査」と呼ばれる調査法の，目的であり，プロセスであり，データなのです。量的調査に比べれば，私たちにできることはたかが知れていて，貧困や差別，あるいは若者文化といった大きな問題に，ほんとうにささやかな規模と形でしか取り組むことができません。そこで集められるデータも，たまたま出会った人びとの語りや，偶然発見した歴史的資料のようなものばかりです。したがって，たとえば，ある当事者の方から，それまでの思い込みを覆すような貴重な語りを聞くことができて，それによってその問題を，まったく新しい視点から考えることができるようになったとしても，その発見は，「別の状況でも同じことが言える」ようなものではまったくありません。私たちが質的調査を通じてできるのは，「ある特定の問題について，特定の状況で，特定のデータを得ること」，そして，「それを通じて，限定された範囲内でそれを解釈する」ことだけです。でも，このようにして得られた知識は，それはそれで非常に貴重で有用なものとなるのです。

知識とは何か

質的調査は，「特定の状況下におかれた特定の人びとについての解釈」を続けていくのですが，そのことで，質的調査は科学ではない，という言い方がよくされます。有名な大学の先生が書いた教科書でも，質的調査はたいてい「おもしろいけど確かでないもの」，そして同時に量的調査は「確かだけどおもしろくないもの」として描かれることが非常に多くみられます。

しかし，科学，あるいは学問，またはもっと一般的に「知識」といってもいいですが，そのようなものは，ひとつの形式しかない，というわけではありません。もちろん，量的調査が体現しているような，もっとも確かな，ハードなサイエンスっぽいものもまた非常に価値のあるものですが，人間がなにかの知識を得たり，理解をしたりするやり方には，いろいろなものがあるのです。

たとえば，あなたが医者で，自分の医院に来た患者の病気を診断するとします。あなたは，過去の経験や医学書などから得た知識を総動員して，患者の

個々の症状や状態から，病名を推察し，治療法を確定していきます。あるいはまた，あなたが裁判官だった場合。弁護士と検察の話を聞いて，ある特定のケースが「殺人」であるのか「傷害致死」であるのか，あるいは単なる不幸な「事故」であるのかを確定していきます。

　これらの場合，私たちが得られるのは，「個々のケースについての理解」です。この世界に，ひとりとして同じ患者もいませんし，ひとつとして同じ事件もありません。医者や裁判官は，ひたすら個々のケースについての理解を積み上げていきます。そうすることで，普遍的な基準やモノサシのようなものが磨き上げられていくのです。そしてまた，それらは，個々のケースを理解するために動員されます。

　医者や裁判官に比べたら，社会学者はまったく取るに足らない，役に立たない存在ですが，質的調査をおこなう場合に私たちがしているのは，普遍的な基準や枠組みやモノサシ（これを社会学では「理論」と言います）を使って個々のケースを理解し，そしてその知見を蓄積して，また理論を磨いていく，ということです。この点において社会学は，治療や裁判と共通する性質を持っています。それは，人間がなにかの知識を獲得していく際の，とても重要で普遍的な方法なのです。もちろんそのプロセスのなかで，統計的な調査からもたらされる知識もたくさん援用します。量的調査と質的調査は，お互い協力しあって，社会学を発展させてきました。

　さらに，「比較」についても簡単に述べておきましょう。質的調査をやっていると，よく「他のケースと比較すべき」と言われることがあります。量的調査はそもそも比較が前提となっていますし，質的調査でも，他のケースや問題領域と並行して調査をして，それぞれを比較できれば，それに越したことはありません。

　しかし，質的調査の場合は，量的な方法で比較をすることが極めて困難です。それは，比較するときの前提条件である「他の条件を同じくする」という決まりを守ることがほとんどできないからです。たとえば，量的調査の場合は，対象を地域ごとに比較する場合，（理想的には）「地域が異なる」という点以外のすべての属性，たとえば性別や年収，職業，学歴などを一致させる，あるいは「変数を統制する」必要があります。「違っているのは，地域という点だけ」にして，はじめて「地域が異なるとどう違ってくるか」が見えてくるわけです。

ところが，質的調査が扱う対象は，非常に複雑で，流動的で，多様なものばかりです。ある社会運動をおこなっている組織の参与観察をしているとします。これと，別の組織の比較をおこなう，ということは，それがうまくいけば理想的なのですが，なかなかそうはいきません。同じテーマで社会運動をしている組織とはいっても，そのメンバーシップや活動，歴史，地域や当事者との関わり，日常的な規範やコミュニケーションなど，おそらくほぼすべての面において違いが存在するはずです。こうした場合，無理に比較をしようとすると，恣意的な組み合わせに見えてしまって，逆に「なぜこれとこれを比較しようと思ったの？」と問われることになります。

もちろん，比較が不可能だと言っているわけではありません。しかし，もし質的調査で比較研究を計画しようとしたら，それはその最初の段階から，非常に入念に準備する必要がありますし，そうすると調査の中身も，かなり限定した，比較することに特化したものになります。

むしろ私（岸）は，安易な比較をするぐらいなら，それぞれのケースにこだわって，より深く徹底的にケーススタディを試みるべきだと思います。ある対象と別の対象の比較ではなく，ひとつの対象の内部に存在する「多様性」を徹底的に抉り出したほうが，生産的な調査になります。内部の要素の多様性を描くことは，比較というよりも，各要素間の「相互作用」を研究するということです。たとえば，ある民族集団と別の民族集団のコミュニティを安易に比較するよりも，あるひとつの街で複数の民族集団が存在する場合に，その集団間でどのようなコミュニケーションや葛藤が存在するか，ということを描いたほうがよいのです。質的調査は，あくまでも個々のケースを理解することに全力を費やすべきです。

さて，それでは，そうした「個々のケースの理解としての質的調査法」は，具体的に何をどのように理解してきたのでしょうか。また，何をどのようにして理解していくべきなのでしょうか。次節では，この具体的な質的調査の「プロジェクト」について書きます。

「他者の合理性」の理解社会学

質的調査がめざすもの

　質的調査が，個々のケースについて理解・解釈していく方法だとして，それでは実際の調査プロセスのなかで，何をどのように具体的に理解していくのでしょうか。

　代表的な質的調査の例をあげて考えていきましょう。P. ウィリスが1977年に出版した『ハマータウンの野郎ども』です。ウィリスは70年代に，あるイギリスの工場街（「ハマータウン」＝ハンマーの街）の小さな高校で参与観察をおこないました。彼が分析の対象としたのは，その高校の主に二つのグループでした。ひとつは「ラッズ」（「野郎ども」）と呼ばれる不良少年たちで，もうひとつはイヤーホールズ（「耳穴っ子」）と呼ばれる，ガリ勉の優等生グループでした。

　ウィリスは，学校のなかだけでなく，路上や家でもラッズの生徒たちとともに暮らして，その会話や行動ややりとりを，実に詳細に記録し分析しました。そして，70年代イギリスの「不良少年文化」を，非常に生き生きと描き出したのです。それは，現在の日本の不良少年たちとほとんど同じような「反抗的文化」でした。かれらは授業をサボり，教師に反抗し，タバコを吸い酒を飲み，「不純異性交遊」にいそしみ，喧嘩をします。もちろん学校の勉強なんかやりません。そして真面目なイヤーホールズたちのことを徹底的に軽蔑し，バカにします。

　しかし，こうしたかれらの言動や，そのもとになっている不良文化は，長い目でみるとラッズたちがよりよい大学に進学したり，よりよい学校に移動することを妨げてしまいます。結果として，ラッズの生徒たちは，その反抗的な青春を楽しみながらも，結局は学校からドロップアウトし，社会全体のなかで相対的に不利な立場を「自ら進んで」選んでしまうのです。ウィリスの問題設定は，ここにあります。なぜかれらは，自分の意思で不利になるような道に進んでしまうのでしょうか。

　ウィリスの解釈は，こうです。ラッズたちは，その多くが労働者階級の出身

です。かれらの父親たちは、安いな賃金でハードな工場で働く、肉体労働者たちなのです。そうすると当然、家庭のなかでも、非常に「男らしい」、荒っぽい規範や価値観が支配することになります。このような雰囲気で育てられたラッズたちもまた、とても荒っぽい労働者文化に染まっています。これに対して、学校という世界は、どちらかといえば「中産階級の文化」が定着しています。中産階級の文化とは、大雑把にいえば、いまの楽しみを先延ばしして禁欲的に課題をこなすことや、丁寧でおとなしい会話や身体動作、あるいは、知的勤勉さなどが重要視されるのです。学校とは、単に知識を機械的に伝達する場所なのではありません。そこでは「特定の」文化や規範や態度が作動しています。私たちには、算数や国語という知的なゲームのための能力よりも以前に、そうした特定の文化や規範に「適応する」能力が求められるのです。

労働者階級出身のラッズたちにとって、こうした「空気」に適応することは、非常に困難で苦痛をもたらすものになります。かれらは「自然に」ふるまっているだけで、教師たちから叱られ、排除されるのです。したがってかれらが、労働者階級の文化のひとつのバリエーションである反抗的な不良文化を、教室のなかで発達させることは、当然のことであるといえます。

さて、このように考えると、ラッズたちが「自ら進んで不利な状況に入っていった」という解釈は、微妙に変わってきます。かれらの行為選択は一言でいえば「不合理」なものですが、学校という場における目に見えない文化や規範を考慮にいれると、その場に適応して真面目に勉強することの、ラッズたちにとっての「コスト」がわかってきます。知的能力以前に、学校という空間に独特の、中産階級的な「お上品な」文化に染まることは、かれらにとっては勉強そのものよりもはるかに困難なことでしょう。したがって、ラッズたちが学校から自らドロップアウトして別の道——つまり父親たちと同じようなブルーカラーの世界——を選んでしまうのは、ある意味で自然なことなのです。

もちろん、もっと長期的にみれば、よりよい学校やもっと上の大学に進学しないことは、かれらの人生にとって不利な条件として働くでしょう。しかし、かれらの労働者文化や、学校の中産階級文化を考慮にいれると、少なくとも短期的には、ラッズたちが真面目な勉強よりも反抗的な不良のライフスタイルを選んでしまうことの「理由」が分かってくるのです。

ウィリスは、自ら進んで不利な状況に入っていくラッズたちの、一見すると

愚かで不合理な選択の背後に，かれら自身にとっての計算や合理性があることを見抜きました。そしてその合理性を，私たちにもよくわかるかたちで提示しました。

他者の合理性を理解する

　こうした，私たちにはあまり縁のない人びととの，一見すると不合理な行為選択の背後にある合理性やもっともな理由のことを，ここでは「他者の合理性」という言葉で表現したいと思います。社会学，特に質的調査にもとづく社会学の，もっとも重要な目的は，私たちとは縁のない人びととの，「一見すると」不合理な行為の背後にある「他者の合理性」を，誰にもわかるかたちで記述し，説明し，解釈することにあります。もちろん，ラッズの行為もふくめて，完全に合理的な行為などというものはありません。他者の合理性をどれだけうまく理解し記述したとしても，おそらくそこには必ず不合理なものや理解できないものが残るにちがいありません。しかし社会学者たち，特にマックス・ウェーバーとシカゴ学派の後を継ぐ社会学者たちは，できるだけ不合理にみえる他者の合理性を理解しようとつとめてきました。私たちは，理由がないようにみえるもの，単に不合理なことにしかみえないものに，理由や合理性を見出してきたのです。社会学の大きな仕事のひとつが，理由のないところに理由を見出すということです。

　社会学といってもいろいろなタイプのものがありますが，質的調査にもとづく社会学は，多かれ少なかれ，100年前のドイツ社会学の祖であるウェーバーを継承しています。ウェーバーは，社会学の目的を「行為の理解」に求めています。ウェーバーは，行為とはなにか，それを理解するとはどのようなことかについて，次のように述べています。かなり長くなりますが，ウェーバーの『理解社会学のカテゴリー』という本から引用します。

　　人間の（「外的」または「内的」）行動は，あらゆる出来事がそうであるように，その成り行きのうちに，いろいろな関係やいろいろな規則性を持っている。しかし，少なくとも完全な意味で人間の行動にのみ固有なことは，そうした諸関係や諸規則の経過を，理解可能な形で解明しうるということである。（13頁）

……合理的に解明しうる行動は、理解可能な諸関係を社会学的に分析するに際して、しばしば最も適切な「理念型」をなしている。つまり、社会学は歴史学と同じように、さしあたっては「動機理解的」に、つまり行為の合理的に理解しうる諸関係から、解明していく。(15頁)

　……理解社会学に特有の対象とみなされるのは、任意に選ばれた「内面的状態」や外的行動ではなくて、行為だからである。ただし、この「行為」(意識的な不作為や忍容を含む)というのは、われわれにとっては常に次のようなものである。つまり、「客体」に対する行動のうちで理解可能なもの、すなわち、たとえ多かれ少なかれ無意識であっても、何らかの「懐かれた」あるいは「考えられた」(主観的な)意味をもった特殊な行動のことである。(15-16頁)

　……理解社会学にとって特殊に重要な行為とは、詳しくいうと、次のような特徴をもった行動のことである。1・その行動が他人の行動と関係する場合には、行為者が主観的に考えている意味に従って行なわれ、2・その行動が行なわれていく途中で、それのもつ意味の関係の仕方によってもまた規定され、したがって3・この(主観的に)考えられた意味から理解可能な形で説明しうる、そうした行動のことである。(16頁)

　もし人が行為の関係の(主観的に考えられた)意味を人間の行動の「内側」と呼ぼうというのであるならば——危険な用語法ではあるが！——そのときにのみ次のように言うことができるであろう。理解社会学はそうした諸現象をもっぱら「内側から」、とはいってもそれらの諸現象の生理的ないしは心的徴候を枚挙することによってではなく、観察するのである、と。(17頁)

　ウェーバーの行為や合理性、理解という概念は、それが書かれてから100年経ったいまでも、社会学の理論的基礎をなしています。ウェーバーは人間の行為を理解することが社会学の目的であると述べていますが、行為というものは、多くの場合、内的あるいは主観的な、しかし同時に他者にも理解可能な意味を持っています。この行為の意味のことを、広い意味での合理性と言い換えてもよいと思います。

　質的調査の社会学の仕事は、いろいろありますが、つきつめて考えると、こ

の「行為の合理性の理解」ということに尽きます。人びとの行為や相互行為，あるいはその「人生」には，必ず理由や動機が存在するのです。その行為がなされるだけの理由を見つけ出し，ほかの人びとにもわかるようなかたちでそれを記述し説明することが，行為を理解する，ということです。理由や動機の多くは，当事者にとっての「利益」や「利得」，あるいは（経済学の用語でいえば）「効用」というものに結びついています。もちろんこの利益や利得というものは，単に金銭的な利益なのではありません。それは非常に広い意味において使われています。

「もうひとつのゲーム」を見つけること

　もういちど，ウィリスのラッズたちの例に戻ってみましょう。ラッズたちの自主的なドロップアウトは，果たして本当に不合理なものなのでしょうか。かれらの行為や言動を，かれら固有の文脈や状況，背景に置き直してみると，かれらなりの「合理的な判断」の結果だったことがわかります。たしかに長期的には不利なので，完全に合理的とはいえないのですが，それでも私たちは，かれらの自主的ドロップアウトには，かれらなりの理由や動機があり，かれらなりの利益があり，かれらなりの合理性があったことに気づかされるのです。行為の背後にあるさまざまな事情を知ると，「それはしょうがない」ということがわかるのです。

　別の言い方をすれば，こうなります。私たちの社会は，複数の，お互い矛盾する「ゲーム」で構成されています。ひとつのゲームで利益を得るための同じ行動が，同時に作動している別のゲームでは不利に働くことがあります。たとえば，ラッズたちの行為は，教室空間での差異化，という視点からみると，有利な選択です。それは教室内での生徒たちのあいだの，インフォーマルな地位を上昇させ，学校での生活を過ごしやすいものにするからです。しかし，長期的なキャリア形成という面からみると，明らかに不利です。このように，私たちの日常にはたくさんのゲームが同時に行われていますが，ほとんどの場合それらはお互いに矛盾します。そして，そのなかのどのゲームに参加するかは，行為者の選択に任されています。ところが，私たちはしばしば，そのうちのひとつのゲームしか見ようとしません（そしてそのゲームとは，要するに「自分が勝ちやすいルールのゲーム」だったりします）。そうすると，ただ単に，特定のゲー

ムにおいてわざわざ負けることを選んでいるようにしか見えないのです。しかしよく調べてみると，実は別のゲームがその場で作動していて，むしろそちらに参加しているのだということがわかってくる，ということはよくあります。社会学者はこうした「もうひとつのゲーム」の存在を明らかにするのです。他者の合理性の理解とは，このように言い換えることができるかもしれません。

安易な理解は暴力である。しかし……

　質的調査にもとづく社会学は，さきほども述べたように，さまざまなマイノリティや，私たちから縁遠い「他者」を，その調査の対象とすることがしばしばあります。「他者」とは，とても難しい言葉ですが，ここでは周辺的な人びとや，マイノリティの人びとのことをおおまかに意味すると思ってください。それでは，そうした他者の理解とは，いったい何でしょうか。

　私たちは，他者を「完全に」理解することは絶対にできません。そもそも私たちは，自分自身でさえちゃんと理解できているかどうかもたしかではありません。まして，なんらかの差別や暴力を受けている当事者や，私たちが普段あまり接することのないような人びとのことを，軽々しく理解できると考えてはいけません。

　この重い問題について，ここで十分に議論できないのは非常に残念ですが，これだけは述べておきます。他者を軽々しく理解しようとするのは，暴力です。たとえば，深刻な差別や暴力，あるいは大きな事件や事故の被害にあった人びとが，どれほど辛い思いをしたか，どれほど「しんどい」毎日を送っているか，ということは，私たちマジョリティには計り知ることができません。それを簡単に「わかった」と言ってしまうのは，とても暴力的なことです。

　しかし同時にまた，私たちは私たちの隣にいる「他者」の人びとを，なんとかして理解しようとする営みをあきらめてしまってはいけません。私たちは，他者の感情や経験を，それそのままのかたちで理解することはできません。しかし私たちは，調査や取材を通して，人びとの行為やその社会的なあり方には，ほとんどすべての場合なんらかの理由があるということを示すことはできます。感情や経験そのものを，それが感じられたままに理解することはできなくても，もっと淡々と，冷静に，あるいは「世俗的」に，その合理性を記述する，ということは，もしかしたらできるかもしれません（それすらも不遜なことかもしれ

ないのですが)。

　たとえば，深刻な差別の被害者，あるいは大きな自然災害の被災者。または，過酷な労働条件で働く人びとや，孤立して生きる高齢者たち。こうした人びとを「合理的な存在」として描くことは，どこからしら不遜な，その経験やしんどさを軽々しく扱ってしまうことのような印象を受けます。そうした「経験そのもの」は，私たち第三者には，永遠に「そのままの形で」理解することはできないでしょう。

　しかし人びとは，耐え難い経験のなかで，時間をかけてその場をやりすごし，なんとか生き延びようとします。そして，そのような生活のなかでも，意味を見出し，人生を続けていきます。もっともつらい経験そのものを理解し共有することはできなくても，その経験をその人びとがどう解釈し，どのように記憶し，どのように語るか，そして，その後の人生をどう生きているか，ということから，私たちは多くを学ぶことができます。

　合理性を理解する，ということは，こういうことなのです。私たちの人生の有り様や，その生き方には，理由があり，動機があります。その理由や動機を開かれた場で記述し，人びとと共有していくことなら，もしかしたらできるかもしれません。

　他者の合理性を理解する，あるいは，他者の行為にある合理性を見つけて記述する，ということがもたらすものについてもうすこし述べます。質的調査などを通じて人びとの行為や存在にある理由や動機を記述できたとして，言いかえれば，他者の行為に対する合理的な記述を与えることができたとして，それがどのような意味を持つでしょうか。

　このことについてもここで十分に議論する紙幅はありませんが，ひとつだけいえることは，それが差別のひとつのバージョンである「自己責任論理」を解体することに役立つかもしれない，ということです。差別や偏見というものは，いろいろな形をとって現れるものですが，そのひとつに，自己責任の当てはめ，というものがあります。労働者階級出身のラッズたちは，自分から好きで教師に反抗し，自分で自分の進学の機会を閉ざしている。同情なんかする必要あるの？　自分が悪いんじゃないの？　……これが自己責任論理です。それはほとんどの場合，マイノリティや弱者に対して言われます。

　しかし，フィールドワークや参与観察，あるいは生活史の聞き取りなどを通

> **Column ❶　社会調査士**
>
> 　現在，多くの大学の社会学部や社会学科で，「社会調査士課程」というカリキュラムが設置されています。「社会調査士」とは，一般社団法人社会調査協会が認定する資格で，量的・質的な社会調査についてしっかりと学習し，実際にさまざまな社会調査を自分でおこなうことができるものに与えられます。この資格の取得には，社会調査協会が認定したカリキュラムを設置している大学で，必要な授業を履修し単位を取ることが必要です。
>
> 　2003年に，日本教育社会学会・日本行動計量学会・日本社会学会の3つの学会が共同で，「社会調査士資格認定機構」を設立しました。2008年にはこの機構が母体となって，社会調査協会が発足しました。
>
> 　社会調査，特に量的調査には，「正しさ」を得るための規則や手続きがたくさんあります。そういう規則や手続きを知らないと，デマや間違った数字に，簡単に騙されることになります。正しい社会調査の知識を社会に広げ，自分でも社会調査のデザインや企画，実施ができるような人材を増やすために，この資格が作られました。
>
> 　みなさんもぜひ，この社会調査士課程がある大学や大学院に進学して，社会調査の理論と実践を学んでください。

じて，一見すると愚かで不合理な行為でも，当事者にとってはそれなりの合理性や理由があることが記述できた場合，それによって当事者たちに生じる不利益や不都合の責任がどこにあるかという問題は，非常に複雑になります。「そういう事情があるなら，そういうことするのもしょうがないなあ」ということが理解できたときにもまだ，自己責任を当てはめるひとは少ないでしょう。

　私たちは，当事者になりかわることもできませんし，そのしんどさを安易に理解することもできません。ただしかし，事情を納得するということを通じて，その人びとの「隣人」になれるかもしれない。黙ってそばにいることは，もしかしたらできるかもしれません。質的調査に立脚する社会学の究極の目標は，他者の合理性の理解を通じて，私たちが互いに隣人になることである，と言ってもいいと思います。

　ただし，それでも，質的調査を長年続けていると，理解されることを拒否される，という経験が，数多くあると思います。私たちも調査現場で，実際にそ

のような拒否に出会ってきました。安易な理解に傷ついたことのある人や，私たちに対して信頼関係を作ることを拒む人も少なくありませんが，そもそも調査される側に立つということに違和感を表明されることも，ほんとうにたくさんあります。

質的・量的に関わらず，こうした調査拒否がたくさんあるという事実は，私たち社会学者が，真剣に考えなければならない問題です。理解を拒否されたときに，私たちがどのようにそれを受け止めたらよいのか。この問題に答えはありません。

7 まとめ

以上のように，社会学者がおこなう社会調査には，さまざまな種類のものがあります。社会調査の教科書では，しばしば「量的調査あるいは量的データ」と「質的調査あるいは質的データ」が大きく区分けされていますが，何度も繰り返しますが，このふたつの調査法あるいはデータは，それほど大きく分かれるわけではありません。むしろ実態としては，「社会調査」という大きなカテゴリーのなかで，「量的調査」「生活史」「参与観察」「フィールドワーク」そのほかの調査法がたくさん同居している，というのが現状です。

これらの調査法は，それぞれが対立し反発しあっているのではなく，大きくゆるやかにつながって，全体が「社会調査」というものを構成しています。多くの社会学者は，このなかで複数の調査法を採用し，自分自身の研究を発展させています。

ここで大切なのは，それぞれの調査法がどれだけ違うか，ということではなく，自分の調査テーマにとってどの調査法が「使えるか」ということです。したがって，それぞれの調査テーマや調査対象にとって，その調査法がどのくらい「ぴったり合っているか」ということを，真剣に考える必要があります。逆にいえば，調査テーマや調査対象に対して適合的であれば，どんな調査法を組み合わせてもよいのです。

量的にせよ質的にせよ，また，同じ質的でも生活史にしても参与観察にしても，あらゆる調査法はすべて，それ単独では，さまざまな欠点がたくさんあっ

て、断片的で不十分な知識しか与えてくれません。だから私たちは，いろいろな調査法を組み合わせたり、歴史的資料や新聞記事を集めたり，とにかくありとあらゆる手段を使って，「総合的」に社会問題に取り組んでいます。量的でも質的でも，それぞれの調査法はこのように不十分なものですが，それでも私たちは「それでなんとかやっていく」ほかありません。そして，これらの不十分な調査を組み合わせて，すばらしい本がたくさん生まれ，社会学は大きな成果をあげてきました。

本書を読んで，多くの方がたに，「よし，自分でもやってみよう」と思っていただけたら，私たち筆者にとって，これ以上うれしいことはありません。

参照文献 | Reference ●

ウィリス，P. 1996,『ハマータウンの野郎ども』ちくま学芸文庫。
ウェーバー，M. 1968,『理解社会学のカテゴリー』岩波文庫。

CHAPTER

第 1 章

フィールドワーク

INTRODUCTION

　本章では，フィールドワーク一般について取り上げます。フィールドワークという言葉は，現地に行って何かの情報を得てくることといった程度の意味で，最近では広くさまざまな場面で使われます。役所の人が数時間程度でおこなう施設の見学から，人類学者が長期間住み込みでおこなうもの，生態学者による植生の観察など，かけた時間の長さにかかわらず，文系理系問わず，フィールドワークという言葉は用いられます。本書では，社会学の質的調査においておこなうようなものに限定して，ある地域や集団を対象にした総合的な実態調査という意味で，フィールドワークという言葉を用います。

1 フィールドワークとは

　質的調査は多くの場合，観察やインタビュー，資料分析，簡単なアンケート調査など，さまざまな方法を組み合わせておこなうことが多いと思います。**序章**でも述べられているとおり，量的調査では，調査をはじめる前に知りたいことをかなり絞り込み，数値によって検証可能な形に落とし込む必要がありますが，一般的に人の興味はもっと漠然とした形をとることが多いでしょう。たとえば，日本に住むフィリピン人について何か知りたい，どんな理由で日本に来て，どんな生活をしているのだろう，そのような形ではないでしょうか。そういうとき，もしも本当に知りたいと思ったらフィリピン人の集まる場所にとりあえず行ってみる，資料を探してみる，何か知っていそうな人に話を聞いてみる，そうやってさまざまな方法を折衷的に組み合わせ，知りたいことに迫っていくというのが，雑然として見えて，もっともよく使う方法でしょう。ですから，質的調査はじつは多くの人が多かれ少なかれすでにおこなっているのではないでしょうか。量的調査をする場合でさえ，知りたいことを絞り込んだよい問いを立てるためには，まず現場を見てみる，数人に試験的にインタビューをしてみるなどの形で，事前に質的調査をおこなうことがよくあるのです。

　本章では，質的調査のフィールドワークについて，実際に調査をおこなう手順にそって見ていきたいと思います。私自身はこれまで，おもに4つの質的調査をおこなってきました。学部3年生から3年間は（大学には5年行きました），釜ヶ崎の炊き出しをフィールドに，ボランティアについての調査をおこないました。大学院に進学してからは，研究対象を女性ホームレスに定め，修士課程のときには1年間，福祉施設で職員をしつつ，公園に通ってテントで暮らす女性野宿者たちの調査をおこないました。博士課程では，野宿者支援活動に参与しながら調査をおこなってきました。その研究成果は，『女性ホームレスとして生きる──貧困と排除の社会学』（丸山 2013）という本にまとめましたが，本章では，そこにいたるまでの調査の経験から私が学んだことを，できるだけ具体的に書いていきたいと思います。

2 テーマ設定

2-1 問題意識を育てる

　これから卒業論文や修士論文で研究をはじめることになるみなさんは，どんな対象を研究し，どんなテーマについて考えていくのがよいか，いろいろ思いをめぐらせていることでしょう。自分の身のまわり，ニュースや友人とのおしゃべり，授業で聞く話のなかなどで，よく知らないけれどなんとなく気になっていることはないでしょうか。社会学の卒業論文や修士論文を書くのは，自分の外側の社会にある，なんとなく気になっていることを調べてみる格好の機会です。自分の身近なことでもかまいませんし，自分の生活とは遠いことがら，もしくは自分自身と共通の課題を抱えている他者でもかまいません。**序**章で述べられているとおり，質的調査は「他者の合理性」について理解しようとする手法です。そのはじめの段階は，自分とは違う誰かのことがなんとなく気になる，それで十分です。なんとなく在日外国人に興味はあっても，ではそれがどんな人たちかを知りたいのか，どんな生活をしているかを知りたいのか，その歴史について知りたいのか，どこを特に知りたいのかと問われてもよくわからない，それでまったくかまいません。質的調査は，社会問題や他者に対する，漠然とした興味関心からはじまります。

はじまりは漠然とした問題意識

　私の最初の問題関心も漠然としたものでした。私がはじめてフィールドワークをしたのは卒業論文を控えた大学3年生のときで，ボランティアについて調べてみたいと，なんとなく考えていました。

　きっかけは，大学2年生の夏休みに一人でインド旅行をしたことでした。旅の途中，知り合った日本人に誘われて，マザー・テレサがつくった「死を待つ人の家」というホスピスで1日ボランティアをしたのです。大部屋に入ると，最期のときを過ごす人がたくさん横になっていました。私は言われるがまま，一人のおばあさんの排泄介助をすることになりました。おばあさんは私に何か

を一生懸命話しかけるのですが，言葉もわかりませんし，排泄介助といっても やり方もわかりません。何も知らない旅行中の外国人の私に介助をされて，そ のおばあさんは本当に幸せなのだろうか，そんなことを考えながら，なんとか その場はやり過ごしたのですが，そのとき感じた「もやもやした気持ち」はず っと頭から離れませんでした。

またそこには，日本人をはじめ，世界中からボランティアの人が来ていまし たが，彼らがボランティアをする理由として，旅行の最中に立ち寄ってみたら， ボランティア仲間の異性を好きになって長期滞在しているなど，他者のためで はなく自分のためではないか，と思われる動機を語る人が少なからずいました。 さらに，ボランティアを満足させるために，非効率的な作業方法をとって仕事 をわざわざ作り出しているなど，活動の矛盾についてもさまざまに語られてい ました。当時は，阪神・淡路大震災から3年経ったときで，そこで活躍したボ ランティアの存在に注目が集まっていました。私はメディアの報道から，ボラ ンティアは何かいいことをしているというイメージをなんとなく持っていたの ですが，そこで出会ったのは，私が抱いていたイメージとは大きく異なる現実 でした。

大学3年生になり，社会学専攻に分属され，何かフィールドワークをしてみ たいと思っていた私は，卒業論文のテーマとして，そのときの「もやもやし た」経験を取り上げることを思いついたのです。それで，ボランティアをテー マに卒業論文を書くことに決めました。しかし，ボランティアの動機や，活動 の矛盾について考えていきたいという以上の問いと呼べるものは，あまり出て きませんでした。

質的調査は，量的調査とは異なり，最初に知りたいことを絞り込んで問いを 立て，質問紙をつくってそれに回答してもらい，集計して分析する，という直 線的な形では調査は進みません。むしろ，調査をしながら問いを考え，また調 査をし，それからもう一度問いを考え直す，これを何度も繰り返すことで調査 は進んでいきます。ですから，最初の段階では問いは漠然としたものでもよく， 調査をしながらたえず「自分はいったい何が知りたいのか」を考えていく必要 があります。むしろ最初の段階では，問いを決めすぎず，暫定的なものにとど めておくことの方が重要かもしれません。あらかじめ用意していた問いに固執 していては，自分が想像すらしていなかったことがフィールドで起こっていて

も，キャッチできなくなってしまうからです。

フィールドを探す

　研究対象や研究テーマが漠然とでも決まれば，つぎのステップは，調査をするフィールドを探すことです。せっかく時間を割いて調査をするのですから，その機会を利用して，やってみたいと思っていたこと，話を聞いてみたいと思っていた人に会えるようなことにチャレンジするといいでしょう。学生が調査をするといえば，思いのほか人は協力してくれるものですから，この機会をいかさない手はありません。いったん研究のフィールドとして選択すれば，それに対する興味やそこに通う動機を長期間持続させる必要がありますから，自分の趣味に関連することや，将来の職業に役立ちそうなことでもいいでしょう。

　あるいは，問題意識よりも先に調査をしたいフィールドが決まっていることもあります。アルバイト先や実習先，サークルで行っている活動など，すでに知っている場所をフィールドと称して，調査対象にする場合もこれにあたります（私はフィールドワークに時間を割く余裕がない学生たちには，この方法を推奨しています）。このときには，あらかじめ決まっているフィールドで問題意識を育て，問いを探していくことになります。

　質的調査では，一度だけ，短時間だけで調査が終わりになることはあまりありませんから，自分のスケジュールのなかでフィールドワークに割ける時間がどのくらいあるのか，フィールドは通える距離にあるのか，フィールドに行く費用は工面できるかなどを十分に考慮して，実現可能な計画を立てる必要があります。

　また質的調査の場合，どんなことを調べたいかにもよるのですが，基本的にはフィールドは1つでも十分です。質的調査は，「浅く広く」調べるよりも，「深く狭く」調べる方が向いている調査方法だからです。学生たちは複数のフィールドを比較する計画を立てがちなのですが，必ずしもそうする必要はありません。フィールドワークに割ける時間も労力も限られていますから，1つの事例や1つのフィールドであっても，そこをじっくり調べた方が，ほかの場合についてもあてはまるような普遍的で本質的なことがらに到達することが多いように思います。1人だけにインタビューをするような調査でも，そこに考察すべき点があるなら，十分成立します。

私が学部生だったときには，ボランティアをテーマにした卒業論文を書きたいと思っていたため，自分もボランティアをできる場所を，調査のフィールドとして探すことになりました。いくつか候補があったなかで，一度行ったときに印象深かった釜ヶ崎の炊き出しをフィールドにすることにしました。釜ヶ崎とは，大阪市西成区にあるあいりん地区と呼ばれる地域のことを指し，日雇労働者や野宿者たちがたくさん暮らしていました。私がはじめてそこを訪れた1999年は，日本で野宿者の数がもっとも多かった年で，そこで行われていた炊き出しには，毎回1500人ほどが食事を求めて集まってきていました。私はアジアの国に旅行に来たかのようなその街の雑然とした雰囲気と，さまざまな人が集う炊き出しの場に惹かれ，そこをフィールドにすることに決めました。卒業論文のフィールドにすれば，気になっていた街に何度も行く理由ができますし，自宅から2時間，1回1000円あまりの交通費で旅行気分を味わえる，そんな軽い気持ちでした。

2-2　文献リストをつくる

　テーマとフィールドが漠然とでも決まれば，つぎにしなければならないのは，先行研究を調べることです。類似した対象を扱っていたり，類似した問題意識を持っておこなわれた研究を調べていくのです。

データベースで検索する

　先行研究を調べる方法としてもっとも身近なのは，自分が通う大学の図書館の蔵書データベースでしょう。こうしたデータベースを用いて，関心のあるワードをいろいろ検索してみてください。ただし所属する大学の図書館が所蔵していない本もあるので，CiNii booksなど，全国の大学図書館に所蔵されている本を一括検索できるデータベースも併用する必要があります。ですが，この段階で先行研究を検索するのには，じつは本よりもCiNiiなどの論文検索データベースの方が適しているかもしれません。本は研究者以外にもさまざまな人が書きますから，信憑性も高いものから低いものまでいろいろで，卒業論文などの研究に使っていいものか，どのような使い方なら認められるのかの判断が必要です。その点，論文は本とは異なり，ほとんどが学術的なもので信憑性は

高いと考えられるので，安心して使うことができます。また，本と比べて論文はひとつひとつが短く，問いも明確なものが多いために，中身を把握しやすいという利点があります。さらに論文は，ネット上で得られる情報も多いので，研究のアイディアを広げる初期の段階では，論文検索データベースが有効なのです。

　データベースには，本・論文のタイトルだけではなく，目次や要旨を見ることができるものもありますし，論文全文をダウンロードできるものもあります。データベースでさまざまに検索をし，それらの情報を活用して，自分の興味を引く文献をリストアップしていきます。他の人がどのような研究をしているかを知ることで，こんな方法や視点があったのかとアイディアが広がりますし，漠然とした自分の関心をどのような研究上の言葉で表現するのかがわかってきます。また，自分が何に関心があるのか問われても明確には答えられないものですが，興味がある文献とない文献を直感的にふり分けていく作業をとおして，自分の関心がどこにあるのか，逆に発見していくことにもなります。こうした作業から，自分の関心のある領域ではどんな研究がさかんなのかも，なんとなく把握できるはずです。

文献をリストアップする

　このようにして自分の関心のある文献をどんどんリストアップしていき，自分なりの文献リストをつくりましょう。文献リストには，すでに読んだものだけではなく，これから読みたいものも入れておきます。すでに読んだ文献には印をつけるなどして，区別しておくといいでしょう。関心のある文献のリストアップには，データベースを用いるだけではなく，自分が目をとおした文献の巻末の文献リストを見て，そこからさらに必要な文献をリストアップしていくという「芋ヅル式」のやり方も有効です。

　こうしてリストアップした文献は，自分の関心に応じてグループ分けするようにします。たとえば，女性ホームレスについて研究するための関連文献をリストアップしているのであれば，「ホームレス」「女性の貧困」「女性政策」「社会福祉とジェンダー」のように，自分の関心を反映させた名称をつけたグループをつくっていく，という具合です。自分の関心にあわせた，自分なりのグループ分けでかまいません。そしてこの文献リストは，研究を進めながら，随時

更新していくようにしてください。文献をリストアップし，グループ分けをしていくという作業を更新していくことそのものが，研究を進めるプロセスになるのです。

　こうしてつくった文献リストにしたがって，どんどん先行研究を読み進めていきましょう。先行研究を読むことはいつの段階でも重要ですが，問題意識を育てる最初の段階で必要なのは，自分がこれから取り組もうとしているものと類似した研究にはどんなものがあり，どのような学問分野に属しているのか，その分野の研究はどのように発展してきたのか，どんな問いが立てられてきたのかを知ることです。いったんフィールドに出ると，現実は圧倒的な情報量で迫ってきますから，そのどこに着目していいのかを見失い，とまどうことになりがちです。そのとき，先行研究を読んでどこに着目すればいいか，あらかじめ手がかりを得ておくことは，問いを立てるための見通しをつけることにつながります。そして自分の関心のある分野ですでにどんな研究がおこなわれているかを知っていれば，より価値のある有用な問いを立てやすくなるのです。

　とはいえ私自身は，学部3年生のときには，とりあえずフィールドに行くことから研究をはじめており，先に先行研究に目を通しておくということは，ほとんどできていませんでした。しかし修士課程に入るときには，すでに釜ヶ崎や野宿者の実態，研究状況についてある程度知っていたため，学部生時代に比べてはるかに「よい問い」を立てやすい状態にありました。すなわち，女性のホームレスはほとんどいないこと，女性ホームレスについて書かれた研究がほとんどないことはあらかじめ知っており，だからこそ女性に焦点をあてる研究に一定の新規性と必要性がある，そう判断して研究にとりかかることができたのです。しかし，では女性ホームレスについて何が知りたいのかというと，それはやはり漠然としていました。女性ホームレスとは，どんな女性たちで，どんな生活をしていて，どんなアイデンティティを持っているのかを知りたいという思いはありましたが，いずれも明確なものではなく，何が「研究の問い」になるのかは，自分でもよくわかりませんでした。

2–3　フィールドに行こう

　研究テーマが漠然とでも決まり，フィールドが決まれば，つぎはフィールド

に行く事前準備です。フィールドワークの最初の関門は，どのようにフィールドで出会う人に調査のことを説明し，許可をもらうか，ということですが，そのためにも事前にできる準備は入念にしなければなりません。

フィールドに入る

　もっとも大切なのは，フィールドについてよく調べておくということです。たとえば，障害者の作業所に調査に行きたいと考えているなら，その作業所や運営する法人のウェブサイトを読んでおくのは必須です。またその作業所が，就労継続支援事業B型と呼ばれる事業をしているなら，その事業はどんなものか，根拠となる法律は何かも調べておかなければなりません。また，その作業所や作業所の代表者について，過去に書かれた新聞記事や，雑誌，論文，本がないかを調べ，事前に読んでおくことも重要です。少し調べればわかることや，読めばすでに書かれているようなことを，わざわざ時間を割いてもらってたずねるのは，相手に対して大変失礼です。何より，その少しの手間をかけなかったあなた自身が，その対象について調べるに値する人物であるかが疑われるのです。あなた自身が値踏みされているといっていいでしょう。事前にフィールドについて十分に調べ，そのうえで話をしたり質問をしているという姿勢が見られれば，あなたがその対象に深く関心を持っていることや，その対象にかかわりたいという熱意が相手にも伝わり，それだけ調査の許可を得られやすくなります。地域調査などの場合は，調査地の図書館や役所などで，公式統計や地図などの資料を事前に入手し，調べておく必要もあるでしょう。

　私は大学院生になって女性のホームレスを対象にした研究をはじめてすぐ，そうした女性たちが入所している福祉施設で調査をおこないました。最初はその施設の運営団体と関係のあった知人に，団体を紹介してもらえないかとお願いをしました。適切な紹介者がいた方がうまくいくと思ったからです。そしてその団体の事務局長に自分の問題意識を説明し，初日は実習という形で1日施設で過ごさせてもらいました（福祉施設では，学生が実習に来ることはそれほど珍しいことではありません）。しかし実習がはじまってすぐ，1日過ごしただけではほとんど何もわからない，もっと長くこの施設の様子を見てみたいと感じました。そこで，しばらく住み込みのボランティアとして滞在させてもらうことができそうか，施設長にたずねてみたところ，許可をもらえそうな感触を得まし

た。そこで後日改めて団体に依頼をし，大学の長期休みを使って，住み込みのボランティアとして2週間滞在させてもらうことにしました。さらにその滞在中，施設職員になればより長期で様子を見ることができ，職員として雇ってもらうことも可能だとわかりましたので，次はそれをお願いするという形で，段階的にフィールドに入っていきました。

しかし，ボランティアや職員としての関わりのなかでは，利用者と雑談はできても，じっくり話を聞かせてもらうことはできません。また，ケースファイルには各利用者の生活史が書かれてありましたが，職員として知りえたそうした情報を研究に流用するのは，研究倫理としても問題があるのではないかと思いました。そのため別途，利用者に個別に調査の趣旨を説明し，同意が得られた範囲でインタビューをし，その情報を使う必要があると考えました。そのときには私はすでにアルバイト職員になっていましたが，利用者に個別にインタビューをさせてもらえるよう，改めて調査依頼状を作成し，団体にお願いをしました。その際，団体の役員だったある研究者の方が幸運にも口添えをしてくださったことで，団体では前例のなかったこの依頼を認めてもらい，ようやく調査許可をもらうことができたのでした。

調査の依頼をする

このように，調査の目的や意図を説明して許可をもらうために，事前に調査依頼書を準備した方がいい場合があります。特に，フォーマルな組織で調査をしたい場合や，面識のない相手にインタビューをしたいときなどは，事前に調査依頼書を送るのが礼儀です。私が調査したのはNPOが運営している福祉施設だったこともあり，責任者の判断で許可をいただくことができましたが，一般的にはフォーマルな組織になればなるほど，責任者個人の裁量では決められなくなるため，調査をするのは困難になります。

調査依頼をする際，適切な紹介者がいればより信頼を得やすくなるため，のぞましいでしょう。指導教官の依頼書を添えると有効な場合もあります。また，調査は相手方にとって基本的には迷惑なものですから，そのことを肝に銘じて，調査をすることで何か現場の役に立つことがあるなら，積極的に引き受けましょう。たとえば私は，ある団体が持っている紙の資料を電子画像化したり，ケースファイルをデータ入力する必要がある調査をおこなったとき，その電子デ

> **Column ❷　調査依頼書**
>
> 調査依頼書には最低限，下記の項目を記載する必要があります。
> 1) 調査の目的・計画・スケジュール（インタビューなら何時間程度かかるかも明記する）
> 2) 個人情報をどのように守秘するか（個人が特定できる情報は公表しないことを明記した方がよい）
> 3) 調査結果の公表の仕方・公表時期・公表される範囲（事前にチェックをしてもらい，公表の同意が得られない記述は削除すると明記した方がよい）
>
> こうした調査依頼書を事前に郵送し（相手によってはメールやファックス，持参する等もありえます），届いたころを見はからって，電話をするというのが正式な手続きです。図 1-1 の見本も参考にしてください。

ータや入力データを団体に提供して，喜ばれたことがあります。

　こうしたフォーマルな組織で調査をしたい場合と，インフォーマルな組織や場で調査をしたい場合は，フィールドに入る手順は異なるでしょう。私はかつて，公園に暮らす女性野宿者を対象にインタビュー・参与観察をしましたが，まずはその公園で活動していた女性野宿者の自助グループに参加することからはじめました。代表者には事前にお会いし，ゆくゆくは調査をしたいことをお話しして参加の許可を得ましたが，そこで出会う女性野宿者には，はじめのうちは調査のことを何もいいませんでした。数回集まりに参加し，参加者たちに顔と名前をおぼえてもらったころに，参加者たちを個別にたずねて雑談するということを何度か繰り返しました。そうして，人間関係がある程度できたと思ったころに，じつは自分は研究をしているので，生活史などを聞かせてもらえないかとお願いをするという方法をとりました。

　自分たちで女性野宿者を支援するグループをつくり，支援活動をしながら調査をおこなったときも，最初は女性野宿者たちには支援者として接し，ある程度人間関係ができたころに調査のことを話して，協力の許可をもらうという，同様の手順で進めました。いきなり街中で野宿者に声をかけて調査依頼をするという方法もあったかもしれませんが，私にはその勇気がなく，また突然見知

CHART 図1-1 調査依頼書の見本

NPO法人○○　事務局長　○○様

インタビューへのご協力のお願い

拝啓
　新緑の候、ますますご健勝のこととお喜び申し上げます。突然のお便りをさしあげるご無礼をお許しください。

　私は、○○大学○○学部で社会学を専攻している○○○○と申します。このたび、卒業論文で、多文化共生について考察したく、研究を進めているところです。○○地区は、在日外国人の方が多く暮らすことで知られている地域ですが、地域でどのような多文化共生の取り組みが行われ、どのような成果や苦労があるのか、そこで暮らす人々の思いをお聞きし、今後の多文化共生のあり方について考察したいと考えています。

　つきましては、地域を代表するNPOである○○の取り組みについて、○○様に直接お話をおうかがいできないでしょうか。お忙しいなか恐縮ですが、2時間程度、お時間をいただけないかと考えています。別紙に、研究目的と、お話しいただきたい内容を記したものを同封します。お話しいただいた内容をまとめたものは、事前にご覧いただき、ご迷惑になるところについては削除いたします。ご負担にならない範囲でご協力いただけましたら幸いです。

　改めてご連絡させていただきますので、何卒よろしくお願い申し上げます。

敬具

○年○月○日
○○大学○○学部○年生　○○○○
電話　○○○-○○○-○○○○
e-mail　○○○○

【研究目的】

　本研究では、多様な人々が暮らす地域において、どのような共生のいとなみが行われているか、その歴史や現状、どのような成果と課題があるのか等を検討することを目的としています。特に以下の3点について、○○地域でのまちづくりの活動に参加しながら日常の様子を把握するとともに、地域で暮らす方々やまちづくりを担っている方々にお話をうかがうことで、明らかにしたいと考えています。

1) 異なる民族的背景や、障害がある人などが、ともに同じまちで暮らしていくにあたって、どのような課題を抱え、どのような共生の取り組みを行ってきたのか、その歴史と現状。
2) 地域の祭り等の行事は、障害がある人、新しくボランティア等に来る人も含めた多様な人々の出会いの場になっているが、その場を維持するために、どのようなことに気をつけているか。
3) 将来この○○地域が、どのようなまちになってほしいと思うか。そのためにどんなことが必要だと思うか。

【お聞きしたい項目】

・NPO法人○○が結成されるにいたった経緯。
・これまでの○○の活動。
・○○のイベントに参加するのはどんな人か。
・○○の活動のなかで感じる課題。
・障害者がまちづくりに参加するためにどんなことに気をつけているか。
・ボランティアに来る人に対して、どのような配慮をしているか。
・○○地域や地域住民に対する差別事件があったが、それについてどう感じるか。
・○○地域が今後どのようなところになっていけばいいと考えるか。
・地域の行事やまちづくりの取り組みが継続されていくには、何が必要だと考えるか。
・○○様がまちづくりと関わりを持つようになった経緯。
・○○様の地域に対する思い。

らぬ人から調査の依頼をされても，相手は困るだろうし，何より警戒心が強い場合が多い女性野宿者をこわがらせてしまうかもしれないと考えました。それでまずは支援活動を通じて知り合いになり，そのなかで顔見知りになった人に調査の依頼をするという方法をとったのです。ですから，活動のなかで出会った野宿者でも，結局，調査の依頼をしないままになってしまった人もたくさんいます。

　こうした方法をとるならば，調査依頼をする前から，じつは観察したり，普段の会話のなかで聞きたいことを質問したり，あとでメモに残したりしているので，調査はすでにはじまっており，そのことをまず相手に伝えないのは調査倫理にもとるという考え方もあります。私の場合には，出会った野宿者にいきなり調査をさせてほしいとお願いするところから入るのは，拒絶される可能性も高いでしょうし，人間関係のつくり方としても疑問に思ったため，ある程度関係性ができたころにお願いをするという方法をとりましたが，いつ調査依頼をするのがいいのかについては，絶対的に正しい方法があるわけではありません。できるかぎり誠実に，敬意をもって相手に接するのは当然のことですが，調査といっても特別なことはなく，普段私たちがつくっている人間関係と大きく異なるところはありません。自分が相手とどのような関係をつくりたいか，調査をするうえで自分は何を大事にしたいか，よくふりかえって自分の行動に問題がないと思うなら，あとは勇気を出してお願いをしてみましょう。相手に誠意が伝われば，心配しているよりも，相手は承諾をしてくれるものです。

　しかしどれだけ誠意を尽くしたつもりでも，調査を断られることはあります。私ももちろん，断られた経験があります。準備を重ね，勇気を出してお願いするので，断られると落ち込みますが，必ずしも自分のふるまいが悪かったというだけではなく，相性もありますし，タイミングにもよります。そこであきらめず，再度同じ人に，別の機会にお願いをすると承諾が得られたこともありますが，無理は禁物です。調査は基本的には相手にとって迷惑なことですから，断られても仕方がありません。そのときはいさぎよくあきらめて，別の対象にするか，研究テーマを見直しましょう。

フィールドワークをする

3–1　フィールドで何をするか

　フィールドワークがはじまったら，とにかくよく観察し，はじめのうちは何でもフィールドノートに記録していきましょう。特に，フィールドに行きはじめた初期のころに抱く素朴な疑問や違和感は，のちに研究の方向性を大きく決めることがありますから，そうした感想も含めて書いておくといいでしょう。そこには，フィールドでの「あたりまえ」を根底的に疑う重要な視点が含まれている可能性があるからです。こうした疑問や違和感は，フィールドに馴染み，フィールドでの「あたりまえ」が自分自身の「あたりまえ」になってしまったあとでは気づきにくいものですから，最初の記録が肝心です。

「ぶらぶら」して過ごす

　フィールドでは，時間にも心にもゆとりをもって，なんでも見てやろうというつもりで，できるだけ「ぶらぶら」過ごすのがいいと思います。効率よく調査をしようとすれば，自分の知りたいことだけを見て，聞きたいことだけを質問するということになりがちですが，それではフィールドの現実を見誤ってしまう危険性があります。フィールドでは，自分がそこに行く前には想像すらできなかったようなことが起こっている可能性がありますから，自分が知りたいこととは直接は関連しないように思われることでも，アンテナを広げておくと，思いもよらなかった新たな発見があるかもしれないのです。私も，フィールドで何か誘いがあれば極力断らないようにしていて，誘われてお祭りに参加したり，突然自宅に寄るように言われてついて行ったりしたことで，普段見なれたものとは違う人間関係や人の顔を目にし，フィールドへの理解が深まったという経験があります。短時間で成果をあげようとしないことが，フィールドワークにおいては逆に，近道かもしれないのです。

　では，フィールドで何をし，どのように時間を過ごすのか。することが何も決まっていないまま「ぶらぶら」時間を過ごすというのは，意外と難しいもの

です。ただじっとフィールドで起こることを観察しているだけでは，あなた自身もすぐに退屈してくるでしょうし，何より周囲の人びとに不信感を与えます。ですから，ボランティアとして，アルバイトとしてなど，何らかの役割をフィールドで引き受けながら，自分自身もそこで活動し，起こることを観察するという「参与観察」が有効なのです。何らかの役割があれば，あなたがその場にいる理由をさほど深く問われることはありません。一度限りの訪問や見学のような場合でも，「お手伝いさせてください」などといって，できるだけフィールドの人と一緒に何か作業をすることをおすすめします。同じ作業をすることで連帯感が生まれ，フィールドの人との距離が近づきますし，作業の合間に雑談するのは，改まったインタビューよりも日常に近い雰囲気の中で話を聞くことができるものです。

　こうして観察したことや，日常会話として聞いた話なども，もちろん調査データとして使えます。改まったインタビューだと，自分が質問したことに対して答えてもらう形になりますが，フィールドの人同士の会話や，日常の雑談のなかで問わず語りに語られることからは，質問することすら思いつかなかったようなことも知ることができます。そしてもちろん，雑談のなかで知りたいことをたずねることもでき，その場合には改まったインタビューよりも自然な形で話を聞くことができます。私は毎回フィールドに行く前に，自分がその時点で知りたいことを整理し，機会があれば質問したい内容をいくつか頭に叩き込んで，雑談のなかでチャンスがあれば聞くようにしていました。

インタビューをする

　改まって話を聞きたいことがでてきたときには，アポイントメントをとり，場を設定してインタビューをしましょう。はじめて会う人に一回限りのインタビューをすることもありますが，長期のフィールドワークをおこなっていてすでに知っている相手に対しても，別途改めてインタビューをした方がいい場合があります。たとえば参与観察を続けるなかで障害者の作業所の日常の様子はわかってきても，ではその作業所は何を理念にして運営されているところなのか，施設長の考えを改めて聞きたい，というときなどです。インタビューの依頼をするときの手順は，先述したフィールドに入る手順と同じですが，すでにフィールドワークをしているという場合でも，改めてインタビューをすること

になったら，もう一度研究の目的やインタビューの意図を説明してください。話を聞く目的を相手にうまく伝えられれば，それだけうまく聞きたい話を聞くことができるからです。またインタビューをはじめる前には，話したことが何に使われるのか（卒業論文，修士論文になるなど），誰がそれを読む可能性があるのかも，必ず説明しましょう。話し手にとっては，それがどこまで話をしていいか判断する重要なポイントになります。また，インタビューした内容を論文に書くときには，プライバシーを守ることを約束するとともに，インタビューは強制的なものではありませんから，話したくないことは話さなくてもかまわないということも，確認をするといいでしょう。

このように時間をとってもらってインタビューをする場合には，必ず事前に聞きたい項目を考えていかなければなりません。インタビューは，質問がどの程度あらかじめ決められているかに応じて，構造化・半構造化・非構造化インタビューに分けられます。構造化インタビューは，決められたとおりの言い回しで，決められた順に，すべての人に同じ形式で質問をしていくインタビューのことです。質問紙を調査員が読みあげて記入していくような調査がこれにあたります。半構造化インタビューは，おおまかに質問項目を決めておき，話の展開に応じて，表現を変えたり順序を入れ替えたりしながら聞いていくような形式のものを指します。非構造化インタビューは，事前に質問項目は決めずに，普段の会話に近い形で，話の展開に応じて質問をしていくようなもののことをいいます。質的調査では，参与観察中の日常会話で知りたいことをたずねるようなときは非構造化インタビュー，アポイントメントをとってインタビューをするようなときは，ほとんどが半構造化インタビューをおこなうことになると思います。半構造化インタビューでは，事前に数個〜10個程度の質問項目を考えていきます。

てみやげと謝礼

フィールドに行ったり，インタビューをする際，てみやげや謝礼を用意するべきでしょうか。私は参与観察ではてみやげや謝礼は特に必要ないと思います。しかしはじめてフィールドに行くときや，特別に時間をとってインタビューに応じてもらったときなどは，相手の負担にならないようなお菓子を持っていくのもいいでしょう。私が福祉施設で調査をしたときには，ボランティアをはじ

める際に，個包装のお菓子を持っていきました。私が暮らす地域の銘菓だったため，利用者と出身地などの話をするきっかけにもなりました。

　公園に暮らす野宿者を対象にした調査では，てみやげ・謝礼はよりセンシティブな問題でした。調査者と被調査者の間に経済格差があったり，調査対象者が生活に困っている人の場合，てみやげ・謝礼はトラブルの種になりかねないからです。「つぎに来るとき，生理用品を持ってきてほしい」とものをリクエストされたり，生活に困っていることを明に暗にアピールされることもあり，よく知っている人であればあるほどとまどいました。どんな人に，何をどれだけ，どんなタイミングで渡すべきか悩みましたが，これには正解があるわけではありません。自分がどんな調査をしたいのか，相手とどんな関係を築きたいのか，それによって取るべき態度は異なってくるでしょう。私の場合には，試行錯誤した挙句，訪問する際には，最初のうちはちょっとしたてみやげ，具体的には野宿者の生活に役に立つような蚊取り線香などを，ときどき持って行くということにしていました。相手が野宿者でなければ，まったくの手ぶらで人を訪ねたりはしないだろう，だとすれば野宿者が対象でも同じではないか，そう考えたからです。しかし人間関係ができ，私が訪問するだけで歓迎してもらえるようになるにつれて，雑談するだけのときは，手ぶらで行くことの方が多くなりました。「あげる人-もらう人」という形で関係が固定化することや，ものをあげるから調査に応じてもらえているという関係ができてしまうことは避けたいと考えてのことでした。さらに，時間をとってインタビューに応じてもらったときには，最後に多めのお礼の品を渡すというルールを自分で決めました。具体的には，野宿者たちがなけなしのお金をはたいて自分で購入しているようなもの，たとえばカセットボンベや銭湯券，たばこなどです。それを，拘束した時間あたりの目安の金額を決めて渡していました。生活に困っている人を調査対象にしており，自分の調査につきあってもらっていることを考えると，謝礼をまったく渡さないのは私自身が居心地が悪く，また人によってあげる量に偏りがあれば，フィールド内ですぐに噂になってしまうため，金額の目安を決めた方がいいと思ったからです。

　このようにてみやげ・謝礼を渡すべきか，どんなものをどれくらい渡すのがいいかは，フィールドや調査対象者によって異なります。判断に迷ったら，指導教官や先輩などに相談してみるといいでしょう。しかし調査に協力してくれ

> **Column ❸ 経　費**
>
> 　調査をするのにはお金がかかります。研究に使う本や資料，IC レコーダーなど機材を購入する必要もありますし，フィールドに通ったり，滞在したり，多くの人にインタビューをするとすれば，交通費や宿泊費，てみやげ代などはばかになりません。
>
> 　学部生だと多くの場合は自費でまかなうことになるでしょうが，研究に多くの時間を費やす大学院生や研究者は，国や民間団体などが研究を活性化させるために設けている研究費を助成する制度を活用することがあります。
>
> 　よく知られているのは，学術振興会の科学研究費ですが，それ以外にも各省庁の研究費，民間団体による助成金，所属する研究機関の助成金などがあります。民間助成金はインターネット上に一覧がありますから，応募の要件，金額，助成期間などを調べてみるといいでしょう。
>
> 　研究者は，これらの研究費を使ってどんな研究をしたいのかを提案する申請書を書き，審査を受けて採択されれば，研究費をもらえます。研究費は通常，所属する研究機関が管理し，ルールにのっとって公正に使う必要があります。

た人に感謝の気持ちを表すのに，てみやげ・謝礼より重要なことは，調査が終わったらすぐにお礼状を出すことです。お礼状には，感謝の気持ちにくわえて，学んだことや感想などを一言書くだけでかまいません。後日思い返したとき，調査に協力してよかったと思ってもらえるよう，好印象を残したいものです。

　また，こちらからお礼をするだけではなく，ときには調査対象者から茶菓子や食事をすすめられることもあるかもしれません。そういうときにも正解はありませんが，調査とはいえこの場合にも，普段の人間関係と変わるところはありません。かたくなに遠慮するだけではなく，喜んでいただいた方が，円滑な人間関係が築けることもあります。

記録を取る

　フィールドワークをするなかで，観察したこと，聞いたこと，考えたことは，のちに論文を書くときに使えるよう，記録に残していく必要があります。どんなことを，いつ，どんな媒体に記録するのか。本書の第 **2** 章（参与観察）にもすぐれた具体的記述がありますし，佐藤郁哉の『フィールドワークの技法』

(2002, 新曜社) には，佐藤の職人芸的なノートと，はじめて記録を取るという学生のノートの比較や，佐藤がフィールドノートを書く際に意識しているという「見取り図」「流れ」「人々」という3点セットなどが説明されており，大変参考になります。

　私自身は，記録を取るというこの作業が，じつはとても苦手です。あまり系統だった記録を取れていないフィールドワーカーの悪い例だと思います。これまでも記録をきちんと取ろうと，いろいろな媒体や方法を試しましたが，あまりうまくいきませんでした。それでも現在までなんとか続いているのは，B5版のノートとパソコンを併用する方法です。B5版のノートには，観察したこと，インタビューした内容，思いついた着想などを，その場でメモしています。インタビュー中に書いたメモは，話を聞きながら走り書きをしていくので，単語だけしか書かれていなかったり情報が断片的だったりして，あとで見返すと意味が通らないところがあります。そのため，インタビューが終わったあとに見返して，言葉を補ったり，別の色のペンを使って重要なところに線を引いたりして使っています。そしてそのノートをもとに，パソコンで重要な点や，社会学的着想などをまとめ直していました。またそれとは別に，パソコンで日記もつけていました。しかし恥ずかしいことですが，これも毎日書いていたわけではなく，書いても2行程度の日もありました。それでもこの日記は，当時考えていたことをあとで思い出すときに役に立ちましたし，特にそのときの気持ちなどを書いておいたものは，フィールドワークをしていた当時に感じていた「気分」（第 **2** 章にフィールドでの「気分」についてのすぐれた考察があります）に戻る手がかりになり，時間が経ったあとでフィールドのことを臨場感をもって記述するのに，なくてはならないものでした。ですからやはり記録は，短いものでもかまわないので，もっとコンスタントに書いておくべきだったと悔やまれています。自戒も込めて言いますが，記憶はどんどん薄れていくので，「未来の自分は他人」だと肝に銘じて，当日中，遅くとも翌日中には記録を書くようにしましょう。

記録を取るコツ

　フィールドワーク中，どんな場所でメモを取るかには，注意が必要です。人目につくところでメモを取っていると，周囲の人に不審に思われたり，不快に

思われたりすることがあるからです。自分たちの様子を観察し，スパイのように何かメモを取っている人がいれば，気になるのは当然です。それを防ぐためには，トイレなど人目につかないところに行ってメモをする，携帯電話でメッセージを書いているふりをして自分宛にメールで送信する，別のもの（実習日誌や会議録など）を書いているふりをしながらメモを取る，といった方法があります。時と場合に応じて，もっともふさわしい方法を選択しましょう。また逆に，メモを取っている姿をフィールドで見せることが効果的な場面もあります。インタビューのときなどは，話を聞きながらメモを取ることで，相手の話を真剣に聞いていることを示すパフォーマンスにもなります。

　インタビューをするときには，可能であれば，録音をさせてもらいましょう。その際には必ず，事前に許可を取らなければなりません。「せっかく大事なお話を聞かせていただくので，録音させていただいていいですか。私自身が忘れないためのものなので，他の人が聞くことはありません」などと断れば，私の経験上，多くの場合は許可をしてもらえます。録音にはICレコーダーを使うのが便利です。ボタンを押すだけでスタートし，記録メディアを交換しなくても，長時間の録音ができるからです。最近の携帯電話はボイスメモ機能があるものも多いので，それを活用してもよいでしょう。ただし電池とメモリの残量が十分かは，事前に必ず確認しておかなければなりません。また，録音していたつもりでも，音量が小さすぎてあとで聞くと声が聞き取れなかったり，途中で電池切れやメモリーオーバーなどになったりしていることがあるので，録音機だけではなくメモも併用することをおすすめします。手元にメモがあると，インタビュー中，頭のなかで次にするべき質問を整理するときにも役に立ちます。インタビュー時の様子などもデータになることがありますから，メモしておくといいでしょう。

　フィールドの記録として，書かれたものや音声だけではなく，映像も使えます。写真や動画などは，うまく活用すれば，文章だけでは伝わりにくいフィールドの雰囲気などを効果的に伝えられるツールになります。フィールドの様子や出会った人など，ぜひ撮影させてもらいましょう。ただし撮影する際には，プライバシーに十分配慮する必要があります。人が映るときには事前に許可を得なければなりませんし，人が映らないようにする，顔が映らないようにするなどの工夫が必要です。撮影してよいところか判断がつかないときには，フィ

ールドの人に確認をしましょう。

3-2　何者としてフィールドでふるまうか

　フィールドでどのような役割を引き受け，どのようにふるまうか。それによって，どんな情報を得られるのかが大きく変わってきますから，何者としてフィールドでふるまうのがいいのか，慎重に考えなければなりません。

施設利用者と職員としてのふるまいの違い

　私自身は今ふりかえると，福祉施設でおこなった調査は，その点で失敗だったかもしれないと思っています。私は初日は施設の実習生として過ごしたため，利用者には立ち入りが許されていない職員室への立ち入りも，そこに置いてあったケースファイルなどの資料を見ることもできました。そのため利用者にとって私の存在は，「準職員」のように映っていたと思います。しかしその後，住み込みのボランティアをしたときには，施設における私の立場はなんともあいまいなものでした。私は利用者と同様にその施設内に1室もらい，2週間そこに「居候」していました。その点で，私はそこで暮らす利用者に近い存在でした。しかし以前に実習生としていた習慣から，私は住み込みボランティアの初日，深く考えることなく，職員室に入ってしまっていました。それは，決定的に職員側の人間であることを，利用者に印象づけることになりました。

　利用者がたまり場にしていた喫煙所に私が座ると，それまでの会話はぴたりとやみ，暗に警戒されているのがわかりました。利用者間では，職員の見ていないところでたばこや金銭の貸し借りがおこなわれていましたが，私の前でそれがおこなわれることはありませんでしたし，利用者間の噂話などもほとんど耳に入ってくることはありませんでした。いったんついた「職員側の人間」という印象は変えることができない，そのことに気づいたときには，あとの祭りでした。

　もちろん，職員室に出入りし資料を見ることで，得られる情報もあります。ケース記録に記載されている利用者の生活史や社会資源の利用状況，日々施設で起こっていることの記録などは，私が知りたいことでしたし，職員でなければ知りえない情報でした。しかしもし利用者の一人のような形でそこに滞在し

ていたら（そんなことが可能だったかはわかりませんが），私も金銭の貸し借りや，暗黙のうちに存在する人間関係の序列に巻き込まれ，職員や施設の悪口なども耳に入っていたことと思います。そうすれば，施設で暮らすことがどんな経験でどれほどの気遣いを必要とするのか，身をもって実感することになり，同じ施設でフィールドワークをしていたとしても，職員としてそこにいるのとでは，施設に対してもそこで暮らす女性たちに対しても，まったく違った見方をすることになっていたでしょう。もちろん，職員としているのと利用者としているのと，どちらのふるまいが正解だったというわけではないのですが，今後，職員にはなれても利用者になる機会はめったにないでしょうから，あの「居候」という限られた宙ぶらりんの時間を利用者として過ごしていれば，得がたい経験ができたに違いないと，のちに後悔したのでした。

「仲間」と支援者としてのふるまいの違い

女性野宿者を対象に公園でおこなった調査でも，同様のことを実感させられることになりました。私はそのころ，京都に住んでいたために，大阪の公園には日常的に「支援者」として通い，毎週決まった曜日などに行くことが難しい東京の公園には，まとまった時間をつくって出かけていっては，何をするでもなく「ぶらぶら」過ごしていました。東京の公園には，当時300張りほどのブルーシートでできたテントがあり，野宿者たちがゆるやかなコミュニティをつくって暮らしていました。東京では「調査」以外にすることもなかったので，私はそこを訪ねては野宿者たちと一日おしゃべりしたりして過ごし，1週間はブルーシートのテントで野宿者たちとともに寝泊まりもしました。そこでの私は，「京都からきた学生さん」として認識されていたように思います。

調査では，相手の過去や生活についていろいろたずねることになりますが，同時に調査者も，自分自身の過去や生活について聞かれることがあります。私は当時，20代後半なのにまだ学生，東京には泊まる家もなく，仕事は不定期のアルバイトのみ，未婚で，将来どうなるかもまったく不透明という状態でした。聞かれるまま率直にこうした話をしたこともあり，公園に暮らす野宿者たちは，私の生活に同情を寄せたり，私の不安定な将来を心配してくれたりしていて，東京の公園では，私は自分たちと同様に不安定な生活する友人として，仲間意識をもって迎えられていたように感じました。困ったことがあっても，

すぐには駆けつけることができない距離に私が住んでいたために，頼れる存在ではなかったこともあったかもしれません。

　一方，大阪の公園には，私は女性野宿者の支援グループをつくり，そのメンバーとして通っていました。グループのメンバーと一緒にときどき女性野宿者たちを訪ね，定期的に集まって公園にござを敷いておしゃべりをし，困っていることなどを聞き，要望があれば生活保護申請などを手伝ったりしていました。大阪では，東京の公園でしていたようにぶらぶらするというよりは，目的があって訪問しており，訪問回数は多くても，一度の訪問での滞在時間は東京に比べて短かったように思います。もちろん，さまざまな雑談もし，私自身の生活についても東京のときと同様に話していましたが，大阪では私が心配されたり同情されることはあまりありませんでした。逆に東京とは異なり，何かあれば駆けつけられる距離に住んでいたこともあり，大阪では頼られたり困っていることを相談されたりすることが少なくありませんでした。その結果，できあがる関係性は，友人というよりは，やはり「支援者−被支援者」という面が強く，どれほど親しくなったとしても，そこからあまり抜け出すことができなかったように思います。

　このように，東京と大阪とでは，公園に暮らす女性野宿者という同じ人たちを対象に調査をしていたにもかかわらず，私のフィールドでの立場やふるまいによって，できあがる関係性はかなり異なっていました。そしてふりかえってみると，福祉施設，東京の公園，大阪の公園という3つのフィールドのなかで，東京の公園が，私にとってはもっとも調査がしやすかった場所でした。福祉施設や大阪の公園では，職員や支援者などの役割があることで，フィールドで所在なさを感じることなく時間を過ごせましたが，その一方で，その役割ゆえに，ホームレスの人よりも上の立場に自分が立ってしまう気がして，居心地の悪さをおぼえていたのだと思います。それに対して東京の公園では，役割上のルールに制約されることがないため，何をするのも自由でした。また，役割に強制されることがないため，相手は私との関係を拒否しやすいかわりに，いったんできた人間関係はより対等なもののように感じられました。もちろん，それゆえの悩ましさ，たとえばものをねだられたり家に泊めてほしいと言われたとき（後述します），役割上のルールがないためにどうすべきかとまどうこともあったのですが，そこで悩んだことも含めて，結果的には得るものの多い調査

になったように思います。また論文を執筆するときにも，基本的には相手の了解さえ得られれば，団体等に断らなくても自由に記述することができたというのも，よかった点でした。

これは私の一度の経験から感じたことにすぎませんが，何らかの役割をもってフィールドに入ることの長短は，考えておいてもいいように思います。

3-3　調査者の守るべき倫理

調査倫理について，最近では各大学や研究機関でも倫理規定委員会がもうけられており，調査をはじめる前に委員会で問題がないかをチェックして，許諾を得るようにする流れができつつあります。このような倫理委員会の許諾は，もちろん相手との関係性を保証するものではありませんし，調査対象者よりも調査者を守るものではないかと思うこともありますが，指導教官と相談して，必要ならば委員会に諮(はか)ることも検討した方がいいでしょう。

しかしこうした手続きをするか否かや，どのようなフィールドに行くかにかかわらず，調査者が基本的に身につけているべき倫理的態度があります。

相手の都合を優先する

調査者が肝に銘じておかなければならないもっとも重要な原則の一つは，調査対象者の生活やその都合をうわまわる調査はない，ということです。調査者が調査をするフィールドは，調査対象者にとっては，職場だったり日常生活の場だったりします。調査者はそこに突然入ってきて，うろうろしたり，忙しいときに質問をして時間をとらせるような存在なのです。調査者はそのことをつねに忘れず，最大限迷惑にならないよう，相手の都合を優先して動くことを心がけなければなりません。

また，自分の調査について，フィールドの人にできるかぎり誠実に説明をし，同意を得るようにするということも，重要な原則の一つです。調査の目的や，何のために話を聞くのか，調査者自身の立場，得られたデータが何に使われるのかなど，相手が疑問を感じているようなときは，納得が得られるまで繰り返し説明しなければなりません。そこに誤解や行き違いが生じれば，あとでトラブルになる可能性もないとは言えないからです。

また，調査をする人がよく考えておかなければならないのが，何のために，誰のために調査をするのか，ということです。調査に協力してくれたとしても，それは親切心からのことがほとんどで，相手が調査に応じなければならない理由はありません。そして調査は基本的には，そうした相手の親切心に依存しながら，話してもらったこと，教えてもらったことを論文として発表し，自分の利益や手柄にしようとする行為です。ここには知識を提供するものと，それを収奪するものという力関係が，抜きがたく存在します。相手が調査を歓迎してくれているときでさえ，この関係は根本的には変わるものではないということには，敏感でありすぎることはありません。そもそも私自身が，相手にとって話をしたい，話をしてもいいと思ってもらえる人間なのか，そんなことにも悩みました。インタビューをお願いしたホームレスの女性から，「生活史を話すのは私の人生を売り渡すのと同じだから，簡単に応じることはできない」と言われて，返す言葉が見つからなかったということもありました。

誰の／何のための調査か

　では調査者は，調査に応じてくれる人の親切心にどのように報いることができるでしょうか。調査の成果がまとまり論文が完成したとき，それを協力してくれた人にお渡しするのは当然としても，それ以上どのようなお返しをすることができるでしょうか。インタビューを依頼したとき，「これに答えて何になるの」，そう聞かれることもあるでしょう。調査対象者のためだと答えられればいいのですが，実際どれだけ社会調査がフィールドで生活する人の役に立つでしょうか。

　在日外国人の調査をすることで，彼ら彼女らが抱える困難や求めている支援を明らかにし，社会に訴えれば，それが新たな支援策をつくる根拠になる可能性もないわけではありません。しかし特に卒業論文や修士論文の段階では，残念ながら調査が現実を変える力になることはほとんどないでしょう。他方で，現実を変えることにはつながらなくても，調査者が生活史を聞いて自分の人生の記録をまとめてくれた，自分たちでは気づかない地域の魅力を指摘してくれた，そうしたことで調査対象者が喜んでくれることもあるかもしれません。

　自分がする調査が誰のための，何のためのものなのか，そして調査に協力してくれた人にどのように成果を還元することができるのか，調査者は繰り返し

考えておく必要があります。その問い自体にすぐに答えが出ることはないかもしれませんが、その問いにどう向き合ったのかは研究に向かう姿勢にあらわれ、それはひいては研究の中身にも反映されるのではないでしょうか。

調査における葛藤と覚悟

　私自身が誰のための調査なのか、もっとも深く考えさせられることになったのは、東京の公園でのあるできごとにおいてでした。私はそこで、一人の軽い知的障害があるタマコさんという女性野宿者と親しくなり、彼女のテントで1週間ほど一緒に生活しました。そのタマコさんがあるとき、公園に住みづらくなって途方に暮れ、私の家に居候させてほしいと言ってきたのです。そのときの彼女の様子は拙著にも書きましたが、彼女はそれまで暮らしていた公園のテントを出て、これからどこに行こうかと思い悩んでいました。そしてたびたび私に相談の電話をかけてきては、実家に帰ろうか、施設に行こうかなど、日々さまざまな選択肢について語っていました。そしてそのときの発言のなかに、私の家に居候したい、と期待するものも含まれていたのです。

　それは11月のことで、それまでテントで夫と暮らしていたタマコさんが路上で一人で寝るようなことがあれば、寒さも増すなかで命の危険もあるのではないかと思いました（同じ野宿生活でも、テントに定住するのと路上で寝るのとでは、厳しさは大きく異なります）。当時私は、6畳一間の小さな下宿に住んでいて、修士論文も大詰めの時期をむかえていました。お金もほとんど持っておらず、いつまでいることになるのかもわからない彼女と二人で生活することになれば、金銭的負担も心配でしたし、まだ1文字も書けていない修士論文は、完成させられないかもしれません。自分の論文をとるか、彼女の生活をとるか、そのような選択に思われて、私は悩みました。

　私はそれ以前にタマコさんのテントに泊めてもらっており、お返しに私が彼女を自分の家に泊めるのは、自然な流れのように思えました。そしてフィールドで知り合った友人でなければおそらく泊めているであろうに、相手が野宿者だからと躊躇するのは、ほかでもない私自身が野宿者を差別しているのではないか、そうした自分の欺瞞にも気づかされました。少しでも野宿者のためになることがあればとそれを研究テーマに選んだはずなのに、自分がお世話になった女性が目の前で困っているときに、助けてあげられない自分はいったい何な

のだろう，そうも思いました。

　論文は私にとっては一大事でしたが，しょせんは紙切れにすぎません。彼女は生活が，もしかすると命もかかっていました。私は悩んだ末に，人の命より大切な研究はない，最終的にはそう考えて，タマコさんに自分の家に泊まりにくるように伝えました。

　このときどうすればよかったのか，この問いに正解はなく，調査者はなぜ自分は調査や研究をしているのかを考えながら，自分の倫理感に照らして行動するしかありません。結局その後，タマコさんの方の事情が変わり，彼女が私の家に来ることはありませんでしたが，このできごとは私自身が調査に向かうスタンスを決めるうえで，決定的なものとなりました。調査に協力してもらった以上，私は聞かせてもらった話を書いて世の中に伝える責任があると思いましたし，このとき人の命と天秤にかけても研究にこだわりたかった自分の判断に恥じない仕事をしていかなければならない，そんな覚悟を決めた経験でもありました。

　タマコさんとは，この出来事をきっかけに関係がより深まり，このときから10年以上が経った現在でも交流が続いています。そして後述しますが，このとき公園を出てどこに行こうか迷う彼女につきあうことから，私の研究の中心的なアイディアが生まれることにもなりました。

ラポールの問題

　私のようなコミットメントは，調査者としては過剰すぎるかもしれません。質的調査の教科書ではたいてい，オーバー・ラポールの問題，つまり調査対象者と親しくなりすぎることや，フィールドで対立する人間関係があったときに片方だけに関与しすぎることを戒め，「一歩距離を置いた関与」や「客観性を失わないラポール」（佐藤 2002: 77）を保つよう意識しておかなければならないことが指摘されています。

　しかし私には，この指摘が絵に描いた餅のように思われてなりません。後述しますが，質的調査をしている時点で，すでに調査者は自身の主観を通した世界を見ていて，完全に客観的ではありえないのですから，そこで「客観性を失わない」ことを目指すというのは，欺瞞のように感じてしまうのです。フィールドワークのなかでは，対立するような人間関係や，「一歩距離を置いた関与」

と悠長に言ってはいられないような場面に避けがたく巻き込まれてしまうことが，ときにはあるのではないでしょうか。そしてそれゆえにわかることもまた，調査にとっては重要なことのように思うのです。

　森達也の『A』という，オウム真理教を追ったドキュメンタリー映画があります。そのなかに，警察が自ら転んでおいて，公務執行妨害だと信者を逮捕するシーンが映っています。偶然その場面を撮影していた森は，その映像をオウム側の無実の証拠として提出してほしいと信者たちからお願いされ，悩みます。「中立」でなければならないはずのドキュメンタリーで，オウム真理教に加担する行動をしてしまえば，そのドキュメンタリーは信憑性を失うのではないか。結局，森は悩んだ末に，警察の不正をやはり許すことができないと，その映像を証拠として警察に提出し，その結果，誤認逮捕されていた信者は釈放されることになります。これは森が，「中立」や「客観的」な立場を捨て，オウム真理教の側に近づく行為だったといっていいでしょう。それをきっかけに森とオウム信者との間の距離が縮まり，そこから森は，オウム信者から社会がどのように見えているのか，つまりオウム真理教という「他者の合理性」（序章を参照）への理解を，さらに深めていくのです。

　この作品には，フィールドワークにおいて問題になる調査の倫理と調査者の葛藤，そしてそれに真剣に向き合ったがゆえに，「他者の合理性」の理解に近づいていく過程が，如実にうつしだされています。この例が端的に示すように，フィールドワークにおいては，抜き差しならない場面に巻き込まれ，そのなかで一定の判断を否応なくするからこそできる人間関係があり，それゆえに見えるフィールドの現実があると思うのです。

3-4　調査者の属性

　すでに述べたように，調査者のフィールドでの立場やふるまい方によって，できる人間関係は異なってきます。しかしフィールドワークにおいては，こうした立場やふるまい方以上に，調査者がもともと持っている性別や年齢，見た目，性格などが，調査に大きな影響を与えることがあります。

ハラスメントの危険性

　そのことを私がもっとも痛感させられたのが，フィールドでのセクシュアル・ハラスメントの経験でした。学部生時代，私は卒業論文のフィールドとして釜ヶ崎でおこなわれていた炊き出しを選び，そこに3年間調査に通っていました。そのなかで，親しくなった一人の日雇労働者から，ラブレターをもらったのです。すぐにお断りをしたのですが，彼はそれを恨みに思い，いくつかの行き違いも重なって，私を「殺してやる」というようになりました。それは卒業論文を提出する少し前のことでした。

　彼の生活の場でもあった炊き出し主催団体に相談をすることは，家も職も失ってたどりついた釜ヶ崎でやり直そうとしていた彼の生活を壊すことになりかねません。指導教官は男性で，そんなことはとても相談できそうにない気がしました。それでも卒業論文だけは完成させなければならない，そう考えた私は，恐々フィールドに足を運び，お世話になった方々に書きあげた論文を見せ，それから逃げるようにしてそこを去りました。3年間毎週のように通い，その後も訪れたいと思っていた大事なフィールドをそのような形で去らなければならず，私ははじめての調査に失敗したという挫折感でいっぱいでした。それからは，私のふるまいが軽率すぎたのだろう，そうした場面をうまくおさめることができなかった私が調査者として能力がなかったのだろう，そんな後悔と自責の念にさいなまれ続けることになりました。またその後しばらく，男性の大きな声が聞こえると，彼が来たのではないかと体が震えるようにもなりました。

　そのうち，野宿者支援活動に関わる女性たちのなかに，私と同様の経験をしたことがある人たちが少なくない数でいることがわかりました。セクシュアル・ハラスメントは一般的に，「地位の上下，権限の有無，人数の多寡といった『力関係』を利用して」（沼崎 2001: 8）おこなわれるものだといわれていますが，この場合，「野宿者−支援者」の関係においては強者である支援者が，「男性−女性」の関係においては弱者になるというねじれた関係があることになります。それゆえに，当時の野宿者支援活動のなかでは，それを問題化することが難しい状況にありました。支援しているはずの男性野宿者のふるまいを女性支援者が問題にすることは，野宿者をさらに弱い立場に追い込んだり，野宿者は怖い人だという世間の差別的なまなざしを強化することにもなりかねない

からです。

　私は他の女性支援者たちと集まって情報交換をし、ハラスメントやジェンダーについてともに勉強する活動をはじめ、そこで自分の経験したことがハラスメントだったことを、ようやく理解しました。それまで自分の調査の仕方やふるまい方に問題があったのだと考えていた私にとって、そのとき言われた「あなたは悪くない」という言葉が、どれほど救いになったかしれません。しかしやはり私は、他の支援者とは違って、支援活動と同時に調査をしており、相手から利益を得てもいました。基本的には迷惑であるはずの調査に協力をし、親切心から話してくれることを使って、私は論文を書き、大学院に進学しようとしている、このことのうしろめたさはぬぐいきれませんでした。

　そもそも、釜ヶ崎のような男性が多いフィールドで、女性は調査をしてはいけないのか、そこで調査をする女性が軽率なのか。その種の指摘をされたこともありましたが、そうではないと私は思います。私は、釜ヶ崎が男性の多い街であることを知っていましたが、それでもなおそこで調査をしたかったのです（もちろん単に無防備だったというわけではなく、誤解を招かないよう調査について説明したり、不要な連絡先の交換は控えるなど、自分の身を守るためにできることはしていたつもりでした）。だからといってそこでハラスメントにあっても、それは調査者の自業自得だと簡単に片付けられる問題でしょうか。私は周囲の人に相談したとき、そんなところで調査をするあなたが悪いといわれて苦しかったことがありましたが、それはハラスメントの二次加害にあたるのではないでしょうか。ハラスメントでは、責任があるのは加害をする方であって、被害にあった個人の態度や能力、パーソナリティの問題に帰されるべきではないと指摘されています。

　かといって、女性を対象とした調査は、女性の調査者しかできないのかというと、それも違うと思います。もちろん同性であるがゆえに聞きやすい話はあるでしょうが、女性同士だからといって、必ずしも共感し理解し合えるわけではありません。

調査者の属性は調査の個性

　調査者の人種、年齢、性別、見た目、職業などのさまざまな属性は、自分が認識している以上に、フィールドワークに大きな影響を与えているものです。

私も中高年の男性が多い釜ヶ崎をフィールドにしていた学部生時代は，相手の方から話しかけてもらえたり，まちを率先して案内してくれる人があらわれたりして調査がやりやすかったのですが，大学院に入って女性を対象にするようになって，そのようなことがなくなり，学部生時代は自分が女子学生であるという事実にずいぶん頼って調査をしていたことに気づきました。

　また，調査者が身につけている習慣，たとえば飲酒や喫煙なども，調査に影響してくるかもしれません。インタビュー相手と一緒にお酒を飲みながら，より打ち解けた雰囲気のなかで話を聞くことや，喫煙所での立ち話で，改まった場では聞けなかったような話を聞いたりすることがあるかもしれないからです。しかしお酒が強くない人やたばこが吸えない人は調査に向いていないのかというと，もちろんそんなことはないでしょう。それは調査者の数ある個性のうちの一つにすぎず，その人なりの個性をいかした，別のやり方の調査をすることになるというだけです。

　フィールドでのふるまい方は変えることができても，調査者の人種や年齢，性別，見た目，性格などの属性は，簡単には変えることができません。飲酒や喫煙などの習慣も，なかなか変えがたいものでしょう。これらの多様な属性は，さまざまに組み合わさり，さまざまな力関係をともなってフィールドであらわれてきますが，それは普段私たちがつくりあげている人間関係と変わるところはありません。私たちはそうした多様な属性を引き受けた生身の身体を使って，調査をするしかないのです。

　しかしそれは必ずしもマイナスなのではなく，それぞれの属性を引き受けるがゆえにできる調査があり，見えるものがあるはずです。そうして，その人なりの個性的なフィールドワークができあがっていくのです。私の場合も，女性という属性を背負って釜ヶ崎で調査をしたがゆえに，おそらく見えやすいものがあり，それがのちにホームレスのなかでも女性に焦点をあてるという研究につながっていきました。量的調査では，同じ対象に同じ質問紙を使って調査をすれば，誰がしても同じ結果が得られるはずですが，質的調査では同じ対象に同じテーマで調査をしても，性別や年齢，社会的立場などの属性によって，違った人間関係ができ，違ったものが見えることになります。そしてそここそが，質的調査のもっともおもしろい部分だと私は思います。

> **Column ❹　セクシュアル・ハラスメント**
>
> 　これまでの社会調査の教科書では，調査者がハラスメントを受ける可能性について，ほとんど言及されてきませんでした。調査に協力してくれた相手に感謝し，調査が相手の収奪になってしまわないよう，調査をすることが持つ権力性に配慮しなければならないのは言うまでもありません。しかしそうすればするほど，調査者は調査対象者に対して弱い立場に置かれることにもなりえます。これは調査という行為が構造的にはらむ問題であり，それゆえにハラスメントを受けた経験のある調査者も少なくないのではないでしょうか。
> 　調査に協力してくれた方を批判したり告発するのは，心苦しいものです。だからこそ，まずはハラスメントにあわないよう，調査の目的や自分の立場を折に触れて説明し，誤解を避けるようにすることが必要です。また，嫌だと思うことがあったら，深刻にならないうちに，冗談っぽい口調で軽く，「それはセクハラですよ」と伝えるのも有効です（牟田 2013:51）。
> 　それでもハラスメントにあってしまったら，指導教官や大学のハラスメント相談窓口，ゼミやフィールドの友だちなどに相談しましょう。相談しても，残念ながら相手にハラスメントに対する十分な知識がなかったり，学外者が相手方となると具体的な対応は難しいことが多いのですが，それでも一人で抱え込まないことが大切です。ハラスメント以外にも，調査のなかで危険を感じることがあるかもしれませんが，無理は禁物です。危険をおかしてでも調査をしなければならないと思い込まず，別の方法も必ずあるはずですから，自分の身を守ることを優先してください。

調査の「客観性」

　では，見る人によって異なるものが見えるのだとしたら，はたしてその調査の結果は，信頼に足るものなのか。そんなあやふやなものを，調査と呼べるのだろうか。そのような疑問がわくのも，無理はないでしょう。しかし私は，ここに質的調査の本質的な魅力があると考えています。

　ものごとには普遍の事実があって，それを客観的にうつしとるのが社会調査である，このような客観主義的な見方があります。しかし「客観的事実」とは，いったい何なのでしょうか。私が客観的と考えることでも，それはあくまでそ

う私が考えているだけであり，つまりは私の主観にすぎません。そしてそれは，他の人が客観的だと思うことと食い違っていることもあるでしょう。一見，客観的事実をうつしとっているように思われる量的調査でも，その問いの設定自体には，設計した調査者の主観が多分に入り込んでいるものです。ですから，そもそも「客観的事実」というものの存在自体，非常にあやふやなものなのです。

たとえば私の調査では，同じ女性野宿者に複数回話を聞き，同じ質問をしていたのですが，そのときどきによって回答は異なっていました。このようなことは，調査を客観主義的なものと考えるなら，あってはならないことになります。そして実際にこれまでの野宿者研究では，こうしたことにはほとんど言及されてきませんでしたし，そのことが研究の主題として扱われることもありませんでした（ひとりの人に一度きりしかインタビューをしないという，スナップショット的な調査方法が主流であったことも関係していると思います）。

しかし調査を進めるうちに私は，これまでの研究でこうした回答の一貫性のなさが扱われてこなかったことと，女性野宿者が扱われてこなかったこととは，もしかすると結びついているかもしれない，そう考えるようになりました。つまり，同じ人に質問をすれば同じ回答が返ってくるというような，暗黙のうちにある客観主義的な前提が，はっきりしたわかりやすい声をあげにくい状態に置かれている少数者の排除につながってきたのではないか，そんな疑問がわいてきたのです。そしてこのことが，従来の研究に見られる暗黙の前提を問題にするという，私自身の研究の中心的なアイディアにつながっていきました（この部分はのちにもう一度説明しますし，詳しくは拙著で論じています）。

このように質的調査では，ときに人があたりまえに思ってしまっているために，あえて問題にすることもないような「客観的に見えるもの」にも，疑念をさしはさむことがありうるのではないでしょうか。そして一見「客観的な事実」に見えることの，成立の基盤にあることまでをも議論の俎上に乗せてしまう，そのようなとき，質的調査は大きな魅力を発揮するのではないかと私は考えています。ですから質的調査では，「客観的」であろうとするよりも，自分がどのような「主観」を持っているのかに意識的であろうとすることが大切であり，そのうえで，自分の場所から見える「主観的な」世界のありようを記述していくことが，質的調査の持つ特徴をいかすために必要なことではないかと

思うのです。

4 データ分析と論文の執筆

4-1 データの整理

　こうしてフィールドワークを続けていけば，しだいにフィールドノートや録音したインタビューなどの記録がたまっていきます。つぎに考えなければならないのは，こうした記録をどのように整理していくのか，ということです。

目的にあわせた文字起こし

　インタビューの内容をどのようにまとめるのかは，インタビューから何を知りたいのかによって異なってきます。インタビューを録音しているのであれば，それを逐語的に文字起こししていくと，インタビューで話された内容だけではなく，それがどのように語られたのか，そのときの口調まで含めて知ることができます。しかし録音されたインタビューを再生しながら，一字一句文字に直していくには，慣れた人でも録音時間の約6〜10倍の時間がかかるといわれています。ですから，どのように語られたのかにも注目するライフストーリー研究のような分野とは異なり，話の内容にだけ関心があるような場合や，時間の余裕がないときには，必ずしもすべて文字起こしをする必要はないでしょう（とはいえ，文字起こしの作業は，インタビュー内容をふりかえり，頭を整理することにもなるので，時間の余裕があるときには，ぜひすることをおすすめします）。

　インタビューが終わればできるだけ早く，記憶が鮮明なうちに，インタビュー中に記録したメモをもとに，箇条書きなどでインタビュー内容を書いたメモをつくっておくと，あとで見ても，話の概略は十分把握できます。複数の人でインタビューをするなら，話を聞きながら記録係がパソコンでメモをつくっていくと，インタビューと同時進行でメモが完成します。また，文字起こしにかかる時間を短縮したいなら，録音データを再生しながら，再生を止めずにできる範囲で文字にしていくと，2時間の録音なら2時間すれば，インタビューの概略がわかるメモができます。そしてそれらのメモをもとに，より詳細な語り

が必要になったところだけ，あとから一字一句文字起こしをしていくという方法でもいいでしょう。

　しかし私自身はこのような方法はとらず，録音したインタビューデータは，すべて文字起こしをしていました。そして1人のインタビューについて，3種類のやり方でファイルをつくって整理をしていました。1つ目は，1回のインタビューごとに1つのテキストファイルに文字起こしをした，もっともオーソドックスなものです。同じ人に複数回インタビューをした場合は，人ごとにフォルダをつくって，そこにテキストファイルを入れていました。2つ目は，それぞれの人の語りを項目ごとに整理したファイルです。ある人の子ども時代のことについて語られた部分には「幼少期」，夫について語られた部分には「結婚生活」，野宿生活中の衣食住について語られた部分には「野宿生活」などの見出しをつけて，それに該当する語りをコピー・アンド・ペーストしていく，という具合です。複数回インタビューをした人についても，該当の語りが何月何日のものかを明記して，1つのファイルに整理をしていました。そうすると，幼少期の思い出が繰り返し語られていても，あとで該当部分を探しやすくなります。3つ目につくっていたのは，個人の生活史の年表のファイルです。語られた生活史を時系列にまとめ，何年，何歳のときに，何の出来事があったかを書き込み，それぞれの時期の職，家族関係，住まいの状況がわかるようにしていました。この年表をつくることで，社会的出来事を個人の生活史と関連づけて理解し（阪神・淡路大震災があったときには何歳で，どこに住んでいたのかなど），生活史のどの部分を聞きもらしているのか，データの「穴」を把握することができるようになりました。そして次回のインタビューのときには，その「穴」を埋めることを意識しながら，話を聞くようにしていました。

データ整理から疑問が浮かびあがる

　調査データを整理する作業は，自分がどのようなデータをとっているのか，改めて見直して考える大変いい機会になります。一見単純作業のように思われる文字起こしでも，自分のしたインタビューを聞き直していると，自然とさまざまな疑問がわいてくるものです。

　たとえば，ある女性になぜ野宿をすることになったのかとたずね，「夫から暴力を受けていて，末っ子が成人したのを機に，家を出た」という答えが返っ

てきたとします。インタビューをしている最中は，語られたとおりに，「DVにあったために野宿をはじめた」と理解するかもしれません。しかし改めて考えてみると，いろいろな疑問が浮かんできます。暴力から逃げてきたとしても，野宿をする以前に，友人や親戚のところ，役所や警察に行くなどの方法を思いつかなかったのだろうか。少し探せばDVの相談機関や駆け込むことのできるシェルターの情報などがあるのに，なぜそこにアクセスするにはいたらなかったのだろうか。家を出るまでには準備期間があったはずなのに，なぜすぐに野宿をすることになってしまったのか。もちろんインタビューの最中にそうした疑問を持つことができればいいのですが，私の経験では，こうした疑問が浮かんでくるのは，話を聞いているその場よりも，あとでふりかえってみたときということが多いのです。そして重要なのは，こうして浮かんできた疑問をそのまま放置しないことです。可能なかぎり再度フィールドワークに行き，その疑問を明らかにしていくことで，調査はより深まっていくのです。

このように調査においては，とおりいっぺんの答えで「わかった気になる」のではなく，そこに疑問を持つことがとても重要になってきます。「DVにあったために野宿をはじめた」という答えで満足するのではなく，その答えの背景にあるものを考える。そしてそこでわいた疑問を，もう一度インタビューをすることで明らかにしていく。そうすることで，さらに調査するべきことや重要な事実にたどりついたりするかもしれません。たとえば，先述の女性にはじつは，周囲に助けを求めることを難しくしているような，軽度の知的障害があったことがわかるかもしれないのです。したがって，データを集めることと並行してデータを整理しそれを見直していくことは，データの「穴」を発見したり，さらなる疑問につなげていくために，必要なことなのです。

データの矛盾

私の調査では，データ整理をする過程で，あることに気づいたことも，その後の研究に大きな進展をもたらすものになりました。私が話を聞いていたエイコさんという女性野宿者は，私以外にも，新聞記者や他の調査者など，さまざまな人のインタビューに応じていたのですが，他者が記述した彼女の生活史と，私が彼女から聞いた生活史とでは，食い違うところがあったのです。話を聞いている最中には聞き流してしまっていましたが，のちに録音されたインタビュ

ーをもとに彼女の生活史の年表をつくっていて，私はそのことに気づきました。これには頭を抱えました。この食い違いをどう理解すればいいのだろうか。彼女が嘘をついているのだろうか，もしくは私か他のインタビュアーのどちらかの勘違いだろうか。

そのうち私は，もう一つ別のことに気づきました。こうした食い違いがある一方で，すべてのインタビュー記録に繰り返し出てくる語りがあったのです。それはまるで録音されたかのように，いつも同じ言いまわしで語られていました。同じ人に同じ質問をすればすべて同じ答えが返ってくる，このような前提に立つと，インタビューの食い違いは，あってはならないミスということになります。ですからその食い違いについて，エイコさんに問いただす，そのようなことになるのかもしれません。ですが私は，悩んだ末に，そうした方法はとらないことにしました。それよりも，食い違いがあるインタビューのなかでも，必ずいつも同じように語られていたこと，そしてそのように語った彼女の主観的世界（彼女の目に見えている世界）に着目することにしたのです。

それは，彼女が野宿をするようになった理由を説明した部分でした。エイコさんはそれを，自分が字が読めないということと結びつけて語っていたのです（野宿者のなかには字が読めない人が少なからずおり，彼女もひらがなとカタカナしか読めないという人でした）。雇ってくれるはずの会社のメモを持って上京してきたけれど，自分は字が読めなくてばかだから，迷子になってしまって，そのうち電話代も尽きて野宿するしかなくなった，この語りがどのインタビュー記録を見ても，繰り返されていたのでした。

字が読めないということで，彼女はばかにされたり，就職に困ったり，さまざまな不利益をこうむってきたため，それは長らく隠しておきたいことだったといいます。しかし野宿をするようになって，エイコさんはそれを積極的に語るようになっている，このように彼女の態度が変化していることに，私はこのときはじめて気がつきました。詳しくは拙著に書きましたが，彼女にとって字が読めないと語ることは，野宿せざるをえなかった自分の境遇を他者に理解し共感してもらうために，必要なことでした。そして彼女はこれを語ることで，彼女を案じる人から食べ物を差し入れてもらったり，彼女が出てくる新聞記事を読んだ見知らぬ読者から辞書が送られてきたりする，そうした彼女を気づかってくれる人が生まれることに喜びを感じていたのでした。

いじめられ，差別されて生きてきたこれまでのエイコさんの人生を考えると，字が読めないと語っても差別をされず，むしろ他者に気にかけてもらえると実感できることが，彼女はうれしいのだろう，私はそう解釈しました。この彼女の態度の変化に着目することは，後述しますが，彼女の主観的世界を理解する手がかりをもたらしてくれることになりました。そしてこのような手がかりが得られたのは，データ整理をしている最中のことだったのでした。

4-2　問いを見つける

　フィールドワークが進み，ある程度フィールドのことがわかるようになってきたところで，多くの人が困惑するのは，フィールドワークのどの部分に焦点をあてて見ていけばいいかわからない，ということではないでしょうか。質的調査では，だんだんフィールドの様子がわかり，記録も取れてきたところで，どこに焦点をあてて調べるのがよいのか，改めて問いを絞り込んでいかなければなりません。このようにいうと，今さら問い？　と思うかもしれません。最初に問いがあって，その問いにしたがって調査をしていくのではなかったのか。

▎フィールドワークの焦点を絞る

　じつは質的調査では，調査の焦点が定まり，問いが絞り込まれるのは，調査もある程度進んだ，かなりあとの段階になってからのことです。はじめに漠然とした問題関心はあっても，調査をはじめる時点で問いが明確に定まっていることはほとんどないでしょう。むしろ，フィールドワークをするなかで，どこに焦点を定めて見ていくのかを絞っていき，調査も終わりに近づいた段階になってようやく，問いを本格的に考えることができるようになる，これが質的調査なのです。たとえ最初に明確に問いが定まっていた場合でも，調査をしてみてわかった現実の状況にあわせて修正した問いの方が，より現実にそくしたすぐれたものになるはずです。そして調査の焦点を絞って問いを定めていくこの過程が，質的調査のなかでおそらくもっとも難しいところであり，これがうまくいくかが，研究の質を大きく左右します。調査者のセンスがもっとも問われるところでもあります。

　こうすればよい問いを定めることができるというような，確実な方法はあり

ません。調査は出会いのなかでしていくものですから，運の要素も大きく，一生懸命努力をすれば必ずうまくいくというものでもありません。ですが，調査の焦点を絞り，よい問いを定めていくためのコツは，いくつかあるように思います。

おもしろいところはどこか

　まず重要なのは，調査のもっともおもしろい部分に焦点をあてるということです。これまでフィールドワークをしてきたなかで，自分がもっともおもしろかった点はどこか，考えてみてください。きっとひとつではなく，複数出てくるでしょう。そしてそのおもしろいと感じる点に，観察・記録をしだいに集中させていきます。このときよい問いを導くコツは，調査をする前からわかっていたことではなく，調査をしてみてはじめてわかったおもしろいことに焦点をあてるということです。調査をする前から予想されていたことは，他の人も予想できるあたりまえのことであるため，おもしろみが感じられにくいのですが，フィールドに行ってはじめてわかったおもしろいことなら，わざわざ時間をかけてフィールドワークをした意味が出てきますし，他の人にもおもしろいと思ってもらいやすくなります。このとき，最初に抱いていた興味関心に必ずしもこだわる必要はありません。フィールドでは自分が想像もしなかったことが起こっているはずですから，それも含めて，よりおもしろいと感じる部分に着目するのがいいでしょう。

　しかし往々にして，自分のフィールドのどこがいったいおもしろいのか，わからないということになりがちです。フィールドの情報量は膨大ですから，それに惑わされ圧倒されて，おもしろいところを問われてもうまく整理して答えられない，そうなるのも当然のことです。そんなとき，人に話を聞いてもらっておもしろいところを指摘してもらったり，自分がおもしろいと思うところを他の人がどう受けとめるのか，反応を見てみるのが有効です。そのためにゼミや研究会で発表をするのです。自分のフィールドはどんなところで，そこでどんなことを観察・記録しているのか，それを報告し，どこがおもしろかったのかを他の人に教えてもらったり，自分がおもしろいと感じる点を報告し，他の人もそれをおもしろいと感じるのか知ることで，調査の焦点を絞っていくのです。指導教官は，研究のトレーニングを積んでいるぶんだけ，社会学的想像力

がはたらきますから，おもしろいのはどこか指摘してもらうには格好の存在です。ある程度研究状況について知っている経験豊かな人の方が，研究としてどんな点が新しいのか，どこを強調するとおもしろいのか，勘がはたらきやすいので，そういう他人の頭もぜひ活用しましょう。

　おもしろい部分を探す手がかりとして，自分のフィールドの特徴的な部分に焦点をあてるのもいいでしょう。自分の通っているフィールドは，類似したフィールドとどう異なるのかを考えてみるのです。たとえば障害者の作業所でフィールドワークをしているなら，他の作業所と自分が通っている作業所とどこが違うのかがわかれば，自分のフィールドの特徴的な部分が浮かびあがってくるはずです。このとき，複数の作業所に行く必要はなく，文献で調べたり，他の作業所の様子を知っている人に話を聞いて，それと自分のフィールドの違いを考えてみるだけで十分です。たくさんある作業所のなかで，自分のフィールドの特徴がわかれば，そこに焦点化することで，特定のフィールドに行った意味が出てきて，おもしろいものになりやすいと思います。

　さらに，フィールドで「ホット」なトピックに焦点をあてるというのも有効です。フィールドの人々がよく話題にしていたり，問題意識を感じていることは，考えるべきポイントがたくさん詰まっていることが多いからです。「最近，ここで一番課題になっているのはどんなことでしょうか」と，率直に聞いてみるといいでしょう。そうすると，現状の課題や重要な論点が出てくるかもしれません。

フィールドを離れて考える

　ただ，本格的に問いを考えていくためには，ある程度フィールドから物理的に離れる方がいいように思います。調査を進めるのと並行してデータを整理し，問いを定められればそれに越したことはない気がしますが，フィールドについての本格的な思考がはじまるのは，私の経験上，フィールドワークに一区切りつけてからになるものだからです。フィールドでは現実についていくことや記録を取ることに精一杯になりがちで，そこで起こったことを整理して考えるためには，時間的にも物理的にも，ある程度の距離が必要なのだと思います。

　私が修士論文を書いたときには，論文の締切まであと4カ月という時期に，調査に一区切りをつけることにしました。海外で調査をしていると，帰国が明

確な調査の区切りになりますが，私は国内で調査をしていましたから（京都に住んでいましたが，調査は東京でしていました），フィールドは思い立てば行くことができる距離にあり，調査の区切りは自分でつけなければなりませんでした。そのころには，インタビューを重ねても同じ話の繰り返しになり，あまり新しいことが聞けそうにないと感じはじめていました。そのため，以降はフィールドに行くことをいったんやめて，データの整理と分析に集中することに決めました。

それから，文字起こしをした膨大なインタビューデータを何度も読み返しながら，それをどのように整理するのがいいか，その語りのどこに焦点をあてるとおもしろいのか，繰り返し考えました。野宿をするにいたるまでの女性たちの生活史や，野宿生活を生きていく工夫，彼女たちが女性であることをどのように語っているのかなど，興味を惹かれるところはいくつもありました。ですがしだいに，私はある一点に特に着目するようになっていきます。

女性野宿者たちは，野宿生活がいかに困難なものであるかについては饒舌に語っていました。食べ物がないときや身体を清潔に保てないときのつらさ，男性に囲まれて生活する苦労，公共空間で眠らなければならない恐怖などです。その一方で，彼女たちは誰ひとりとしてすぐには野宿生活をやめようとはせず，なかにはこれからも野宿生活を続けていきたいと語る人もいたのです。その語りが矛盾していることに，私はそのときはじめて気づきました。なぜ困難なはずの野宿生活を，それでも続けたいというのだろう？ 望めばおそらく野宿生活から脱却できるのに，なぜそうはしないのだろう？

インタビュー中には聞き流してしまっていた，こうした語りの矛盾を焦点化するには，インタビューデータを持ち帰り，文字起こしをし，それを読んで整理するという時間が必要でした。そして調査も終わりに近づいたこの段階になって，女性たちが野宿生活をやめないのはなぜか，これが取り組まなければならない中心的な問いであることに，私はようやく気がついたのです。そしてこれは，野宿者について，おそらく多くの人が疑問に思う点でもありました。なぜ野宿者たちは困難なはずの野宿生活をやめようとしないのか，この疑問を多くの人が了解可能な形で説明することが，これまで調査を続けてきた私が果たさなければならない役割ではないか，そう考えたのです。

調査対象者の主観的世界

　それから私は，もう一度文字起こしされたデータを読み返し，彼女たちの生活を思い出してみました。彼女たちが野宿生活をやめようとしない理由には，さまざまなものがありました。
　たとえば，先に言及したエイコさんという字が読めない女性は，これからも野宿生活を続けていきたいと語っていました。もちろん野宿生活は体力的にも過酷ですし，男性に囲まれる生活のなかで苦労は尽きないといいます。そして彼女はすでに60代でしたから，望めばいつでも生活保護を受給し，野宿生活から脱却できる状態にありました。それでも野宿を続けていきたいという彼女の望みは，一見とても非合理的な選択のように思われます。しかし彼女の主観的世界にそくして見た場合，エイコさんなりの理由があることがわかってきます。
　このように理解するきっかけになったのが，先述した彼女の語りの変化に気づいたことでした。いじめられ，長いあいだ萎縮して生きてきた彼女が，その最大の原因だと彼女が感じていた字が読めないということをオープンに語ることができ，それでも他者に必要とされたり承認されたりすること，それが彼女にとっては何よりもうれしいのではないか，私はそう考えました。そしてそういう他者とのつながりは，畳のうえで寝ることよりも，彼女にとっては重要なものでした。そう考えると，彼女が野宿生活を続けていきたいと望むことも理解できます。このように一見非合理的にも思われる彼女なりの理由を，多くの人に了解可能なように説明すること，この「他者の合理性」を明らかにすることこそが，序章でも述べられているとおり，質的調査の醍醐味ではないかと思います。
　ほかの女性たちが野宿生活を続ける理由もさまざまでした。自分は野宿生活はいやだけれど，夫が生活保護は受けたくないというから，夫の決めたことにしたがっているという人もいました。しかしなかには，なぜ野宿生活を続けているのか，この先どのように生活していこうと考えているのか，これまでのインタビューからはあまりわからない人もいました。私はいったん調査に区切りをつけたつもりで，インタビューデータを読み込み，問いを考える作業に移ったのですが，問いが明らかになってくるにつれて，やはり調査が足りていなか

ったことが見えてきたのです。そこで，なぜ野宿生活を続けているのかがよくわからない人については，再度補足的にインタビューをしていくことにしました。このときの調査は，それまでとは違ってかなり目的が絞られており，特定の人に特定の質問をするためのものでしたから，数度追加的にフィールドに行くことで，必要なデータを集めることができました。

このように，問いがある程度定まってからデータを見直してみると，調査が足りていないところはどこかが，浮かびあがってきます。問いが定まってはじめて，その問いを明らかにするためにどんなデータが必要なのかが明確になるのです。この段階で，データの穴を埋めるように，ピンポイントで補足的に調査をしていきます。このときの補足調査は，調査の初期のころとは違って，聞くべきことや見るべきこと，調べることが明確になっているはずですから，効率よく調査ができるでしょう。海外でフィールドワークをしている場合などは，補足調査が不可能なこともありますが，フィールドにいるあいだに人間関係をしっかり構築できていれば，電話やメールなどを使って調査をすることも可能かもしれません。この段階で補足調査ができれば，いよいよ調査は終わりに近づいていきます。

4-3 先行研究から問いを見いだす

フィールドのおもしろい部分に焦点をあてる，これだけでは問いを見つける作業は，まだ道なかばです。さらに必要なのは，よい問いを定めるために，改めて先行研究を読み返すということです。先行研究の文献リストはすでに作成し，研究が進展していくのにしたがって更新を繰り返していることと思います。それをここでもう一度検討するのです。

先行研究のなかに位置づける

考えなければならないのは，つぎのようなことです。先行研究のなかですでに明らかになっていることは何なのか。自分がフィールドで興味を持ったことや，焦点を絞ってみてきた点は，先行研究ではどのように議論されているのか（あるいは，されていないのか）。調査をしてわかったことや抱いた実感と，先行研究で書かれていることは，どこが同じで，どこが異なるのか。

先行研究ですでに明らかになっていることと同じことをいうのでは，研究は意味がありません。今さらアメリカ大陸や地動説を発見しても仕方がない（佐藤 2002: 123）のです。しかし他方で，先行研究でいわれていないことや，取り上げられていない対象は無数にありますから，これまで取り上げられていないことを取り上げるというだけでは，研究の意義としては，ややもの足りません。それを取り上げて主張する意味は何なのか，それを取り上げることが，従来の研究にどの程度のインパクトを持つのか，よく考えておく必要があります。

　さらに考えておかなければならないのは，何を先行研究とするか，という点です。一つのフィールドで調査をしていたとしても，そこで焦点をあてて見ていくところや，どのような問いを立てるかによって，何を先行研究とすべきかは異なってきます。先行研究として，複数の領域を考えることもできるでしょう。そのときは，自分の研究がもっともおもしろく見える領域を取り上げるのがいいのです。

　それで思い出すのは，「居酒屋の社会学」と題する研究をしようとしていた私のゼミの学生です。彼は，2つの居酒屋でアルバイトをしており，そこでのフィールドワークをもとに，お酒が人々にとって持つ意味を考察したいと計画していました。そして2つの居酒屋での参与観察と，お客さん・友人を対象に，居酒屋に行く理由をたずねるアンケートを実施し，お酒や盛り場に関する本をいくつか読んで，ゼミで報告をしました。

　しかし，報告された2つの居酒屋のアルバイトの様子は，彼が考えたいと思っていた「お酒の持つ意味」とは違った点で，大変おもしろいものでした。彼のアルバイト先の居酒屋の一つは，個人経営の小さな店で，客に喜んでもらうことこそがいい接客であると教えられていました。個別の客の細かな希望にこたえ，話し相手となることが求められていたのです。彼のもう一つのアルバイト先は，チェーン展開をしている大型居酒屋で，すべての労働がマニュアル化されており，マニュアルからはずれたことは極度に嫌う店でした。たとえば，店に置いてあるリキュールとソフトドリンクを混ぜるとできるお酒も，メニューにないという理由で，客の求めがあってもつくってはいけなかったり，焼き鳥にタレと塩の2種があって同じ価格なのですが，両方を半分ずつというオーダーはできない（実際は皿に盛るだけで用意できる）など，個人経営の店では推奨される個人の希望に合わせたサービスを，マニュアルにないというだけでし

てはいけないというのです。

　この二つの居酒屋で求められる働き方の違い，ここが彼の報告のなかで，もっともおもしろい部分でした。そのおもしろさをより際立たせるためには，「お酒の持つ意味」という文化社会学的な点ではなく，現代社会の労働のありかたについて考える労働社会学の研究とした方が，よりデータのおもしろさが引き立つのではないか。そのようなゼミでの議論を機に，彼の研究は大きく方向転換することになりました。

「意志」とは何か

　私の修士論文のときの調査では，女性野宿者たちがなぜ困難なはずの野宿生活を続けているのか，このことに焦点を絞ってインタビューデータを読み返し，補足の調査をしていきました。それでわかったのは，彼女たちの言葉には，しばしば一貫しなかったり，矛盾している部分が見られることでした（もちろんすべての女性ではなく，なかにはエイコさんのように一貫した意志を明確に語る人も，少数ながらいました）。

　たとえば，路上で夫からDVを受け，骨折するほど殴られたユウコさんという女性野宿者は，施設に逃げ込み，また夫のもとに戻るということを繰り返していました。施設はとてもよかったけれど，ペットの猫も気になるし，夫にも食べさせなければならないと語るのでした（彼女は自分の年金収入で夫を食べさせていました）。そうしていったん夫から離れて施設に入っても，また夫のいる路上へ戻ってくるということを繰り返していたのです。

　さらに決定的だったのは，私の家に居候させてほしいと言ってきたタマコさんという女性が，ある時期，私に頻繁に電話をかけてきたという経験でした。彼女はそれまで暮らしていた公園にいづらくなり，衝動的に公園を飛び出して，夫とは違う男性とホテル暮らしをはじめていました。そして精神的にも不安定になり，毎日のように，ときには深夜や明け方にも私に電話をかけてきては，これからどうやって生活していこうか，迷う胸のうちを語るのでした。そしてあるときには，長く連絡をとっていなかった実家に帰ろうかと言い，あるときには公園に戻って不在の夫の帰りを待とうかと言い，一人で生活保護を受けて暮らそうか，私の家に居候できればなど，タマコさんが語る将来の展望は聞くたびに異なっていました。私は，日々変化していくその語りに耳を傾けながら，

彼女の将来の展望や，野宿生活を続けたりやめたりすることを選択する彼女の「意志」とはいったい何なのだろうと考えていました。

　先行研究を読み返してみると，野宿者たちは意志を持った，主体的な人間であることが強調されていました。それには理由があります。1960～70年代の研究では，日雇労働者や野宿者たちは，社会の病理として，もしくは救済の対象としてとらえられていました。こうした見方に対して，1980～90年代に登場した研究では，野宿者たちはただ一方的に救済や改善の対象に甘んじているわけではない，という批判がなされます。野宿者たちも私たちと同じ人間であり，主体的な意志を持った自立した存在である，そう主張しなければならない当時の研究状況があったのです。そこでは，野宿者の意志はゆるぎない一貫したものであることが，想定されているように思われました。

　しかし，私が話を聞いていた女性野宿者たちが将来の生活を「選択」していく様子を見ていると，それは他者に大きく影響されてもいましたし，変化もしていくものでした。このように，人の意志というものが一貫しておらず，そのときどきで語ることが異なっていたり，夫など身のまわりの他者の存在に左右されたりするということが，先行研究では書かれてこなかったことなのではないか，そう思いました。さらにこうした彼女たちのありようは，なにも彼女たちだけに見られる特別なことではなく，他者に配慮することをよしとされたり，自分に自信が持てなかったりしがちな女性によくある行動で，私自身の経験をふりかえっても思いあたるところがありました。そしてそれは，女性だけではなく男性にも見られるものであり，人間のある種のあたりまえの姿といってもいいのではないか，そうも思いました。

結論にあわせて問いをつくる

　ではなぜ，このようなあたりまえの人間の姿が，これまでの研究で描かれてこなかったのか。それは野宿者のなかに，自立した意志を認めたいと研究者が思うあまりのことではないか，私はそのように感じたのです。

　というのも，釜ヶ崎に行きはじめた学部3年生のときから，野宿者の支援運動のなかでしばしば耳にする「野宿者だって一生懸命働いて自立している」という言いまわしに，私はなんとなく違和感を覚えていました。当然，野宿者のなかにもさまざまな人がおり，一生懸命働いている人もいる一方で，そのよう

にはなれない人たちもいたからです。もちろん、野宿者は怠け者だというような差別的な見方に対して、野宿者も働いて自立していると主張することの意義は十分理解できます。しかしそうして自立を強調しようとするあまりに、私が見てきた女性野宿者たちのような、他者に影響されたり一貫しなかったりするあり方を見落とすことになってしまったのではないか、そう思われたのです。さらにはそのことが、女性野宿者がこれまでの研究で扱われてこなかったことにつながっていたのではないか、と。

　ここで、調査をはじめたころに漠然と感じていた違和感と、女性野宿者を調査しながら考えたことが結びついているかもしれない、そう気づいたのでした。ここまできて、ようやく結論部分で書かなければならないことが決まり、修士論文の焦点が見え、何を問いにしなければならないかがわかったのです。それは、締切まであと1カ月ちょっとという時期のことでした（そしてその時点では、私はまだ1文字も修士論文を書いていませんでした）。

　こうして、フィールドワークのおもしろいところを考えるのと並行して、先行研究における自分の研究の位置づけを考える、これを研究しているあいだ、何度も何度も繰り返すことによって、しだいに自分が考えたいこと、主張したいことの焦点が絞られていくはずです。このように質的調査においては、あらかじめ知りたいことがあるというよりも、フィールドワークをし、先行研究を読むことを繰り返すなかでしだいに焦点が絞られていき、研究が進んだあとになってはじめて、そもそも自分はいったい何を知りたかったのか、研究をとおして何を考えたかったのかが、ようやくわかってくるのです。ですからこの繰り返しの作業のなかで、研究をはじめた当初に抱いていた漠然とした問題関心に立ち戻り、そもそもなぜ自分はその研究をはじめたのか、なぜそのフィールドを選んだのかなどもあわせて考えると、より根源的な自分の問題関心にたどりつくことができるように思います。

　このようにして、フィールドワークで焦点をあてたいもっともおもしろい部分はどこか、先行研究では指摘されていない、自分の研究で主張しなければならないところがどこかがわかったら、その部分を結論に持っていきます。そこがもっともオリジナリティが高く、あなたが強調しなければならないところだからです。そしてその結論が答えになるような問いを考えます。これが論文全体の問いになります。このように、主張したいことが決まり、結論部で何を述

べるかが見えた最終段階になって，ようやく問いが決まるのが，質的調査の特徴なのだと思います。

このように言うと，問いはあとからとってつけたまやかしのもののように思われるかもしれません。問いより先に，結論がすでにあるのですから。しかし，結論を見とおしたうえで，それが答えになるような問いを定めておくことで，その研究ではどんな課題に取り組むのか，何を主張するのかが，読者に伝わりやすくなるのです。問いを定めることは，その論文で何を明らかにしたいのかを，自分自身のなかでも明確にするのに役に立ちます。

4-4 論文を書く

こうしてようやく問いを見いだすことができたら，つぎはそれを論文に書いていかなければなりません。論文の書き方は，論文の種類（卒業論文，修士論文，雑誌論文など）やそれが載る媒体，分野によっても異なるのですが，ここではもっともオーソドックスだと考えられる研究論文の作法を説明します。

論文を書く作法

多くの人にとっておそらくもっとも難しいのが，論文の枠組みを示す冒頭の「問題設定」にあたる部分を書くことではないでしょうか。論文を読むことに慣れていない人にとっては，論文独特のこの形式に馴染みがないため，難しく感じるのも無理はないでしょう。これは一般的には，つぎの3つの点を，順に書いていくのがいいように思います。

第一に，自分が取り組んでいる研究課題について，先行研究でいわれていることを整理します。その問題について，これまでどのような研究がなされ，どんなことがいわれてきたのか。可能であれば，その課題に関する研究が発展していった歴史的な流れや，その概略を紹介します。これは，個別の研究について細かく紹介するというよりも，その分野の研究の見取り図を描くことが目的ですから，代表的な研究や，いくつかの学派にまとめられるならそれを紹介するなど，ある程度自分なりに整理をすることが必要です（①）。つぎに，そのなかでも特に自分と問題関心の近い特定の先行研究について，どんなことがいわれてきたのかを紹介します（①'）。ここは①に比べて，詳しく説明する必要

があります。ここまでが先行研究の内容を紹介するパートになります。①を書くためには，同分野の先行研究をたくさん読み，研究全体の状況について知らなければなりませんから，ここを書くのが難しければ，最低限①′だけでも書くようにします。しかし①′は自分の問題関心にあわせたオリジナリティの高いものになるため，自分自身で考える必要があるのに対して，①はその研究課題全体の概略を述べればいいだけですから，すべて自分自身で考える必要はなく，他の人が整理したものも参考にすることができます。

　第二に，①′で紹介した特に自分の問題関心と近い先行研究について，それに対する批判を述べます。先行研究で書かれていることは，どんな点が自分が調査してきて感じたことと異なるのか。どんな点が不足していると感じるのか。もちろん先行研究にはなんらかの意義があるはずですから，評価すべき点は十分に認めたうえで，どこが足りないのかを書きます。ここを書くことをとおして，自分の研究がすでにある先行研究と，どこが同じでどこが異なるのかを明らかにするのです（②）。先行研究との異同を明らかにするというのは，私の印象では，多くの学生があまり得意ではないところのようですが，自分の研究がこれまでの研究とどこが違い，自分が新たに研究に何をつけくわえられるのか，自分の研究のオリジナリティを明らかにするところですから，とても大事なパートになります。

　第三に，自分自身の問いを書きます。ここでは，②で自分が批判した点について，その問題点を乗り越えられるような形の問いを書く必要があります。つまり，自分が設定する問いは，先行研究にある問題を解消することができる，より優れたものである，という形で記述することで，自分の研究の正当性を主張するのです（③）。またここで書く問いに対しては，前節でも述べたように，結論部でその答えを述べなければなりません。ですからこの問いは，結論部で主張することにあわせた形になっていなければならず，くわえて，②で批判した問題点を乗り越えられるものになっている必要があります。ここからも，結論部と先行研究の状況を見渡すことができた研究の最後の段階になって，問いが決まるということがわかるでしょう。

　以上のような3点がそろっているのが，オーソドックスな研究の問題設定の書き方だと思います。逆に言うと，このような形に整理できないのなら，まだ問いの設定の検討が十分ではありません。このように整理できるようになるま

で，フィールドワークの焦点化と，先行研究を読む作業を繰り返し，問いを突き詰めて考える必要があります（もちろん，研究の書き方はこれだけにとどまるものでなく，そもそもかなり自由なあり方が許されるのが研究であるということは，断っておかなければなりません）。

たとえば以下は，この形式にしたがって書いた私自身の論文の書き出しです。これは修士論文で書いたことのエッセンスを，その後2万字に短くまとめ直した論文です。①の先行研究のまとめをどの程度の分量で書くのかは，論文全体の長さによって異なりますが，これは比較的短いものだと思います。①①′の部分では，ホームレス研究がどのような状況にあるのかを紹介しています。①ではホームレス研究全体の大きな研究の流れの見取り図を書き，①′では私が特に参照する3つの先行研究（中根光敏，山口恵子，妻木進吾のもの）について，それがどのようなものかを説明しています。②の部分は，先行研究の批判にあたります。先に紹介した3つの研究の問題点だと私が考える点を述べています。③の部分では，②で批判したことを乗り越えるために，私自身が何に着目して研究していくのかを書いています（この論文を今読み返してみると，私自身の問いがどのようなものなのか，はっきりとは述べられていません。もっと明確に書くべきだったのではないかと，今では思います）。これで論文の問題設定部分の書き方の具体的なイメージが，少しはつかめるでしょうか。

①｛　グローバリゼーションと産業構造の変化によって，先進資本主義諸国のなかでは深刻な貧困が可視化してきている。日本でも1990年代半ばごろから，野宿者の姿が数多く見られるようになってきた。しかし80年代に青木秀男（1989）は，おもに寄せ場の日雇労働者に焦点をあてつつ，仕事につけなかった彼らの姿として，すでに野宿者を研究の対象にしていた。青木はそれまでの社会病理学をはじめとする研究が，寄せ場の問題の把握とその解決を志向していた結果，そこで暮らす人びとの存在を等閑視し，その低位性を強調することになっていたことを批判し，人びと自身の状況変革へ向けた主体性をとらえることを主張した。その後90年代に入って不況が深刻化するにつれ，失業した日雇労働者たち以外にも野宿をする人びとが徐々に現れ，寄せ場を中心に広い地域でその姿が見られるようになっていったことから，それまでの寄せ場研究が，その対象を日雇労働者から野宿者にシフトしていったのは自然な流れだったといえよう。

①′｛　それ以降の社会学における野宿者研究では，野宿者の主体性に着目しようとする研究が主流になる。たとえば中根光敏は，「都市下層の主体的側面へと注目することは，排除のイデオロギーに対抗する新しい視点を見出す可能性を持っている」とし，その可能性を「『個人レベルでの抵抗』に見出すべき」（中根 2001:16-17）だと述べている。一方，山口恵子はより日常性に焦点をあて，課せられたさまざまな制約のなかで行われる日々の「生きぬき戦略」に着目することによって，制約の意味を組み替えていく野宿者の主体性

や創造性をすくいあげ，そこに「『ストリート』の可能性」を見ようとしている（山口 1998）。マイノリティの抵抗や主体性に着目しつつ，そこに可能性を見いだそうとするこうした視点は，野宿者を対象とする研究以外にも広く見られるものである。たとえば松田素二（1996; 1998）は，支配や権力に対して正面から闘いを挑むような変革志向の「ハードな抵抗」だけではなく，押しつけられた状況のなかで弱者が行う微細な生活実践から読みとられるような屈伏と受容のなかに潜む「ソフトな抵抗」に目を向ける重要性を，ミシェル・ド・セルトー（1980＝1987）らの議論に依拠しながら指摘し，そこに状況変革の可能性をみている。ここで松田の整理にしたがうなら，中根の立場は「ハードな抵抗」，山口の立場は「ソフトな抵抗」と同様の視点を持つものだといえるだろう。

　増え続ける野宿者へのはじめての対策として，国は2002年に「ホームレスの自立の支援等に関する特別措置法」を制定した。この基本方針では，野宿者は「就労する意欲はあるが仕事が無く失業状態にある者」「医療や福祉等の援助が必要な者」「一般社会生活から逃避している者」の3つのタイプに分類され，それぞれのタイプに応じた支援策が定められている。そして「一般社会生活から逃避している者」については，強制排除も辞さないことが明記された。この特措法の制定以降，野宿者をとりまく問題の布置は大きく変化しつつある。つまり，当人が望めばさしあたって野宿を脱出する方途が用意されることによって，野宿を続けている人は自らの意志と責任のもとに野宿することを選択していると解釈され，「社会生活から逃避している者」とカテゴライズされてしまうことになる。妻木進吾（2003）はこの状況にかんがみて，野宿を続けている人はかならずしも「社会生活から逃避」しているわけではなく，逆に「労働による自立」という市民社会的な価値が野宿生活の中に構造化されており，「誰の世話にもならず自前で生きていくこと」を志向するために，かえって「生活構造の抵抗」として野宿が続けられてしまう可能性を指摘した。これは野宿者が市民社会的な価値から逸脱した「他者」なのではないことを示した，重要な指摘だろう。

②　しかしながらこれらの研究では，野宿者の抵抗や主体性を主張するとき，野宿をする主体は一枚岩のものとして実体的にとらえられていたということができる。たとえば妻木が「労働による自立」という価値が構造化されていると述べるとき，想定していた野宿者の野宿以前の生活とは，寄せ場労働者のそれである。ここではそれ以外の野宿者，つまり，「勤勉な男性寄せ場労働者」的ではないような野宿者の存在は考えられていない。そればかりか，野宿者を排除しようとするまなざしに対抗するために，野宿者も市民社会的な「労働による自立」を志向していると主張していたはずが，そう主張することによって，かならずしも「労働による自立」を志向していないような，それ以外の野宿者の存在がふたたび排除されてしまうことになる。

③　したがって本稿では，野宿者の主体性に着目しながら野宿を理解しようとするこれらの研究に多くを負いつつ，これまでの研究から抜け落ちていたことがらに焦点をあてるために，「勤勉な男性寄せ場労働者」的ではないような存在である女性野宿者を対象にして，野宿者の生に接近していくことにしたい。

丸山里美，2006，「野宿者の抵抗と主体性——女性野宿者の日常的実践から」
『社会学評論』56（4）: 898-914より

論文に書かれた順序どおりに研究が進むわけではない

　こうしてすでに書かれた研究を見ると，書かれている順序どおりに研究が進んだかのように，一見読めてしまいます。つまり，先に先行研究から出てきた

問題意識があり，それにもとづいて問いが立ち，その問いにしたがって調査をする，という順序です。しかし実際には，このような流れで研究が進むわけではないのは，ここまで見てきたとおりです。最初に漠然とした問題関心があり，とにかく調査をしながら先行研究を検討していき，結論で書きたいことが決まると，それにあった形の問いを最後につくる，というのが現実の流れでした。それをあたかも，最初に問いが決まっており，それにしたがって調査をしたかのようにして書く，これが研究の作法なのです（このように書く理由は，先にも述べたとおり，読み手に問いをクリアに伝えるためです）。

　ここがはじめて研究や調査をする人には，理解しにくいところではないでしょうか。完成された研究がじつはどのような順で進んだのか，そのプロセスが書かれておらず，肝心の部分がブラックボックスのようになっているのですから。この部分の書き方の作法については，研究論文を読んでいくとだんだんわかってくると思いますから，とにかくたくさん論文を読んで，参考になりそうな形式を真似してみるといいでしょう。

根拠にもとづいて書く

　また，質的調査をして論文を作成する場合，留意しなければならないのは，根拠にもとづいて書くということです。学生たちがレポートを書いてくるとしばしばあるのが，「その集まりに来ていたなかには，在日外国人が多くいた」というような記述です。しかしある人数を「多い」と感じるか「少ない」と感じるかは，調査者の主観的な判断です。それをたとえば，「15人中9人が在日外国人で，在日外国人が多かった」というように，具体的な数字をあげて述べれば，読み手もおそらく「確かに在日外国人が多い」と思うことでしょう。ですから記述する際には，調査者がそのように考えた根拠を示しながら書くということをこころがけておかなければなりません。このように根拠として示すことのできるデータを集めるために，調査をしているといっても過言ではないのです。ですから逆に言うと，このように具体的に示すことのできる形で記録を取っておく必要があります。

　先に述べたとおり，質的調査は調査者の主観から逃れられないものです。しかしそうだとしても，その主観が導き出された根拠を他者に伝わるように記述することで，説得力のあるものにすることは可能なのです。

調査の痕跡を残す

　また，調査は時間も労力もかかりますから，せっかく調査をしたのなら，調査の痕跡はできるだけ残すようにして書くといいでしょう。学生たちのレポートを見ていると，概してこの部分が控えめなように思われますが，いつどうやって調査をしたのか，調査者がフィールドの人とどのように関わったのかなどを，必要な範囲でですが，できるだけ研究のなかに書き込むようにすることを，ぜひ心がけてください。あなたがどれだけ調査に労力をかけたかは読み手に伝わりますし，それだけの努力をしたあなたの想いも伝わります。

　というのも，特に卒業論文や修士論文では，研究の結果やどんな結論が最後にいえるかだけではなく，そこにいたるまでにどんな努力をしたのかというプロセスも，評価の対象になることが多いのです。少なくとも私自身は，他人が書いた論文や本を読むとき，フィールドワークにかける調査者の想いに心を動かされることがよくあります。調査の結果だけではなく，それにいたる過程も論文のよしあしを決める大切な要素なのです。ですから，あなたらしい個性的な論文にするためにも，どのように調査をしたのかがわかる記述を盛り込むことを心がけるとよいでしょう。

4–5　プライバシーへの配慮と成果の還元

　論文を書くとき，ほかにも留意しなければならない点があります。もっとも重要なのは，プライバシーに配慮するということです。

プライバシーに配慮する

　まずは，出てくる個人名はすべて匿名にするのが基本です。イニシャルなどでは本人が特定できる可能性が高まりますから，本名とまったく関係のない仮名や，AさんBさんなどランダムな記号にするのが無難です。団体や地名等については，判断が分かれるところですが，実名にすることで相手に迷惑がかかる可能性があるのであれば，匿名にするようにしてください（ただし，匿名にすることが，かえって相手にとって失礼になる場合もあります。自分の声を世の中に届けたいと思っている人であれば，実名で書いてほしいと希望することもあります。そ

のときは，実名にすることでまわりの人に迷惑がかからないか十分考慮して，できるかぎり本人の希望に沿うような対応をするのがいいと思います）。

　しかしいくら匿名にしたとしても，関係者が読めば，誰のこと，どこのことを書いているのかはすぐにわかるものです。ですから，自分の論文を読むであろう人を頭に思い浮かべて，調査に協力してくれた人々に迷惑がかからない範囲で記述するようにしなければなりません。卒業論文なら読む人はそれほど多くないでしょうし，誰が読むかはある程度想定ができますが，出版され不特定多数の目に触れる可能性があるものだと，より慎重になる必要があります。あなたが論文に書いたことで，相手に不利益が及ぶことが予想されるような内容は，書かないようにする配慮が求められます。

　たとえばありがちなのは，論文に記述することによって，フィールドの人同士の関係を壊してしまうという可能性です。後述しますが，書いたものは，お世話になった人々にお渡しして読んでもらうのが基本です。そうすると，フィールドの人同士がお互いの悪口を言っていたりすれば，いくら匿名にしていても関係者は誰のことかすぐにわかるでしょうから，あなたの記述によって，お互いの関係性が悪化することがありえます。調査者はそのような可能性についても，十分注意しなければなりません。当然ですが，見てきたこと，聞いてきたことのすべてを書けるわけではないのです。どれだけ重要なデータであったとしても，相手に迷惑がかかる可能性があるのであれば，いさぎよく削除すべきです。そこで暮らす人の生活や人生をうわまわる調査はない，この基本的倫理を肝に銘じるべきです。

　論文がいったん書きあがったら，話を聞かせてもらった人には提出・公開する前に読んでもらい，間違いがないか，その記述で問題ないか，該当箇所だけでもチェックしてもらうのがいいでしょう。お世話になった人に論文を読んでもらうというのは，もっとも緊張する瞬間ですが，調査者が果たさなければならない義務だと思います。相手から修正してほしい，削除してほしいなどの指摘があれば，最大限の誠意をもって対応しなければなりません。そこがあなたの研究上，重要なところであれば，相手に丁寧に説明をして理解を求めることもありえるでしょうが，相手を不快にさせてまで記述するべきものではありませんから，基本的には相手の求めに応じましょう。ここにいたるまでに，相手とどれだけの関係性が築かれているかが問われるところでもあります。調査に

協力してくれた人々への敬意と感謝を忘れず，相手の思いや生活を尊重することを基本に，誠実に対応してください。

研究成果の還元

　以上のような手続きを経て，いよいよ論文ができあがったら，完成した論文をお世話になった人々に渡しましょう。そしてこれまでの調査に協力してもらったことに対する，精いっぱいの感謝の気持ちを伝えてください。もし相手が日本語が読めない人だったり，長い専門的な文章を読むことが難しい人ならば，翻訳したものを渡す，読みやすく直したものを渡すなど，相手に読んでもらえるような工夫をするのがいいでしょう。それがフィールドの人々に対して誠実であるということだと思います。

　また，論文という形だけではなく，たとえばフィールドで研究成果を伝える報告会を開く，研究成果を簡易的にまとめたパンフレットを作成してフィールドで役立ててもらうなど，研究の還元方法にはさまざまなものが考えられるはずです。ぜひ工夫をこらして，相手に届く形で，そして可能ならばお世話になった人々に役立ててもらえる形で，研究成果を伝えましょう。

　すでに述べたとおり，調査者がフィールドの人々にお返しできるものは，お世話になったぶんのほんのわずかにすぎません。それでも調査者にできる最大のことが，研究の成果を還元するということなのです。自分がフィールドワークから何を学んだか，どんなことを考えたか，それをお世話になった人々に伝えることが，調査者にできる精いっぱいのお返しであり，調査をさせてもらったものの責任ではないでしょうか。そして，あなたの調査は多くの人の協力があってできたものですから，つねに感謝の気持ちを忘れないでください。

5　フィールドワーク──まだ見ぬ他者と自分に出会う

　私が調査においてもっとも大切にしていたのは，できるだけ同じ場所や同じ人のところに何度も足を運ぶということでした。私はフィールドワークをしたりインタビューをするのが，決してうまくありません。もっとすぐれた調査者が調査をしたり話を聞けば，私よりもうまくできるのではないか，いつもそう

思います。しかしすぐにフィールドに溶け込み，相手の懐に入り込むのがうまいインタビューの名人であっても，一度きりのインタビューで聞けることはそれほど多くはないはずです。何度も足を運んで人間関係をつくるなかで聞いた話は，素人であっても時間をかけただけ，より深みのあるものになりますし，しだいにできあがってくる関係性は，話の中身にも否応なく反映されるものです。何度も足を運ぶというのは，調査やインタビューの職人的テクニックが必要ない，誰にでもできる簡単なことであって，じつは調査をよいものにするためのもっとも重要な秘訣かもしれません。ですから，時間をかけることをいとわずに，調査にのぞんでほしいと思います。

社会学的な質的調査とは，本書のテーマでもありますが，他者を理解しようとする営みでした。しかし漠然とした興味関心からフィールドに入り，他者に出会い，そのなかで何が一番自分が知りたかったことなのか，時間をかけて考えていく作業というのは，結局のところ，他者を理解しようとする営みでありながら，じつは自分とはなにものなのかを知っていくことでもあったのではないでしょうか。自分はどんなことに興味を持つ人間なのか，自分にとって大事なことはなんなのか。フィールドワークの過程では，他者と関わることをとおして，きっとそんなことを考えさせられるはずです。それはあなた自身にしかできない，かけがえのない経験になるでしょう。

フィールドワークをとおして，ぜひ魅力的な他者と出会い，まだ見ぬ自分自身に出会ってもらいたいと思います。

参照文献 Reference

丸山里美，2006，「野宿者の抵抗と主体性――女性野宿者の日常的実践から」『社会学評論』56（4），898-914．
丸山里美，2013，『女性ホームレスとして生きる――貧困と排除の社会学』世界思想社．
森達也・監督，1998，『A』安岡フィルム．
森達也，2002，『「A」――マスコミが報道しなかったオウムの素顔』角川書店．
牟田和恵，2013，『部長，その恋愛はセクハラです！』集英社新書．
沼崎一郎，2001，『キャンパス・セクシュアル・ハラスメント対応ガイド――あなたにできること，あなたがすべきこと』嵯峨野書院．

佐藤郁哉，2002，『フィールドワークの技法——問いを育てる，仮説をきたえる』新曜社。

CHAPTER 第 **2** 章

参 与 観 察

INTRODUCTION

　本章では，参与観察について論じます。参与観察とは，「研究対象となる集団や組織に調査者自らが参与して観察する営み」のことです。私は，2005年4月からの1年間，フィリピン・マニラの貧困地区に隣接するボクシングジムで住み込みの参与観察をおこないました。その後も，マニラには毎年通って調査を継続していますが，本章では特にこの1年間の参与観察で学んだこと，そこで体得した経験則のようなものを書き込んでいきたいと思います。

1 「気分」からの立論

1-1 具体的な調査経験から

　経験則というと,「そのような個人的な逸話はやめて,もっと一般化された参与観察法を教えてほしい」という声が聞こえてきそうです。しかし私はあえて本章を経験則にこだわって執筆しようと思います。なぜかというと,私自身が調査を進めるうえで,一般化された参与観察法の類を論じた教科書があまり役に立たなかったからです。

　一般化された参与観察法が役に立たなかった理由は,いろいろあります。社会学の調査としては珍しいボクシングを扱っていたこと,十分な準備をしてからフィールドに入るのではなくてフィールドに入ってから思考を始めることに私が面白さを見出したこと,実際のフィールドワークでは一般化された観察法の順序には決して進んでくれないこと,などです。ですが何より大きな理由としてあげられるのは,一般化された観察法では調査者の切迫感や高揚感が消去されて,無味乾燥とした教科書になってしまうことでしょう。その点において,質的調査の教科書を読み通すことは苦行です。私にとってそれは,たとえば難解で有名なピエール・ブルデューの『ディスタンクシオン』を読み抜く以上の至難の業に思えます。

　しかし近年,経験則に基づいた社会調査をめぐる良書が刊行され始めました（菅原 2006）。そこから,他の研究者が社会調査で得た経験則を読むことは,自らのフィールドワークに非常に示唆的であることを知りました。何より読んでいて面白いし,読み通すことができる。もちろん,研究テーマは自らのそれとは異なることの方が多いですが,それでも私にとって一般化された参与観察法よりは,はるかに学ぶことが多いです。

1-2 参与観察の核心

　調査者の感情が捨象されるというのは,読み通すことを困難にすると同時に,

もっと本質的な意味でも参与観察の核心を捉え損ねてしまいます。それは，参与観察で基底になるのが「データ」であると同時に，その場を経るなかで獲得される「気分」であることとも関係します。具体例をあげましょう。私がマニラで住み込み調査をしている際に，お世話になっていた一家がありました。貧困地区に暮らすボクサーの一家で，私は時々そこでご飯を食べさせてもらったり，ビールを飲んだりしていました。しかしその一家も，失業によって生活が立ち行かなくなり，困窮していきました。かれらの家は，電気も止められました。そんななか，こっそりと盗電し，テレビだけは観られるようになっていました。電気は止められているため，堂々と電灯をつけるわけにはいきません。かれらは夜も，テレビ画面の明かりだけを灯して，料理をし，夕食を済ませる日々でした。暗がりの部屋で毎晩を過ごすことは，かれらの困窮を具現するものでした。

　その暗がりの部屋で私が痛感したのは，貧困とは恐怖であることでした。貧困と聞くと，日本に暮らす私たちは所得や福祉制度といった要因でそれを測定しようとします。しかし暗がりの部屋で私は，貧困とは当たり前であった事柄がじわりじわりと——しかし確実に——崩壊させられることだと痛感しました。灯っていた電気が灯らなくなることは，恐怖を知覚させるに十分なものです。静かに，だが着実に忍び寄り，日常を崩壊させる力こそが，貧困の核心のように思います。そこにある「攻め入られている感」を鷲摑みにしなければ，貧困を捉えたことにはならない。貧困を語るときの中心は政策でも収入でもなく，恐怖なのだということが，このとき以来，私の指針となっています。

　参与観察において重要になるのは，こうした「気分」です。調査者がフィールドに身を置くなかで得られた「気分」は，その後，論文をまとめていくうえでの基礎になります。得られた「気分」は揺らぐこともあります。ですが参与観察を続けているうちに，揺るがぬ「気分」ができあがってきます。これを手中にすることが参与観察の最も重要な点です。本章でも取り上げていきますが，これまで公刊された重要な質的社会調査の成果は，多くがこの「気分」に依拠して論考をまとめています。

　また「気分」を手中にすることは，論文を書くときの自信を生み出してくれます。論文を書く作業には，不安が付き纏います。「これでいいんだろうか？」「フィールドの実像を歪めてしまっているんじゃないだろうか？」。そうした不

安を突破する根拠になるのが「気分」です。指導教員や他のゼミ生から厳しい質問が寄せられたとしても，この「気分」を手中にしていれば乗り切ることができます。なぜなら，他の人が何と言おうと，その「気分」こそが自分がフィールドで獲得した確かなことだからです。

しかし「データ」を集めているだけでは，このような自信は生まれません。大量の観察記録を作成し，関連資料を読みあさったとしても，「データ」を扱っているだけでは，論文執筆の先行きが見えなくなったときの羅針盤を手中にすることができません。「データ」とは位相を異にする「気分」を手にすることを通じて，逆に「データ」の読み取り方が見えてくるというのが，参与観察の醍醐味のように思います。

1-3 ウェーバーの「思いつき」

この点は，マックス・ウェーバーが「思いつき」について論じたこととも関係します。「実験室でもまた工場でも，なにか有意義な結果を出すためには，いつもある——しかもその場に適した——思いつきを必要とする」（ウェーバー 1980: 23）。ウェーバーは，学問とは実験室や工場での計算問題とはまったく異なると主張しました。機械的にデータを集積すれば，何らかの解が得られるような前提に立ってはならないのです。かわりにウェーバーは，対象に情熱的に「全心」を傾ける必要性を説きました。そして実のところ，数学者であっても，何かの定理を獲得する過程には，ただ定規や計算機を使うだけではない「思いつき」が深く関与していることを力説します。

補足しておきますが，ウェーバーの主張は，ただ情熱を注げばよいという考えとは異なります。というのも，「一般に思いつきというものは，人が精出して仕事をしているときにかぎってあらわれる」（同: 24）のであり，「作業と情熱が——そしてとくにこの両者が合体することによって——思いつきを誘い出す」（同: 25）からです。参与観察に引きつけて解釈するならば，こうなります。フィールドに身を置いて参与観察を繰り返せば，思いつきが得られるわけではありません。そうではなく，フィールドに情熱的に「全心」を傾けながら，同時に「作業」を重ねる過程ではじめて「思いつき」が誘い出されるのです。「作業と情熱の合体」こそが，そこでのポイントになるのです。

私がここまで述べてきた「気分」もまた，ウェーバーの「思いつき」同様に，「作業」を必要とします。「作業」――フィールドノートを継続して作成したり，関連文献を読んだり，ゼミに持ち帰って報告をしたりすること――を経るなかで，「気分」が獲得されるのです。この「作業と情熱の合体」としての参与観察こそを，本章では説明したいのです。
　本章では，私自身の調査経験や他の研究者の著作を繙（ひもと）きながら，「気分」を手中にする過程を論じていきます。「気分」を手中にするための法則はありません。結局のところ，それぞれの人がフィールドワーカーとして自己形成をするしかないと思っています。鵜飼正樹の言葉を借りるなら，参与観察の成果物は「マクドナルドのハンバーガー」とは違うのです（鵜飼 1994: 345）。ですがコツはあるように思います。コツという用語は，参与観察をおこなううえで大切です。コツとは，特定の事柄を体得するための重要な指針のことですが，しかしそれが体得できるかどうかはその人次第という内容を含んだ用語です。本章ではこのコツについて探究してみたいのです。
　ある年上の研究者から伝え聞いた言葉に「相撲の解説は引退してからでもできるから，相撲をとらなきゃいけない」というものがあります。質的社会調査も同じです。この本を手にしている人びとが質的社会調査をおこなうことが大切なのであって，その解説はあくまで副産物でしかないのです。だからこそ，本章は教条的なマニュアルではなくて，読者が参与観察をおこないたくなるような空気が入る書き物を目指しています。
　ということで，参与観察の方法を探っていきたいと思います。

調査のなかから問題設定を立てる

2-1　わかったことを書く

　「気分」から立論するといっても，いきなり私たちはフィールドに立っているわけではありません。参与観察の本格的な開始までには，さまざまな手順があります。
　通常，社会調査をおこなう前に，次のような手順が教えられることが多いで

しょう。

　　①問題関心と調査テーマの整理
　　②先行研究の検討
　　③調査事項のリストアップ

　しかし，参与観察が①から③の手順で進むというのは，絵に描いた餅だと思います。こんなにスムーズに進展するはずがないからです。私が学生に卒論指導をおこなう際には，まず関心のあるフィールドに行ってくることを助言します。その街を歩いたり，その集団の中に入って写真を撮ったり，関係者に簡単な話を聞くことが，参与観察の第一歩です。実際には，調査計画を立ててからフィールドに行くのではなく，フィールドに行きながら調査計画が形作られるのです。

　写真を撮ってくるというのは，もちろんそれが可能なフィールドであれば，という限定がつきます。たとえば，私は現在，教育学部に勤めていて，ときどき高校見学に教職志望の学生を引率することがあるのですが——この文章を書いているまさに今日の夜がその仕事の日です！——授業見学中にいきなり写真を撮ったら，現場の先生から注意されるでしょう。しかし地域社会の調査やスポーツ少年団の調査であれば，写真撮影を咎められることはほとんどないです。そうやって，カメラを片手にフィールドを歩いて，その現場をまずは体感することが大切になります。

　また特定の組織を参与観察するのであれば，最初に代表者やキャプテンなどに連絡を取って訪問の意図を告げる必要があります。その際には，漠然とでもよいから，自分の関心を相手に伝えることが必要になります。注意してほしいのは，この関心は，最終的に執筆する論文の「問い」とは，別物である点です。たとえば，札幌市のバレーボールのスポーツ少年団を調査した学生は，「野球やサッカーとは違って，どういった小学生がバレーボールを始めるのかを知りたい」といった説明で自らの関心を述べて，それから毎週のように参与観察に通っていました。彼は参与観察を重ねるなかで，少年団の活動が保護者の関与によって成立している点に注目します。練習場の確保，車での送迎，さらには麦茶の準備など，とにかく保護者の相当な貢献があって，その活動が成立して

いたのです。そして論文では，「バレーボールへの参与が，こども個人の意思のみならず，家族条件によって規定されていること」を詳細に論じたのでした。つまり，当初の関心は，フィールドに通ううちに造形され直して，論文の骨子が誕生したのです。

　問題関心やテーマはフィールドワークのなかからできあがる。これがポイントです。決して，フィールドワークに先立って確定しているのではありません。本章でいくどか繰り返しますが，参与観察（ひいては質的調査，さらには社会調査一般まで拡げて言えるかもしれません）で大切なことは，「調査をしたからわかったこと」を書くことです。調査をしなくてもわかることを書くのであれば，わざわざ参与観察をおこなう必要がありません。例をあげるなら，「貧困と教育」というテーマに関心をもつ学生が，学習支援のサークルを調査したとします。その論文の結論が「貧困は個人の問題ではなく社会の問題であり，きちんとした制度的支援がもっとされる必要がある」と記すケースなどは，非常にまずいと思います。なぜなら，この結論であれば，調査をおこなわずとも主張できることだからです。どこかの本に書かれていそうなことを，そのまま転写しているだけなのです。

　こうした結論を書く人びとは，フィールドワークに先立って問題設定を固めているから，こうなることが多いです。そうではなく，学習支援のサークル活動をおこなうなかで出てきた「気分」——学習支援が実際にはこどもたちの団欒の場になっていること，また本当に学習支援を届かせたいこどもはそこに来ないことなど——から，「貧困と教育」というテーマについて考え直すことが，そこでは要請されるのです。問題関心やテーマは，フィールドワークのなかからできあがるというのは，こういうことです。

2-2　教室での報告：知り直すこと

自分にとって面白いこと／他人にとって面白いこと

　フィールドを訪れてから，次に必要なのは，そこで得られたデータをもとにレジュメを準備して，指導教員や他の学生にフィールドの概況を話すことです。この作業は「自分にとって面白いこと」と「他人にとって面白いこと」の擦り合わせのために必要です。

私は修士課程時代に，茨城県日立市に長期滞在していたフィリピンからの出稼ぎボクサーについて参与観察をおこないました。彼らは，6カ月から1年の滞在で，ジムに寝泊まりしていました。昼に近隣の工場で働き，夜に練習や指導をしていました。フィールドを数回訪れた後に，私は大学院のゼミで調査の概況を発表しました。彼らはボクサーとして来日したにもかかわらず，自分の練習や試合よりも，日中の工場での就労に生活の力点があることを，ゼミで発表したのです。しかし周りの院生たちからは，「それでは一般的な外国人労働者研究にしかならず，もっとボクサーという固有の仕事内容に切り込んでいかないと参与観察をする意味がない」という厳しい指摘をもらいました。この指摘はもっともで，私はそれからボクサーという職業にこだわって，参与観察を掘り下げるように意識しました。

　フィールドの概況を教室で発表することは，自分がフィールドで面白いと思った事柄を，他人が面白いと思うかどうかを確認するうえで貴重なものです。社会学にかぎらずあらゆる学問の基本ですが，独りよがりの報告ほど醜いものはありません。教室で報告することで，自分がフィールドで見過ごしている事柄や，自分にとっては矮小な事柄であっても他人にとっては興味深い事柄などがわかってきます。それらを踏まえてこそ，フィールドの概況を知り直すことができるのです。

　知り直すことは，非常に重要な営みです。なぜなら，参与観察とは自分自身のフィールドでの経験に基づきながらも，その経験を俯瞰する視点から再考する営為だからです。私たちは，フィールドに通うなかで，その概況を知ることができます。出稼ぎボクサーの練習時間はどれくらいか，日中の工場での就労をどう意味づけしているのかなど，いくつかの事柄を知ることができます。しかし重要なのはそこからです。そこで知ったことを，フィールドをまったく知らない人びとにも伝わるように「翻訳」しなければなりません。

　たとえば，私が「日中の工場での就労に力点がある」と述べたことに対して，一人の先輩院生が「じゃ，彼らはボクサーとして居られないんだから，母国に帰りたいの？」と聞いてきました。「いや，彼らは長く日本に居たいと思っていると思います」と私は答えながら，〈工場労働＝ボクサーとしてのアイデンティティ喪失〉という単純な前提でしか捉えていない自らの浅薄さを思い知りました。教室での報告は，他人からの意見をもらうことで，フィールドの特徴

を知り直す契機となるものです。フィールドをめぐるこうした再帰的な理解が参与観察では重要になるのです。

　ここで「再帰的」と呼んだのは，教室での報告を通じて，当初の理解が別の理解の可能性へと広がっていくからです。これは，本書全体で強調されている「他者の合理性」の理解とも関係します。当初，私は出稼ぎボクサーを自分の通念に沿って捉えており，工場労働＝ボクシングからの脱退という平板な前提を保持していました。工場で働くのだったら，ボクサーとしては終わっている，という浅薄な理解です。ですが，教室での報告を通じて，こうした理解が別様なものへと広がっていきました。たとえば，出稼ぎボクサーが工場で働くのは，むしろボクシングに集中するためという，先とは真逆の理解の可能性も出てくるのです。

　ボクサーはジムのなかだけで生活するのではありません。特に，地方のジムでは，ボクサーは地域社会の人間関係のなかに溶け込むことで，存在が周りに認知され，困ったときの生活対応や試合のときの応援部隊の形成などの支援を得られるようになります。これがなければ，そもそも彼らが日本でボクサーとして生活すること自体が，困難や苦痛に満ちたものになります。彼らが日立市の工場で働くのは，ボクシングを諦めたからではなく，ボクシングに打ち込むためであり，人間関係の面での環境づくりが深く関わっていたのです。

　当初の〈工場労働＝ボクサーとしてのアイデンティティ喪失〉という私の浅薄な理解は，出稼ぎボクサーが工場で働くという事実を，ボクサーとしては「不合理」なものだと暗に断罪するものでした。しかし教室でのコメントを受けて，事例を知り直してみるならば，工場労働はボクシングに打ち込むための「合理」的な営みであることがわかってきたのです。このように，他者を不合理に捉えるのではなく，その合理的な側面にまで理解を膨らませてみること，こうした「他者の合理性」の理解こそが求められるのです。

ゴシップ的に面白いこと／社会学的に面白いこと

　教室での報告が大切なことには，別の理由もあります。特に卒論の場合は顕著なのですが，報告者が面白いと思っている事柄が，ゴシップ的に面白いのか，それとも社会学的に面白いのかを判別することが必要です。ゴシップ的に面白いというのは，たとえば次のような例です。貧困家族の調査を志した学生が，

調査対象の女性から「夫は49歳で，これまで自分以前に4人の女性と結婚していて，その相手たちとのこどもも8人存在する」という話を聞いて，それを興味深そうに報告したとしましょう。たしかに興味を惹かれる語りかもしれませんが，これは見世物小屋を覗き見るような，ゴシップ的な面白さだと言えます。

しかし貧困家族を調査した別の学生が報告した次のようなものは，ゴシップの域を超えています。その学生は，当該家族の調査を進めるうえで，家系図を描きながら話を聞くことが必須であることを力説しました。家系図を書きながらの調査と聞いて，私は少々嫌な気がしました。その学生は話者と向き合っているのではなくて，話者から「論文のネタ」だけを得ようとしているだけではないかと思ったのです。ですが，それは杞憂でした。その学生は聞き取りを進める中で，ある高校生に出会います。その高校生の話には「ママ」と「お母さん」が出てくるのですが，当初その学生は両者を同一人物と思っていました。しかし実際には両者は別人で，「ママ」は産みの親で，「お母さん」は育ての親だったのです。その高校生の話には，「ママ」と「お母さん」の他にも，「おばあちゃん」や「おばちゃん」や「フミちゃん」などが出てきます。その関係性を理解しないと，高校生の日常の様子を窺い知ることはできないため，その学生は家系図を書きながら聞き取りをするという技法を自ら生み出したのでした。

ゴシップ的な面白さと社会学的な面白さを分けるのは，調査者自身の「ものの捉え方」がバージョンアップされるかどうかに関係します。前者の例の場合，覗き見的な興味は高まるかもしれませんが，その事実を知ったからと言って「ものの捉え方」が深まるわけではありません。むしろ，これまで身につけてきた「ものの捉え方」が補強されるかたちで，4回の離婚と8人のこどもという事実が消費されます。しかし後者の場合，調査者が抱いていた家族なるものの前提が解体されて，多様な家族のあり方を知ることになります。そこには「ものの捉え方」の再編成が生じているのです。事実を調べることを通じて，「ものの捉え方」のバージョンアップを図るのが社会調査の醍醐味です。事実を詳細に調べても，旧態依然の「ものの捉え方」が保持されているのであれば，充実した論文へと仕上げることができません。教室で報告することは，「ものの捉え方」を更新するための，とても有効な機会なのです。

「ものの捉え方」のバージョンアップと社会的事実

　以上ふたつの尺度――「自分にとって面白いこと／他人にとって面白いこと」「ゴシップ的に面白いこと／社会学的に面白いこと」――を提示したのは、そこに参与観察の成否が関わっているからです。

　卒論指導などをしていると、〈自分にとって面白いこと＝ゴシップ的に面白いこと〉の組み合わせで、事例紹介をおこなう学生が一定数います。しかし、その前提でいくら仔細なデータを集めても、充実した論文に仕上げることは難しいものです。なぜなら、その考え方では論文にすべき「未知」のデータを「既知」の枠組みで解釈してしまうからです。こどもが8人いる家族を興味深く語る学生にとって、その目新しいデータは"子だくさんな貧困家族"という既知の「ものの捉え方」に回収されて説明されているのです。しかし、参与観察で重要になるのは、既知の「ものの捉え方」を手放すことです。未知のデータを既知の「ものの捉え方」で解説するのではなく、未知のデータを未知の「ものの捉え方」の獲得へと解き放つ努力が要請されるのです。

　教室での議論が大切になるのは、この過程においてです。自分にとって面白いことと他人にとってのそれを擦り合わせたうえで、今度はその内容が自分や他人の「ものの捉え方」を更新するものであるかどうかを、考える必要があります。良い参与観察というのは、自らの「ものの捉え方」を更新すると同時に、それを聞いている他人のそれをも更新しうるものです。独りよがりの見解を抑制する軸（自分にとって面白いこと／他人にとって面白いこと）と自他の「ものの捉え方」の更新を目指す軸（ゴシップ的に面白いこと／社会学的に面白いこと）を組み合わせて、構想を練っていくことが必要です。

　参与観察は、少数の事例――場合によってはたったひとつの事例――をもとに考察をおこなうものです。それゆえ、「客観性」や「代表性」については弱点があるとも言えますが（この点については第1章も参照）、逆に言えば、ひとつの事例であってもそこから自分や他人の「ものの捉え方」が更新されるならば、十分に探究としての意義はあると言えるでしょう。参与観察は、私たちが知らず知らず手にしている「ものの捉え方」を知り直すための有効な手法なのです。またそうだからこそ、「ものの捉え方」を意識することなしに参与観察をおこなっても、おそらく得られるものは非常に少ないように思われます。

2-3 対象とテーマ

　調査をおこなっていくうえでさらに乗り越えなければならない点は，研究の「対象」と「テーマ」を分けることです。これは特に卒論指導をおこなううえで，私が注意しているものです。学生にどのような卒論を書こうとしているのかを聞いてみると，大きく2通りの返答のパターンがあります。ひとつは，たとえば「高校野球部」について書きたいというような返答です。もうひとつは，「体罰」について書きたいというものです。

　前者の場合，卒論で書きたいものを「対象」で説明しています。その学生は具体的対象である高校野球部に関心があるのであり，その対象をいかなるテーマで論ずるかはまだ未定です。一方で，後者の場合，具体的対象は未定ですが，そこに見出したい「テーマ」はすでにはっきりとしています。しかし，その「テーマ」をどのような具体的対象に基づき考察するかは未定です。

　実際の調査では，「対象」から入っても「テーマ」から入っても，どちらでも構いません。大切なのは，このふたつを分けて考えることです。逆に一番まずいのが，「対象」が先に決まっていて，それが「テーマ」でもあると勘違いしてしまうケースです。たとえば，ボクシングについて卒論を書くとしましょう。ボクシングは「対象」です。その「対象」にどのような「テーマ」から迫るのかは，その人次第です。マスキュリニティ（男性性）を探究するのか，身体訓練のメカニズムを解読するのか，スポーツと社会階層の関連を捉えるのかなど，それは多岐にわたります。しかしその違いをわかっていないと，ボクシングが「対象」でもあり「テーマ」にもなってしまいます。そうすると何が起こるかというと，先行研究の検討が無意味になるのです。

　卒論を書く学生が，先行研究を調べるためによくおこなうことは，キーワードを入れて論文を検索する手法です。ボクシングの社会調査を構想する学生が，このキーワード検索をおこなうと，多くが試合中の脳損傷を論じた医学論文に行き着きます。こうして学生は，「ボクシングについては，脳損傷などの医学的研究がされてきたが，社会学の研究はほとんどされていない。だから，この研究をおこなう意義がある……」，こんなレジュメを準備することになります。このような「これまで研究がされていないから意義がある」論法は，往々にし

て，その論文の内容をつまらないものにします。なぜなら，世の中の大多数のものは，研究されていないものだからです。論文の意義は，もっと別のものに探らなければなりません。

　先行研究を検討するうえで大切なのは，「テーマ」です。よって，そこで主軸に据えるべきはボクシングという「対象」ではなくて，たとえばマスキュリニティといった「テーマ」です。仮に検索機能を使うのであれば，「テーマ」の水準に当てはまるキーワードを入れて先行研究を探る必要があります。マスキュリニティであれば，社会理論の論文もあるし，歴史社会学の論文もあるし，さらにボクシング以外の事例でそれを探究した論文もあります。そういった論文こそが，先行研究になるのです。

　「テーマ」に関する先行研究を読むことで，「対象」をどう捉えるのかという視点が定まってきます。また，同じ「テーマ」で別の事例を扱った論文を読めば，比較社会学的に興味深い問題設定をすることも可能になります。たとえば，ストリート・ギャングの論文を読むことによって，そこではマスキュリニティと暴力が剥き出しに表出される点を知れば，それとの対比で，ボクシングでは暴力がルールによって形式化されていることを発見するでしょう。そうすると，ボクシングを「形式化された暴力」という問題設定より捉える観点が得られるかもしれません。

　このように「対象」と「テーマ」を分けることで，その後の参与観察を進めるうえでの指針が大きく深まります。充実した参与観察をおこなうには，教室でのこうした頭の整理も重要なのです。

フィールドへの没入

3-1　暗中模索の地獄

「気分」から「問い」へ

　以上の段階をクリアしたら，いよいよ本格的な参与観察の開始になります。しかしまだこの段階では，論文執筆の際の正式な「問い」やそこで使われる主

要概念が明確になっているわけではありません。焦らず、参与観察を繰り返して、まずはフィールドの「気分」を確実なものにする必要があります。

　私は『ローカルボクサーと貧困世界』という本を書きましたが、そのもとになったのは筑波大学に提出した博士論文でした。最近の博士論文は、それまでに学術誌に投稿し掲載された複数の論文を全体配置することでまとめるのが主流です。しかし私の博士論文は、ほぼ書き下ろしでした。つまり、それまでに執筆した投稿論文なども、いったん解体して、最初から書き直しました。博士論文の執筆を始めたのが2009年2月で、それから半年間ほど、毎日来る日も来る日も3000〜5000字ずつ書き、同年9月に脱稿しました。

　この博士論文のもとになった調査は、2005年4月からの住み込み調査でしたが、私はこの調査から帰国して3年間、どのようにそれらをまとめられるのか目処が立たないでいました。手元には、フィールドノートや各種資料、音声や映像の記録が膨大にありました。ただ、それをいかに筋道立てて論じていくのか、そのための「問い」や主要概念などが不明でした。

　具体的な論文化の作業については次の第4節で論じますので、これ以上立ち入りません。ただここで言いたいのは、参与観察の最中にも、まだ論文のきちんとした問いなどは見えないのが通常だという点です。言い換えるなら、自分がどういった論文を最終的に仕上げるのかを自分自身がわからないなかで、参与観察は進められるということです。前節で述べた「対象」と「テーマ」の区分けなど、一定の手順は経ているため、漠然とした論文のかたちは見えているとは思います。しかし、そこからどう「問い」が具体化されるかは、まだ見えていないわけです。暗中模索なわけです。

　私見では、この暗中模索にどれくらい耐えられるか、またその状況を楽しめるかが、後々の論文の質を左右すると思います。暗中模索に耐えられない人は、他所から借りてきた説明図式を事例に当てはめてしまいます。「誰々の理論がこの事例にも当てはまる」「この概念がこの事例を説明してくれる」などです。けれども、私はこういった他所から図式を借りてきて事例を説明する論文には、あまり魅力を感じません。なぜなら、大切なのは、参与観察をおこなった事例の核心を社会学的に提示することであって、誰かが提唱した理論や概念の一般的妥当性を検証することではないからです。主となるものは、誰かが提唱した理論や概念ではなく、事例です。事例の奥深さを説明するための道具が理論や

概念です。ですから，理論や概念は，あくまで副次的なものとしてあります。事例を説明するために理論や概念があるのであり，理論や概念の妥当性を検証するために事例があるのではないのです。暗中模索の過程は，辛抱強く，参与観察を続けて，その核心を把握する期間なのです。

外してはならない事象

なお，ここで核心と呼んだものについて補足しておきます。参与観察をおこなっているうちに，そのフィールドの全体像がだんだんわかってきます。その際に調査者は，そのフィールドを論ずる際に外してはならない事象が何かという点を意識します。この「外してはならない事象」を捉えられるかどうかによって，記述の確かさが変化します。参与観察に基づく重要な著作には，この「外してはならない事象」を見分ける眼が宿っています。

たとえば私の住み込み調査では，ボクサーがベッド横の壁に書いたサインを見て以来，ボクサーの抱く「夢」を捉えなければこのフィールドを論じたことにはならないと思いました。住み込み先のジムには，2段ベッドが複数置かれていました。各ボクサーにベッドが割り当てられており，私にもベッドがひとつ宛てがわれていました。ある日，ジムの部屋に置いてあったボクシング雑誌を手に取って，そのまま別のボクサーが利用するベッドに寝転んでそれを読んでいました。寝転んだ状態で，ふとベッドの横の壁を見た際に目に入ってきたのが，そのベッドを利用するボクサーが書いたサインでした。斜体の一筆書きで，彼の名前が記されていました。そのサインは，床から15センチほどの位置にあり，歩いていては決して気がつかないものです。彼は，夜，眠る前に，将来有名になることを夢想しながらそのサインを書いたのでしょう。

ボクシングの社会学研究は，この競技に参入するものが階級的に底辺に位置することを論ずるものや，貧しき若者ボクサーがマネージャーやプロモーターに搾取される仕組みなどを解き明かしてきました。これらはボクシングの世界を考察するための重要な知見です。ですが，ボクサーを取り巻く外部条件のみならず，ボクサーそのものがいかに活動に意味を見出し，情熱的に身を投入しているのかという点を正面から論ずる必要があることを，私はこのとき実感したのでした。ボクシングの社会学を，外部条件からだけでなく，ボクサーの生活感覚そのものから展開する必要性を痛感したのです。上記でさしあたり核心

と呼んだものは，このサインのように，フィールドを捉えるうえで外してはならない事象を指します。

3-2 「待ち」の調査

　参与観察が生活史調査やドキュメント分析などの他の質的調査と異なるのは，フィールドにいる人びとと共に過ごす時間が非常に長い点にあります。決められた日時に聞き取りをしたり，ドキュメントの内容を確認することとは異なり，参与観察はひたすらフィールドに身を置き続けることが必要になります。

　参与観察は「待ち」の調査手法です。あらかじめ聞き出したいトピックが決まっていて，それを収集することを目指すのであれば，質問項目を準備して「攻める」調査ができます。ですが参与観察は，一見して無意味な時間と思えるものにも耐えながら，じっとフィールドに身を置く営みなのです。

　参与観察をおこなっている最中には，調査に直結しない出来事が多々生じます。私の場合，ボクサーのこどもの誕生日会への参加だったり，ジムのマネージャーの友人の結婚式への参加だったり，ストリート・バスケットボールへの参加だったりしました。それらは，直接には自らの調査に関係しません。ですが，そうした場に参与することで，新たな発見や着想が得られることもあります。なので，私はそうした場に積極的に出向きます。

　私は2013年から，マニラの都市再開発の影響で，家屋を強制撤去された人びとの調査を進めています。強制撤去された人びとは，マニラから数十キロ離れた，周辺を山に囲まれた遠隔地に住んでいます。先日，そこで調査をおこないました。この再居住地での暮らしについて，一家族の部屋のなかで聞き取りをさせてもらったのですが，その調査を終えてから雑談をしていると「今日は予定があるのか？」と聞かれました。特に予定はないことを告げると，「じゃ，今日は泊まっていったら。マニラに帰るのは遠いし」と言われました。私の頭のなかでは，その日は予定がなかったものの，できればマニラに戻って，フィールドノートをまとめたり，次の調査のための関連資料を読んだりといった作業をしたいと考えました。ですが参与観察は「待ち」の調査手法です。私は，この思いがけない誘いを受けて，遠慮なく1泊させてもらうことにしました。

　その日の夕方からの時間は，特にすることもなく，その家で一緒にテレビを

観たり，市場への買い物に同行したりして過ごしました。日が暮れてからは，本当に何もすることがなくなり，雑談をしたり，その家に置かれてあったペーパーバックを読んだりしていました。それも飽きると，あまりにも暇で，ただボーっとしていました。

　ボーっとしているときに，毎日数時間をかけてマニラまで通勤している娘さんが帰宅しました。彼女はピザを2枚持ち帰りました。その2枚のピザを目当てに，こどもたちや近隣に暮らす親族もやってきます。さきほどまでの暇な時間は急転換して，そこはピザを介した社交場のようになりました。暇な時間からの急展開ということで言えば，翌朝もそうでした。何をするわけでもなく，軒先に椅子を出して座っていたのですが，朝8時半くらいに急に近所のこどもたちが「バスラ！（「ごみ」という意）」と叫び出したのです。なんだろうと思っていると，近隣の住民が1週間以上も溜め込むことになった大きなゴミ袋を下げて，ひとつの通りに向かって歩き出しました。そこにはゴミ収集車が待機していて，皆がゴミ出しをしていました。再居住地ではゴミ収集が不定期で，そのためゴミ収集車の到着がつねに待望されているのです。

　何もすることがなく調査が進まないように思える時間の先には，このような新たな発見が待ち受けているのです。私が目先の作業を優先して，調査後にすぐマニラに戻っていたならば，再居住地とマニラが依然として労働においてつながっていることや，そこでの生活ではゴミ問題がいかに切実かといった点を知ることがなかったでしょう。参与観察には相手がいますから，相手の生活を掻き乱してまでそこに身を置くことはできません。しかし相手が受け入れてくれるのであれば，調査者は自らの目先の仕事よりもフィールドでの時間を優先して，そこで「待ち」の参与観察を実行するのが良いと思います。参与観察では，手っ取り早い成果を期待してはいけません。ただそこで「待つ」のです。そうすることで，一時的な調査では決して把握できないその社会や組織の律動を知ることができるのです。

3-3　誰として参与するのか

「誰として」というカテゴリー

　「待ち」の参与観察をおこなう際に必ず生じるのが，調査をしている私は何

者かということをフィールドの人びとから尋ねられる点です。「攻め」の調査であれば，調査対象とする特定の人びととのみ関わりますから，そこで自分の属性や関心を伝えておけば問題になりません。けれども「待ち」の参与観察では，調査をしている私のことを知らない人びととも関わる場面が必ず出てきます。たとえば，先ほど書いたピザの場面などです。そこに居合わせた人びとは，見知らぬ日本人がなぜ再居住地でぼんやりとテレビを観ているのか，おまけに貴重なピザまで一切れ食べているのか，理解できません。このときは，私を泊めてくれた家主が私のことを説明してくれたのですが，いずれにしても私は何者かをめぐって説明が要求されるのです。

　こうした事態から私はひとつの教訓を得ました。それは参与観察において重要なのは，「誰が」参入するかではなく「誰として」参入するかという点です。「誰が」参入するかと問うならば，それは「石岡」といったひとつの個人になります。しかし参与観察の場で調査者に問いかけられるのは，こうしたひとつの個人のレベルではありません。そうではなく，カテゴリーが問われているのです。つまり，この人（＝調査者）は何者なのかという問いかけには，「調査者です」や「誰々の身内です」や「市役所職員です」といった返答が必要になるのです。「誰として」参入するかというのは，このカテゴリーの位相が問われているのです。

　調査者が「誰として」参入するかという点は，その後のフィールドワークを決定づけるものでもあります。特に対立を含んだ組織を調査する場合などは，それが顕著です。片側に調査を申し込むと，対立するもう片側からは「敵」として見られてしまいます。社会調査法の教科書などでは，対立を含む組織や社会を調査する場合に，対立する双方に調査をおこない「客観的に」述べることが理想などと書いてあったりしますが，実際にフィールドワークの経験がある人にはそんなことは不可能なことが明らかです。対立するどちらかに調査を開始した時点で，すでに調査者は何者かになってしまっているのです。この点を自覚しないかぎり，つまり「誰として」参入しているのかを自覚しないかぎり，さらなる調査の深まりは期待できません。

参与観察の視点

　私は参与観察とは，特定の人びとの視点に依拠して物事を捉える営みだと考

えています。『ローカルボクサーと貧困世界』では，基本的にボクサーの視点に入り込もうとしています。マネージャーのことも，ボクサーの妻のことも，近隣住民のことも書いていますが，私はそれらの人びとを万遍なく捉えようとは思っておりませんでした。ボクサーのことを書きたかったのであり，ボクサーの視点からは物事がどう見えてくるのかを追体験したいと思ったのでした。マネージャーや近隣住民については，ボクサーの眼に現れるかぎりの記述となっています。

このように参与観察とは，フィールドのあらゆる関係者を万遍なく扱うのではなく，特定の人びとに観察の視点を係留してそこから調査を開始する営為だと思います。複数の視点を超越した地点から，第三者的に物事を捉えるものではないのです。では参与観察は，恣意的な視点に基づいた恣意的な観察なのかと言われると，それは違います。なぜなら，参与観察の重要な著作の多くは，特定の人びとの視点に立って物事を観察しながら，同時にその成果がどのような人びとの視点を経由したものであるのかを自己言及的に記述するからです。

たとえば，夕飯の提供が３分遅れたことに対して，マネージャーは"３分くらいどうってことないだろう"と言い，ボクサーは"俺たちはバカにされている"と言い，その場に居合わせた別の第三者は"しょうもないことで言い争いをするな"と言うとします。このとき，私は，３分遅れた夕飯について，上記三者の見解を万遍なく踏まえて，その意味を確定しようとは思いません。かわりに，ボクサーの視点に依拠して，わずか３分の遅れに対してそこまで過敏になるボクサーとしての論理を把握しようとします。それは私自身の選択が入り込んでいる点で，まったく客観的な観察ではありません。客観的な観察をするためには，三者の論理を万遍なく踏まえた超越的な地点から説明する必要があるからです。

しかしながら私はそうしたアプローチを取りません。なぜなら，こうした「万遍なく見る」アプローチでは，往々にして「何も見えない」からです。せいぜい，"夕飯をめぐって多様な解釈がせめぎあっている"と言っておしまいです。これでは何も主張したことにならないでしょう。特定の人びとの視点に入り込んでみることによって，夕飯の持つ意味が，一歩踏み込んだところから立ち現れてくるのです。

それではこのボクサーを中心に据えた解釈は，いかに「客観」たりえている

3　フィールドへの没入　● 113

のでしょうか。たしかに，これでは客観的な夕飯の意味を把握しているとは言えないでしょう。しかし，「ボクサーにとっての」夕飯の意味は把握できるように思います。ここがポイントです。客観的な把握をするのではなく，「誰々にとっての」意味を把握するのです。そして，このとき，調査者自身が誰の視点に依拠しているのかを明示することによって，次のような捉え方が可能になるのです。すなわち，ボクサー目線というバイアスを公言したうえで，そのバイアスのかかった目から見ると，「夕飯とはかくかくしかじかのものである」といった捉え方です。これは，バイアスのかかった事実を，バイアスの所在の明記と共に捉えていくというものです。

ここにあるのは，複数の視点を超越した「客観性」を担保するのではなく，どのような人びとの視点に依拠しているのかを自己言及するという「客観化」の作業をおこなう姿勢です。自らの文章がどのような視点から，どのようなバイアスをもって書かれたものであるのかを明示することで，フィールド体験に基づきながらもフィールド体験を突き放した作品ができあがるのです。

3-4　3種の記録

継続の重要性とコツ

参与観察を進めるうえで，フィールドノートの取り方はとても重要です。できるだけ細かく記録を取っておく必要があります。参与観察をおこなっている際にはあまり重要に思えなかったことが，後になって論文の中心を成すこともよくあります。

私が1年間のボクシングジムの住み込み調査をおこなう前に，指導を受けていた先生から言われたことがありました。「きちんとフィールドノートをつけなさい」という一言でした。マニラに出発する前夜に，大学院の友人たちが歓送会を企画してくれて，筑波大学の近くにあった居酒屋の2階でお酒を飲みながら盛り上がったのですが，その席で言われたことです。私はこの言葉だけは手放さずに，マニラの住み込み調査を開始しました。

フィールドノートのつけ方に，王道はありません。質的調査法の教科書を見ると，フィールドノートのつけ方と実際に作成されたノートの様子が収められていることが多いので，必要ならそちらを参照してほしいと思います。ですが，

私はそうした教科書に書かれているフィールドノートのつけ方では，毎日の参与観察はもたないと思います。一言で言って，きれいに書かれすぎなのです。ノートにきれいな字でびっしりと書かれたフィールドノートのサンプルを目にするたびに，「ああ，これは毎日つけたノートではなくて，何らかの必要で清書した"よそ行き"のノートだろうな」と感じてしまいます。

　毎日のフィールドノートをつける作業は，たとえるなら，日常的な部屋の掃除と似ています。本腰を入れて掃除をしようとする人は，掃除の苦手な人だと思います。1回ずつのハードルがとても高くなり，だんだん億劫になり，結果的に部屋も散らかったままとなってしまいます。そうではなくて，ザザっと少しでも手を入れて頻繁に掃除をする人の方が，日常的に掃除が継続されて，部屋がきれいになります。時には本腰を入れて掃除をすることが必要になりますが，それはあくまで例外的なもので，日常的にはザザっとこまめに掃除するのが基本です。

　フィールドノートをつける際に大切なのは，とにかくそれを継続することです。そのためには1回あたりのノートのつけ方をそれなりに合理化する必要があります。そうでなければ，たとえば私のように1年間の参与観察を通してフィールドノートをつけ続けることは難しいでしょう。いくつかの試行錯誤を経た後に，私は次の3種の記録をつけるようになりました。

　　①気になった出来事のメモ（雑記メモ）
　　②出来事から浮かんだ社会学的発想（論点メモ）
　　③日記

　私の参与観察は，ボクサーと寝食を共にするもので，寝室もボクサーと同じ部屋でした。4人部屋で2段ベッドがふたつ置いてある部屋でした。そこで毎日を過ごし，練習もボクサーと共におこなっていました。ジムではフィールドノートを持ち歩いているわけでなく，トレーニング中にはノートをつけることも不可能です。そのため，気になった出来事は，現地で購入した携帯電話のメール機能を使って，空メールに書き込んでいました。といっても，フィリピンで買った携帯電話ですので，日本語入力ができるわけではありません。よって，本当に簡単なメモ書き――「Ryan ga choushi warui. Tabun genryou（ライア

ンが調子悪い，たぶん減量〔のせい〕）」など――を書いていました。自分にさえわかれば良いというメモ書きです。これが①に該当します。

　それに対して，ジムで過ごすなかで，社会学的な着想が浮かぶこともあります。これも携帯電話のメール機能を使って記録していました。たとえば，「mitto uchi to rhythm（ミット打ちとリズム）」などです。その日の練習中，私の隣でフィリピン・チャンピオンがミット打ちをしていたのですが，彼がミットに打ち込む音とリズムが強烈で，隣にいた私もそれに促されてリズムに気をつけて練習をしたのでした。その経験をもとに，私は身体訓練における協同リズムの重要性について思い浮かんだのですが，それをメモしたのが上記のものです。これが②に該当します。

　これら①と②は，できるだけその日のうちに，ノートパソコンに清書していました。どちらも簡単なメモ書きですので，時間が経つと内容を忘れてしまいかねません。ですので，記憶が鮮明なうちに清書する必要があったのです。メモをもとに，①と②について，できるだけ克明に書くようにしました。このノート集が，博士論文を書くときには決定的に重要になりました。フランスの人類学者，クロード・レヴィ＝ストロースは，研究活動におけるメモ作成の重要性を『遠近の回想』に記していますが（レヴィ＝ストロース 1991: 7-8），私は経験則としてそれを支持します。

　以上に加えて，ノートパソコンで③の日記を書くようにしました。私は，元来，日記をつけるのがあまり得意ではありません。そのため，無理をしないで，日記をつけていました。1行の日もあるし，調子が良いと2000字ほど書くこともありました。日記をつけることの目的は，後からそれを読み返したときに，その日に自分が感じたことや考えたことを想起しやすくなる点にあります。その場での感覚は時間が経つと忘れることがあります。そのため，日記が大切になるのです。

　たとえば私は，博士論文を書き始めたときに，気候的な落差が気になって仕方ありませんでした。灼熱のマニラのボクシングジムについて書こうとしているのに，窓の外は札幌の大雪だったりするのです。雪が深々と降り積もる景色を見ながら，マニラのことを書くのは，非常に難しいものがありました。その時に助けになったのが，このフィールド日記です。毎日，住み込み調査時に記した日記を読み返してから，私は博士論文を書き進めました。そしてフィール

ド日記とあわせて，①と②のメモを読み返すと，フィールドで自分が感じたことや考えたことが鮮明に蘇ってくるのでした。

フィールドの「気分」を書き残す

　日記はなるべく自らの感情を書き込んだ方が良いです。「データ」は①および②に書き込み，③は自らの感情をどんどん書き込みましょう。なぜ感情を書いた方が良いかというと，フィールドの「気分」を風化させないためです。フィールドで長い時間を過ごしていると，調査者自身の感じ方や考え方が変化していきます。ですがその感じ方や考え方は，フィールドからもとの日常に舞い戻ると，次第に消えていってしまいます。私の場合，フィリピンで感じたり考えたりしたことが，つくばや札幌での日常を過ごすなかで消え入るような感覚がありました。あるいは，つくばや札幌での日常を準拠点に，フィリピンの調査経験がいつのまにか上書きされていくような感覚がありました。日記にフィールドの日々の感情を書き込んでおくことは，このような忘却や上書きに抗して，フィールドの只中の「気分」を取り戻す契機となるものです。この点はとても重要です。ボクサーの出身地や学歴などの「データ」は，フィリピンで見ても日本で見ても，違いはあまりありません。ですが，参与観察をしながら感じたことは，フィリピンの渦中でのそれと，帰国後に振り返ったそれでは，大きく変容している可能性があります。参与観察はフィールドの只中の営みを言語化するものですから，そのためにも日記に感情を書き込んでおくことは，後から論文をまとめるうえで大切なものなのです。

　私はこのように自分なりのフィールドノートの作成法を模索するなかで，①から③の記録を書くようになりました。他の方法もあると思いますが，私にはこの3種の記録がもっとも適合していて，それ以来，フィールドワークの際にはこの方法でノートを作成しています。

　重要なのは，長期に渡り継続できるような書き方を，自分なりに見つけることです。いくらきれいに素晴らしいノートをつけていても，それが1週間しか続かないのであれば，実際に論文を執筆する際にまったく役に立ちません。汚くても，部分的になってしまってもよいから，ノート作りを継続することが大切なのです。継続して作成したノートには，時間の厚みが宿っています。ノートの最初と最後では，調査者自身の変化も刻印されています。そうして作られ

たノートは，論文を書く際の貴重な情報源となるのです。

またノートを取るということは，単なる記録を超えた営みでもあります。佐藤郁哉が述べているように，調査者はノートを取りながら，「手と目で」思索を深めているのです。大切な箇所なので，直接引用しておきます。

> 私たちは，文章を書くときには，すでに頭の中にまとまった形で出来上がっている文章を，そのまま筆記用具を使ってただ書きとめるわけではないのです。むしろ，文字を書いたり消したりつけ加えていく過程のなかで，頭だけでなくいわば「手と目で」考えているのです（佐藤 1992: 182-183）。

3–5　自分の常識から相手の常識へ

それでは，出来事や着想をフィールドノートに記録するうえでの注意点はどのようなものでしょうか。私がこだわったのは，自分の常識を根拠にするのではなく，相手の常識を根拠に記録することでした。

マニラでの住み込み調査を始めたばかりの頃は，さまざまな出来事が新鮮でした。トイレや洗濯の仕方，ボクサー全員での食事の場の重要性，マネージャーとボクサーの関係性，ボクサーとその家族の関わりなど，さまざまなものが一気に目に入ってきました。私はそれらを逐一フィールドノートに記録していったのですが，当初は「私にとっての異質感」を書いてしまっていました。というよりも，そのような意識すらなく，私は日々の客観的な記録を取っていると思っていたのですが，実際には自分の常識を根拠にフィールドの異質具合を記していたのです。

記録のものさしが自分の常識にあるという著作は，多々あります。とりわけ「告発」系のスタンスが貫かれた書き物には，それが多いです。しかし，自分の常識にすがって書かれた論文は，参与観察としては問題があります。そのように自分の常識を担保にした書き物からは，「他者」——本書のキーワードです——が見えないからです。もちろん，そこに他者らしき存在は記されているのですが，その他者たちが何を感じ，どのように将来を展望し，何に幸福を見出しているのかといった模様が窺えないのです。

本書の冒頭にも記されているとおり，社会学の参与観察の醍醐味は，私たち

CHART 図2.1 タガイタイ（マニラ郊外）でのメモ

にとっての「他者」がどのように合理的な日々を送っているのかを知ることにあります。自分の常識にすがることは，自らの「ものの捉え方」を補強するための素材探しとして参与観察をおこなうことになります。それでは，**2-2**で記したような調査者の「ものの捉え方」がバージョンアップされる契機を得られません。

「他者」の合理性に迫るためには，相手の常識に拠って立つ姿勢が必要になります。それは，観察対象とされた人びとにとっての当たり前とは何かを探究することです。このとき，参与観察の視線は大きく転換します。相手の常識に立つことを意識するならば，フィールドの人びとがいかに調査者と同じように日常を過ごしているのかを記録することになります。私自身の参与観察で言えば，半年を過ぎてからのフィールドノートは，ジム生活がいかに特異なものであるのかがほとんど記されておりません。かわりに，ジム生活を成り立たせる論理は，実は私の日常のそれとほとんど変わりないというスタンスで，フィールドノートが記されていきました。ここでは実際に作成したフィールドノートを用いて，具体的に示したいと思います。

フィールドの描写の例

たとえば，2006年2月11日（土）には，ボクサーの試合がマニラ郊外のタガイタイでおこなわれました。それに同行した際にメモ帳に記したものの一部が図2.1になります。

このメモをもとに次のような清書を，その夜にパソコンでおこなっています。以下になります。

自分は12時から練習をして，ライアンとビンビンも今日は練習を1時には始めていた。2時半にサニーと自分とライアンとビンビンの4人でジプニーでタガイタイに向かう。ジプニーの中でサニーが「スケッチを持ってきた？」と聞くと自分は「忘れた！」といった。オー・マイ・ガッド。となりのライアンは年寄りだと笑っている。サニーはOK, OKといっていた。ロイはジプニーの前に座っている女性3人組をじっと見ている。サングラスをかけているので視線の所在はわからないが，明らかにそう。ライアンは「マリボグ」と言っていた。

　カビハスナンで乗り換えて，IMUS行きに乗る。これがすごい渋滞，全然動かなかった。サニーは目を瞑って寝ている。ロイはボーっとしている。SMバコオドの手前で降りて，タガイタイ行きのバスを4人で待つ。ロイは立ちションをしに，車道を渡っているうちにバスがやってきてしまった。サニーが，「ロイ，バスが来たぞ」と叫ぶが，ロイには届かない。そのままサニーは次のバスだなあといい，ロイが帰ってくるときに，「ロイ，ゆっくりでいいぞ。車に気をつけろ」と言っていた。ロウェルやニックじゃ，こんなふうな気遣いはしないだろうから，サニーはやっぱり一流トレーナーだなあと思う。

　バスが来て4人で乗り込む。ロイは乗り場の階段に腰掛け，残りの4人は立ったまま。だんだん客が減ってきたので，みんなバラバラに座ることに。タガイタイが近づくにつれて，涼しくなるのがわかる。タガイタイに着く頃には，ライアンとサニーが2人で自分の後ろに座り，話をずっとしている。自分が現役アスリートだったときは，コーチとはできるだけ一緒に居たくはなかったなあと思い，それは今の自分が指導教官と一緒にいるのを避けようとすることとも共通しているが，これもフィリピン流なのかなあと思う。

　タガイタイに着いて，ジプニーに乗り換える。サニーが地元の人に聞いてジプニーを特定化。4人で乗り込む。ビンビンは車に酔ったらしく，気分を悪くして，試合を控えたロイに寄りかかっている。逆だろう！ライアンはそんなビンビンを見て笑っている。

　競技場のバスケットボールコートについたのが5時40分。出発したのが2時半だから，3時間ぐらいかかったことになる。そのままサリサリストアでカップラーメンを買う。お湯を入れてくれといったら，最初の店ではお湯がない

といわれ，次の店で食べる。ロイは通常サイズのそれ，残りの4人は小型のヌードルを食べる。さらにチョコレートを5つ，小さなパンを4切れ買う。ヌードルをみんなで食べる。ロイはチョコレートを自分のバッグにしまい，ヌードルとパンを食べていた。

　それから控え場所を探すが，無い。ロイは試合を控えた他のボクサーたちに「どこで着替えたんだ」と聞いているが，車の中で着替えたとの返事。控え室は無いらしい。ロイは民家に飛び込んでいく。サニーが「お借りしてもいいですか」とその住人に聞くと，どうぞといわれたので「ありがとう」といってそこを控え室にする。

　ロイは着替え始める。まずジーンズを脱ぎ，そこにオイルを塗っていた。その後，黒のソックスを履いてファイティング・シューズを履く。その間，サニーはテープをカットしている。ロイは頭にオイルを塗って髪にもそれをつけていた。その後，サニーと向かい合って，テープとバンテージを巻き始める。テープ，バンテージ，テープの順番でそれは進み，ロイがサウスポーであるため，左手からそれを巻き始める。テープは横に6枚，縦に7枚貼る。その後，ロイがリングシューズの紐を締める。バンテージをロイ自身が巻いて，さらにテープを貼る。その後，ロイは椅子に座って祈りを始める。

　拳が完成してから，ロイはストレッチに入る。屈伸，ひざの回転など。ロイがストレッチをしながら，「荷物取られないかなあ？」というので，自分が「俺が全部リングサイドに持っていくよ」という。そうしていると「グラブは来ているか？」と係員が聞きにくるが，来ていないとサニーがいう。ロイも「wala pa」という。ストレッチは続けたままだ。ロイはシャドーに入る。サニーはしっかりバランスと腰を使ってシャドーをやるように促す。その後，サニーがグラブを取りに行く。少年が一人入ってきて，うざいくらいつきまとう。ロイはチョコを2つ食べる。サニーはロイの足にオイルを塗る。その後からだ，腕にも。

　ファイトは前座で4試合。ロイの試合がサポーティング・メイン・イベントでメイン・イベントはPBFのフェザー級チャンピオンシップ。そのチャンピオンのファイトマネーが20000ペソ。相手は10000ペソ。ロイの試合は両者とも10000ペソ。前座の4試合のうち3試合がKO決着のため進行は速かった。4試合目は8Rの試合でこれは判定決着。この試合の終了後，いよい

よロイの試合である。……（フィールドノートはまだ続く）

　あらゆるフィールドの出来事をこのように詳しくノートに書くわけではありません。この事例の場合，私がボクシングの試合についての論文を構想していたこともあり，その生データを分厚く保持しておくことを念頭に，丁寧に書きました。そして，このメモとパソコンに清書されたノートをもとに，拙著の以下の記述ができあがりました。

　　フィリピンのローカル試合の場合，試合開始は午後7時であることが多い。出場ボクサーたちは朝9時前後にのんびりと起きることがほとんどである。その後，朝食を取り，部屋で一休みし，マニラ首都圏内での試合の場合，午後1時から2時には会場に向けて出発する。試合開始の数時間前にはボクサーは会場に着くように行動する。……ローカル試合では，1回の興行で6～7試合をおこなうのが通常である。そのうち最後の試合，もしくは最後から2番目の試合がメインイベントとなる。よってメインイベントまでの各試合は前座試合となる。ボクサーは自分の試合順番を念頭において，準備に入る。シューズを履き，バンデージを巻き，ファイティングパンツに履き替え，ウォーミングアップ体操をし，グローブを着け，トレーナー相手に軽くパンチミットをおこなって感触を確かめてから，入場用ローブを羽織る。この間，試合出場ボクサーの周りには緊張感の漂う重々しい空気が流れ続ける。以下は2006年2月11日にマニラ首都圏から南東約60 kmの位置にあるタガイタイ市でおこなわれた試合の様子をフィールドノートからそのまま抜き出したものである。

　　試合会場のバスケットボールコートについたのが午後5時40分。ジムを出発したのが2時半だから，移動に3時間ぐらいかかったことになる。そのままサリサリストアでカップラーメンを買う。お湯を入れてくれといったら，最初の店ではお湯がないといわれ，次の店で食べる。ロイは通常サイズのそれ，トレーナーや雑用係など4名は小型のヌードルを食べる。さらにチョコレートを5つ，小さなパンを4切れ買う。ヌードルをみんなで食べる。ロイはチョコレートを自分のバッグにしまい，ヌードルとパン

CHART 図2.2 各ボクサーの背景（聞き取りノート）

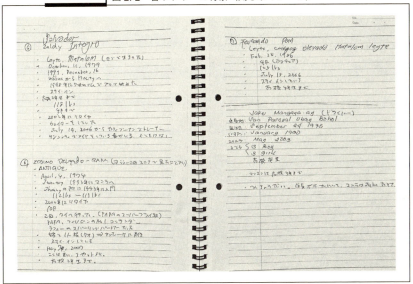

を食べる（石岡 2012: 142-143）

図表作成の例

　以上はフィールドの描写の例でした。『ローカルボクサーと貧困世界』では，こうした描写だけではなく，ボクサーがいつ入門し，引退し，その後何をしているのかという点などを，図表にして提示しています。そうすることで，ボクサーたちの日常がどのように構造化されているのかを把握しようとしました。今度はこの図表作成について，その手順を提示しておきます。

　まず私は調査に入っていたEジムの各ボクサーに，出身地，最終学歴，出身家族構成，Eジム入門をした年度について，全員に聞き取りをおこないました。聞き取りは図2.2のようなかたちでノートに記しました。名前や出身地などはボクサー自身に書いてもらっています。各ボクサーの背景がわかるこうした記録を，エクセルに表としてまとめていきます。その作業は表2.1のように進められます。これは2002年11月の記録です。

　こうした各自の入門までの背景を整理する作業を，私は2002年から2008年まで，毎回のジム訪問時におこないました。そうすると，2002年から2008年

CHART 表 2.1　各ボクサーの背景

名前	歳	家族構成	E ジム訪問時	学歴	家業
① Alex	26	8	Jan–01	high finish	farmer
② Benjie	21	13	1997	high 2	repair engineer
③ Totoy	20	9	2000	ele finish	construction
④ Elderdo	20	10	1999	high 2	fisherman
⑤ Rey	20	9	Jan–02	ele 6	carpenter
⑥ Junalex	18	4	Sep–02	high finish	fisherman
⑦ Rey	21	3	2000		family driver
⑧ Dennis	22	7	1998	high finish	driver
⑨ Rico	18	8	2002	high 3	fisherman
⑩ Franklin	19	9	2001	high finish	farmer
⑪ Edomon	25	8	2002		fisherman
⑫ Denise					

　までずっと在籍しているボクサーもいれば，翌年には引退したボクサーもいることがわかります。また，途中から新たに入門したボクサーも知ることになります。この作業を6年くらいおこなっていると，ジムがいかにメンバーの流動性のある組織であるのかがわかってきました。各時点での調査データだけでは見えてこないものが，時間を積み重ねて継続するなかで見えてくるようになったのです。そうして，誰がずっと在籍し，誰がジムを去ったのか，それを1枚の図で表すことを考えました。

　しかしながら，なかなか1枚の図にすることには苦労しました。どのような図を作ればよいのかがわからなかったのです。2002年から2008年までの，メンバーの推移を含めた動態をいかに1枚の静止画にすることができるか。これは大きな課題でした。その際に参考になったのが，大学院のゼミで輪読していた中野卓『商家同族団の研究』に収められていた**図2.3**の図でした（中野 1964: 306）。

　この作図からヒントを得て，私は**表2.2**を作成しました。そして，この図表を作る作業を通じて，私は多くのボクサーがジムに入門後2年以内には引退していること，引退後はトレーナーや清掃人などの仕事を与えてもらいながら，マニラの底辺で生き抜いていることを知り直したのです（石岡 2012: 270）。

　図表を作成することは，フィールドの現実を，俯瞰する位置から把握し直すうえで重要です。フランスの社会学者，ピエール・ブルデューは『実践感覚』のなかで次のように述べています。「私が分析によって明らかにした対立ない

CHART 図2.3　中野卓（1964）による家成員の動態図

し等価関係を確定するために，農業儀礼，料理，女性の活動，生活サイクルの諸期間，1日のいくつかの区切り，等々の実践のさまざまの領域について私はダイアグラム（模式図のこと：引用者）を作ってみた。このダイアグラムは，ヴィトゲンシュタインによると『われわれに理解させてくれる，すなわち正確に言えば《相関関係を見る》ことができるようにさせてくれる』という共観図式

CHART 表2.2　石岡（2012）によるメンバー動態図

表5-1　ルイスボクサーの時間的変容と引退後の経路

月–年 / ボクサー数	Nov-02 (12)	Aug-03 (15)	Aug-05 (22)	Jul-07 (13)	Sep-08 (12)	最終キャリア	引退後の経路
1) ラフィ						10R	現役中
2) ミッキー						10R	兄の作業場（カビテ州）で就労
3) トトイ						10R	レストランのウエイター⇒ステラジムのトレーナー⇒帰村⇒カムバック（試合復帰はせず）⇒帰村
4) ジェイキ						10R	工場労働者⇒トレーナーをしながらボクサーにカムバック
5) レイ						10R	帰村
6) ジュナレクス						8R	帰村
7) ボビー						4R	帰村
8) サラザール							他ジムでトレーナー
9) リコ						アマチュア	レストランの料理人⇒ステラジムのトレーナー
10) フランクリン						4R	レストランのウエイター⇒ステラジムのトレーナー⇒帰村⇒セブ市で就労
11) エドモン						アマチュア	帰村
12) デニス						4R	帰村
13) ジェイソン						10R	現役中
14) リノ						8R	日本のジムへ移籍⇒ステラジムのトレーナー
15) ゴソ						10R	他ジムへ移籍（レイテ島）
16) トゥム						練習生	帰村
17) アラン						4R	帰村⇒マニラ首都圏で職探し⇒ステラジムのトレーナー
18) ジーソン						6R	ステラジムのトレーナー
19) コンラドス						練習生	
20) リック						4R	帰村
21) フィリップ						4R	帰村
22) アクロ						10R	ステラジムのトレーナー
23) ロイ						10R	ステラジムのトレーナー
24) ロセリト						10R	他ジムへ移籍（セブ市）⇒ナイトクラブ⇒カムバック（試合復帰はせず）⇒ステラジムのトレーナー
25) ジャンレイ						8R	帰村⇒高校に復学（3年生）
26) ミランダ						6R	他ジムへ移籍（マニラ首都圏）
27) クリスチャン						8R	タイで非合法のボクシング活動
28) ジェイビー						6R	ステラジムのトレーナー
29) ニック						6R	Eジムでルイスのアシスタント役
30) ライアン						6R	旧ステラジムのトレーナー
31) エリクソン						10R	現役中
32) マリオ						6R	ステラジムのトレーナー
33) マイケル						8R	現役中
34) エディソン						6R	ステラジムのトレーナー
35) ジン						練習生	帰村
36) ジュンジュン						練習生	帰村
37) ノリ						練習生	レストランの皿洗い⇒帰村
38) ニーニョ						練習生	他ジムへ移籍（マニラ首都圏）⇒マニラ首都圏で職探し
39) フェルナンド						練習生	他ジムへ移籍（セブ市）⇒セブ市のジムで雑用係
40) ジョバンニ						練習生	現役中
41) ジェフェリー						練習生	現役中
42) ドナイレ						練習生	帰村
43) レス						練習生	現役中
44) ラウル						練習生	現役中
45) ジュン						練習生	現役中
46) フェリペ						練習生	現役中
47) リチャード						練習生	現役中

注）　　　は当時EジムにボクサーとしてJ在籍していたことを示す。

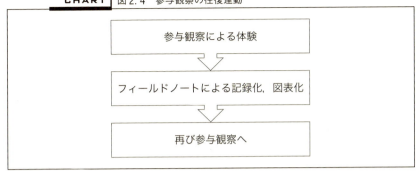

CHART 図2.4 参与観察の往復運動

がもつ特性を実際に利用するものである」(ブルデュー 1988: 17)。

　ブルデューはフィールドを直接把握するのではなく、それを図表化し一次経験を切断することによって、はじめて実相が明るみになると考えます。この点は私にも首肯できるものです。フィリピンでボクシングは若者の重要な活動となっていることを、私は体験として知っていたのですが、しかし実際には**表2.2**にあるように選手の多くが2年ももたずに辞めているのです。「**2-2** 教室での報告：知り直すこと」で記したように、参与観察に基づき論文を書くことはいくどにもわたって自らのフィールド体験を知り直す営みですが、図表を作成することもまた、知り直すための重要な営為なのです。

　とはいえブルデューも引用箇所から後の部分で本格的に展開するように、図表を作成することは生きた現実を静止画に固定させることでもあります。よって図表作成で満足してしまっては、意味がありません。今度は、図表作成を通じて知りえたことを携えて、もう一度、参与観察へと戻らなければならないのです。「2年以内で引退してしまう」という図表化から得られたポイントを、今度はフィールドの人びとに投げかけてみる必要があります。そうすることで、さらに事例の真髄が定まってくるのです。「参与観察による体験→フィールドノートによる記録化や図表化→再び参与観察へ」。この往復運動（図2.4）のなかで、参与観察が成熟していくのです。

3-6 「人びと」ではなく「人びとの対峙する世界」を知る

住み込み調査を進める過程で、私は参与観察の特徴を考えるようになりまし

た。私なりに得た答えは，参与観察が「人びと」ではなく「人びとの対峙する世界」を知る営みである点です。

「生きられた」社会問題

　私の参与観察から一例を挙げましょう。ボクサーの多くは貧困地区に暮らしているため，そこでの暮らしの内実についても調査しました。そこでの最大の社会問題は，失業と貧困です。そして，フィリピンの貧困研究の蓄積を調べてみても，最低賃金の変遷や失業率の変化，さらには家計の圧迫といった主題で，たくさんのデータが存在していました。それらは「職と収入」の視点から貧困地区を捉えるもので，非常に多くのことを教えてくれます。しかし，貧困を生きている人びとの生活感覚と切り結んでいるかというと，少々齟齬があるように思いました。統計データ上の困窮がそのまま生活上の困窮に結びついているかというと，そこにはやはり距離がある。では人びとの生活感覚と切り結ぶかたちで，いかに貧困を捉えることができるのかと考えることになりました。

　私が貧困地区を歩きながら着想したのは，「職と収入」の問題としてのみならず，「時間的予見」の問題として貧困を考えることでした。それはつまりこういうことです。たとえば2400ドルの年間所得があったとします。この場合，①毎月200ドルずつ所得があるのと，②1000ドルを手にした後に次にいつ収入がわからないまま日々を暮らし，その数カ月後に600ドルを手にし，さらにその数カ月後のどこかで800ドルを手にするのでは，その意味が大きく異なります。①の場合では，収入間隔が規則化されているために，それに沿って将来を展望することが可能になります。そして，その規則性に基づいて，時間的予見を手にすることができます。いついつになったら収入が入るからという理由で，近所の雑貨屋で「つけ買い」をすることもできます。つまり，「今」の暮らしが苦しくても，それをいつまで我慢すれば乗り切れるのかという予見が立つのです。

　しかし，②ではそうはいきません。困窮するといつまでそれを持ちこたえればよいのかがわからなくなるのです。失業するということは，こうして持ちこたえる期間を不明にするのであり，予見なき「今」が永遠のように続く感覚のもとで生き延びなければならないことです。この時間的予見の剥奪こそが，人びとの生活設計を困難にさせているのであり，この点にこそ貧困の恐怖の根が

あると思います。だとすると、生活感覚に切り結んだ観察とは、単に「職と収入」を記録するだけでなく、収入を得るタイミングにこそ照準したものである必要があるでしょう。時間的予見という観点から、貧困地区の生活を捉え直すことで、人びとの対峙する恐怖が想像可能なものになるのです。

　このように考えると、参与観察のねらいが「人びと」を知るのではなく「人びとの対峙する世界」を知ることにあるというのが、わかるでしょう。「人びと」を知ることに照準すると、そこで論じられる対象者はどこまでも受動的な存在となってしまいます。「マニラのボクサーとはどんな人びとなのか」と調査内容を設定すれば、ボクサーの収入や家族構成や出身地や学歴など、あらゆる背景情報を収集することに躍起になってしまいます。もちろん、こうした作業は、調査の初期で実施しなければならない重要なものではあります。しかし最後までこの背景情報に拘泥するのでは、参与観察の特徴を十分には活かしていないと思います。いつまで経っても、ボクサーは受動的な存在に留まるのです。しかし「マニラのボクサーはどのような世界に対峙して、日々を過ごしているのか」と調査内容を設定すれば、ボクサーの能動的な側面が視野に入ってきます。ボクサーたちにはそれぞれの眺望があり、その眺望の先に見えている世界とはどのようなものかが調査者の視野に入ってくるのです。

　貧困地区の社会生活に戻るなら、「職と収入」の内実から住民にアプローチする手法は、「人びと」に照準したそれだと言えます。そこでは調査対象はあくまで受動的で、彼らの存在をデータに基づき特定するのは調査者の仕事という前提がそこにはあります。それに対して「時間的予見」に踏み込む手法は、「人びとの対峙する世界」に照準するそれだと言えるでしょう。困窮する住民が対峙している世界のありよう、すなわち目処が立たない日常に放り込まれ、それがいつになると改善されるのかもわからない出口なしの感覚そのものの理解を目指すものです。ここでのポイントは、住民自身の「ものの捉え方」を基点に貧困問題が捉え返されている点です。これは「職と収入」を解明する手法からは抜け落ちたものです。「人びとの対峙する世界」を知ることは、人びとが危機に直面した際の感覚やその状況下での「ものの捉え方」を組み込んだ分析をおこなうことであり、生きられた貧困問題の形態に接近することを可能にするものです。

人びとの世界の捉え方

「人びと」ではなく「人びとの対峙する世界」を知ることは，参与観察のみならず，他の調査実践においても有効な場合があると私は考えています。私は職務の関係上，中学や高校や短大の先生と話をすることがあります。あるとき短大の先生から聞いた話では，短大入学後に何らかの問題を起こした学生がいた場合，その学生の高校時代の内申書ほかの記録が短大では保管されていて，それをもとに当該学生の過去が調べ上げられるとのことでした。しかし重要なのは，その短大の先生がきっぱりと，そのような過去の情報の調べ上げは無意味であると言い切った点にあります。

その先生によると，過去の記録を調べても出てくるのは「やっぱり本来的に問題児なのだ」という結論の決まった見解しかないということでした。結局，問題探しをしているに過ぎない，と。先生は代わりに，その学生がどのようにその状況を捉えているのか，その捉え方こそを知らなければならないと力説しました。これは私にとって，強く同意できるものでした。「人びとの対峙する世界」を知ることは，当該状況に置かれた人びとの視点に基づいて物事を考え直す契機となるものです。ですが「人びと」を知る場合には，人びとの視点ではなく，それを解析する分析者の視点から考えることになってしまいます。「人びとの対峙する世界」を知ることは，対象者を受動的な容器としてではなく，能動的な働きかけをおこなう主体として捉えることを可能にするのです。

日本の社会学者で，すぐれたフィールドワーカーの代表格でもあった中野卓は，岡山県倉敷市水島地区に生きた老女に関する著書で次のように述べています。「私は，彼女の生きてきた，また現に生きているお婆さん自身の世界に，断崖に臨みながら生きぬいている人間ひとりひとりの世界に，深い尊敬の気持を押えきれません」（中野 1977: 6）。中野もまた，「人びとの対峙する世界」を捉えることを社会学の課題としていたと思います。

以上の点は，パウロ・フレイレが『被抑圧者の教育学』において述べたこととも重なります。ブラジルの寒村で識字教育を実践したフレイレは，実態調査ではなくテーマ調査の重要性を主張しました。フレイレにとって大切だったのは，そこに生きる人の属性や意識を特定化することではありませんでした。そうではなく，そこに生きる人自身が，調査を通じて自らの世界の捉え方を意識

化することでした。「生成テーマを調査探索するということは人間が現実をどのように考えているかを探索することであり、人間がその現実にどのように働きかけ、どのように実践しているかを探索すること」（フレイレ 2011: 158) なのです。それは「人々そのものをモノであるかのように調査の対象にしてしまう」（同 : 161）手法とは、まったく異なります。取り上げられたテーマに基づく対話型調査を通じて、「人びと」を知るのではなく、「人びとの対峙する世界」を知ること、そしてその世界が調査者と被調査者の双方に意識化されることこそがフレイレによる実践の核心でした。

理解可能性

　私が住み込み調査で試行したのは、「ローカルボクサーが眺めているように私も世界を眺めてみる」ことでした（石岡 2012: 6）。そこには、参与観察における他者理解をめぐる議論の影響もありました。

　私が大学院に入ったのは、2000年でした。当時、カルチュラル・スタディーズやポストコロニアル人類学が非常に勢いを持ち、そのなかで他者理解をめぐるさまざまな議論が交わされていました。そこでの要点は、「私」が「他者」について書くとき、「私」は「他者」よりも一段高い場所に位置しており、その高みから一方的に「他者」を（それも一括りに）記すことは、暴力的であるというものです。「他者」に対する「私」の認識論的優越とでも呼べることをめぐって、本当にさまざまな議論が交わされていました。この議論はその後下火になってしまいましたが、私もそこから多くのことを学び、そして考えました。本章ではその中身については踏み込みませんが、関心のある方はぜひ松田素二の名著『抵抗する都市』（岩波書店, 1999）を読んでみてください。

　こうした他者理解をめぐる議論に対する私なりの答えは、「他者」ではなく「他者の対峙する世界」を捉えるというものです。「他者」について知ろうとすれば、そこにはどうしても相互無理解の壁が立ちはだかると思います。生活史も言語も異なる相手と完全に理解し合うというのは、やはり難しいものがあるでしょう。しかしだからといって、「他者理解の不可能性」などとかっこ良く言って、調査もせずにエッセイを書き連ねるようになってはなりません。

　こうした議論を頭の片隅に置きながら、私の住み込み調査はおこなわれたのですが、そのなかで私はボクサーについて理解するのではなく、ボクサーの対

Column ❺ 外国語

　異世界で調査をするためには，現地語を学習する必要が出てきます。海外の調査の場合がそうですし，日本国内であっても，たとえば，ろう者について調査をするのであれば手話の習得が必要になるでしょう。言語学習は，本格的な調査の前におこなうことが望ましい点は言うまでもありません。そうすれば，調査対象者の人たちにもこちらの意気込みを伝えることができますし，調査を始めてすぐにいろいろと質問も可能です。

　しかしながら実際には，事前に一定程度の言語習得を済ませているというのは，それほど多くはないように思います（少なくとも私の非常に限られた見聞の範囲ではそうです）。すぐれたフィールドワーカーとして名高いアフリカ研究の松田素二も，堂々とその点を告白しています（「アフリカという毒」『学問はおもしろい』講談社選書メチエ，2001 年）。言語習得には膨大な時間とエネルギーが必要です。ある程度の日常会話が可能なレベルになるまでは，かなりの時間を要します。そうすると，フィールドに飛び込む時期がどんどん遅くなってしまいます。話せるようになってからフィールドに参入するのではなく，フィールドに参入することで話せるようになる，そんな気構えで飛び込んでみることを，私（石岡）は奨めます。

　私もそうして飛び込んだ一人で，フィールドのボクサーからいろいろとタガログ語の初歩を教えてもらいました。そのため，たとえば「体重は何キロ？（Anong timbang mo?）」という表現などを真っ先に覚えました。こんな表現はタガログ語の初級教科書の例文には，まず出てきません。こうした独自の表現を最初に覚えたこと自体が，ボクシング世界の特徴を表しているように思えます。外国語を学ぶということは，交流の道具を手にすると同時に，研究対象の個性を実感する機会でもあるのです。

峙する世界について理解することを目指すようになったのです。私とボクサーの間には，生活史や言語や風習など，さまざまな壁があります。ですので，存在様態としては，そこに何らかの共通性を見ることは，いくら住み込み調査で同じ釜の飯を食っているとしても，難しいと実感しました。しかし，ボクサーが対峙する世界についてなら，私も寝食を共にしてトレーニングを一緒におこなう過程を通じて，分有できるものがあるように思いました。他者についてはわからなくても，他者の見ている世界についてなら，わかるように実感したの

です。

　同様の感覚は，他の社会記述にも見て取ることが可能です。有名な体験ルポである鎌田慧『自動車絶望工場』から引いておきましょう。

> 　電機工場の女子労働者に会った時，かの女は，「ベルトコンベアは見ているのと，実際仕事をしているのではスピードがちがう」といった。この言葉はぼくを強く打った。(鎌田 1983: 283)

　この記述が優れているのは，ベルトコンベアのラインで働く人びとが，いかなる世界に対峙しているのかを読者に示すからです。ラインの作業員について知ろうと思えば，給与や休日の体系などを調べる必要があります。ですがそれだけでは，かれらの労働の内実を具体的に知ることができません。ライン作業に固有のキツさがつかまえられないのです。

　上記の引用からは，ライン作業での労働の核心が「スピード」にあることを読者は知ることができます。次々と流れ込む部品に対応し続ける身体，その疎外の模様を具体的に開示するのです。私たちはこの引用を読むことで，ライン作業の「世界」を分有することができると思います。フィールドの理解可能性とは，調査者とフィールドに生きる人びとのあいだに何らかの共通項が生ずることではなく，調査者とフィールドの人びとが「世界」を分有することなのです。

4　論文執筆

4-1　フィールドからの帰還

　参与観察の終わり（厳密には一時終了）は，私の経験から言えば，観察そのものの達成よりも外在的な日程によって規定されます。それは，卒論や修論を提出する日程だったり，投稿論文の期日だったりします。参与観察が十分に実施できたから一時終了とする人もいるかもしれませんが，多くの場合，調査者は可能ならばもう少し観察を継続したいと思うでしょう。しかしそうして継続し

ても，何か新たな知見が必ず得られるとは限りません。卒論提出や論文投稿の期日があることは，フィールドからの撤退を強いられる点において，それはそれで有用なのです。

　私の指導学生の多くが参与観察に基づいた卒論を書くのですが，フィールドからの撤退をめぐっては大きく3種類のタイプに分かれます。ひとつは，参与観察に疲れて，さっさと撤退してしまう学生です。もう少し辛抱して継続すれば面白い観察が展開できそうなのに，あきらめてしまうタイプです。このような学生には，とにかく鼓舞して，参与観察の継続を促します。

　2つ目は，「もうこの調査対象のことはわかった」と思い込んで，切り上げてくるタイプです。ものわかりが早いとも言えますが，往々にして調査は不十分なことが多いです。ゼミの場で調査内容を発表してもらうと，まだまだ突っ込んで考察するべき点が多々あることが頻繁にあります。簡単に「わかった」と言ってしまえる調査者には，それがいかに浅薄であるのかを時間をかけて話す必要があります。

　3つ目は，「いつまで経ってもわからない」ということで，フィールドから切り上げられないタイプです。私の指導学生には，このタイプが最も多いです。真剣に参与観察に取り組んでいるからこそ「わからない」という見解が登場するわけですが，それではなかなか論文執筆へと進めません。このタイプの学生には，卒論提出の期日があることがとても重要になります。調査内容としてはまだ観察を継続したいのだけれども，日程面でもはや切り上げざるをえないということです。日程が強制されているからこそ，かれらは論文執筆を開始するのです。

　いずれのタイプにせよ，調査者はある時期を境にフィールドから戻って，論文の執筆に入ります。本節では，論文執筆について述べていきましょう。

4-2　理論を使う

　私が1年間の住み込み調査から帰国した際に，友人の社会学者から言われたことがあります。「1年間の調査で，たくさんの充実したデータを得られたことと思います。それが論文になることを楽しみにしていますね」。この言葉はフィールドから帰還した調査者の心情を的確に述べていると思います。フィー

ルドノートやインタビュー記録は，山のようにできました。フィリピンのボクシング協会ほかで資料もたくさん入手しました（当然，スーツケースに入り切らないので，別便で日本に送りました）。マニラを発って成田空港に着いた際には，それなりに1年間やり遂げたという充実感はありました。

　ですがそれを論文にまとめるのは，別の苦労を伴うものでした。多様な出来事がすべて重要に思えてきて，思考の収拾がつかなくなったのです。院生仲間と話をしても，「マニラではあれも面白い，これも面白い」と話をしてしまい，いったい何が参与観察によって得られた中核なのかがわからなかったのです。私は，個々のエピソードの面白さを超えて，1年間の参与観察の内容を串刺しにする論点を探し出さなければなりませんでした。

　ここで「探し出す」と記した点は，重要です。フィールドから帰還して，すでにデータも山ほどあるにもかかわらず，そこから探し出さなければならないのです。データが集まれば，自動的に論文の柱となる論点が生まれるわけではありません。それらのデータともう一度向き合って，思考を深める過程で論点が定まるのです。

　論点を探し出すうえで最も大切になるのが，本章で繰り返し注目してきた「気分」です。参与観察は，調査者が自らの身体を用いて対象となる集団や組織に参入する調査手法です。その生身の身体で痛感した事柄がいったい何であったか，という点に向き合う必要が出てきます。私の場合，そのひとつが，冒頭に書いたように，貧困とは恐怖であるということでした。しかしフィールドで痛感した事柄というのは，他にもいろいろありました。そのなかからどのようにして，この貧困＝恐怖の「気分」を中核に据えるようになったのかを説明しましょう。

　私にとって大切だったのは，フィールドから帰還した後に，自分の参与観察を振り返りつつ論点を探し出している過程で，テレビ画面だけの暗がりの記憶がありありと蘇ってきたことです。つまりここで強調したいのは，フィールドワークの過程で経験した多様な事柄のうち，後から振り返ってみてやはり強烈に何かを自分のなかに刻印していると思われる出来事にこそ，こだわるべきだということです。そこには一時的な感動や興味を超えた，もう一段深い位相での問題関心が潜んでいると思われます。私にとってそれが，貧困とは恐怖であるという点でした。「気分」は，自らの参与観察をこのように省察する過程で

4　論文執筆　● 135

確固たるものになり，獲得されるのです。

　しかし，貧困とは恐怖であるという見解だけでは，まだ論文化に進むことができません。この主張をより説得的に読者に伝えるためには，概念を作ったり論理構成を練ったりする必要があるからです。では，その作業には，何が必要になるでしょうか。ここで不可欠なのが理論です。私は貧困の恐怖を社会学的に分析するために，**3–6** で述べたように「時間的予見」という概念を用いました（石岡 2012: 251）。「時間的予見」という概念を着想するうえで，参考になったのがフランスの社会学者であるピエール・ブルデューの著作でした。ブルデューは日本でも有名で，たくさんの著作が邦訳されています。私はなかでもブルデューの初期のアルジェリア研究に注目しました（ブルデュー 1993）。ブルデューはアルジェリアで，急激な社会変動がいかに人びとの習慣の変化を強要するのかを解読しました。アルジェリア戦争によって，膨大な人びとが強制移住を余儀なくされましたが，その調査のなかでブルデューがこだわったのが人びとの「時間に対する態度」でした。そこで提示されたのが「予見」と「予測」というふたつの概念です。

　予見（foreseeing）とは，人が過去の経験や慣習などを通して獲得した図式に沿って，将来を展望する態度のことです。たとえば農民が，これまでの経験を目安に，今年の収穫高を予想するのは予見と言えます。一方，予測（forecasting）とは，人の経験とは切り離された装置や計算式によって設定された将来のことです。たとえば，農林水産省によって実行された増産計画に沿って，今年の収穫高が前年比で算出される場合などは予測です。より端的には，株価のトレードなどはまさに予測によって成立しています。ブルデューは，近代化とは，将来に対する態度が，予見から予測へと変化することだと論じました。しかし同時にブルデューは，アルジェリア農民の強制移住をめぐる参与観察を通じて，予測が支配的になる状況においても，予見の態度が保持されていることを記述します。予測という合理的計算に沿っているように見える行為も，実は人びとの経験図式によって生成されている点を記すのです。ここからブルデューは，ハビトゥスという有名な概念を構想し始めるのですが，そこでの議論のポイントは，合理的計算や計画から導出された将来ではなく，人の眼に映ずる将来のありように接近するというものでした。それらをヒントに「時間的予見」という概念を設定して，私は恐怖としての貧困をめぐる議論を展開したの

です．

　参与観察を通じて獲得した「気分」を読み手に伝えるには，このように理論が不可欠です．「気分」を手中にしたうえで，それを把握し直すための理論を探すことが必要です．フィールドワーカーにとって理論とは，事例を検証するためのものではなく，事例の核心を明確に見据えるための道具としてあるのです．そして道具探しをするうえで有用なのは，やはり古典と呼ばれる社会学の作品群です．マルクスやウェーバーやデュルケムの著作には，調査者の体験を認識へと変化させるためのヒントがそこかしこに隠れています．「調査は調査，理論は理論」と分けて考えることは生産的ではありません．調査のなかに理論は活きているし，理論は調査によって現実的な基礎を与えられるのです．

4-3　内容を一言でまとめる

　論文を執筆するためには，そこで論じたいことを一言でまとめる作業も必要となります．二言や三言になってはいけません．一言でまとめる必要があります．私のフィールドワークから例示してみましょう．

　拙著『ローカルボクサーと貧困世界』はマニラのボクサーの生活について，引退後の日々までも射程に入れて論じたものです．私はボクサーの生活を捉えるために，①ジムの日常（第三章「ボクサーになる」），②フィリピンのボクサーが日本やタイで「咬ませ犬」として消費されるボクシングマーケットの仕組み（第四章「ボクシングマーケットの構造」），③ボクサーと密接な関わりのあるマニラの貧困地区の日常（第五章「互酬性の中のボクサー身体」），という３つの分析対象を設定しました．そのうち，最も執筆が難しかったのがジムの日常を記した第３章でした．

　第４章と第５章の執筆にあたっては，それぞれ中核となる事実が明確にありました．第４章であれば，たとえば1996年のフィリピンのボクサーの日本での試合数とその結果です．フィリピン側から見て，150戦中11勝133敗6分というものです．この圧倒的な敗戦数が生まれる背景を論ずることが，第４章の課題でした．第５章であれば，引退したボクサーが定職にありつけず，ジムに戻ってきてそこで雑業者として居着く点です．ボクサーたちは引退後に職の獲得を試みるがほぼすべての事例で失敗すること，そうした学歴や職歴を持た

Column❻ 写　真

　　最近は高性能の安価なデジタルカメラがたくさん販売されています。またスマートフォンを用いれば，手軽にきれいな写真を撮ることが可能です。フィールドワーカーの多くが，調査先の風景や人びとの様子などを多数の写真に収めています。それらを学術論文や調査報告書，さらに著書に挿入することも日常的になりました。

　　しかしながら写真を論文や著書に使用することには，注意深さが不可欠です。写真は"「真」を「写」す"と書くものですが，その名の通り，著者の意図せざる細部まで読者に露呈してしまう怖いツールなのです。たとえばアフリカやアジアの貧困地域の研究をまとめた報告書などが，その表紙に「子どもたちの笑顔全開の写真」を載せていると，少々とまどいます。国内の貧困について調べた日本の研究者が，「子どもたちの笑顔全開の写真」を表紙に載せるケースは，きっと少ないはずです。その笑顔の写真には，異国に赴いた調査者が暗に抱えている枠組み──「日本では失われた人のぬくもり」だったり「経済的貧困を乗り越える精神的豊かさ」など──が投影されてしまっているのです。これでは，本文で述べた「ものの捉え方」のバージョンアップが果たされません。

　　また，文字で表現できることを安易に放棄しないことも，研究では大切になります。「文字で表現できないから写真で示す」という態度は，文字も写真も，どちらも中途半端な使い方にさせてしまいます。ギリギリまで文字で表現するという態度を保持するからこそ，逆に写真の使用法が鮮明になるのです。たとえば，海外の著作になりますが，アルゼンチンのスラム街についてのすばらしいエスノグラフィーである *Flammable*（2009）という作品があります。この本の第2章では調査地の概況が記されているのですが，そこに添えられている写真は住民自らがカメラで撮ったものです。この本の著者であるアウエロとスウィッツェンは，住民たち自身が身近な世界をどう捉えているのかを捉えるために，住民のファインダーに収まった写真を提示したのです。写真は，どういった意図でどういった方法で載せるのかを十分に注意して，使用することが必要になるでしょう。

ない彼らにとっての冷酷な大都市の現実を書きながら，ジムが彼らを背負い込む論理を書くことが課題でした。

　しかしながら第3章については，これら2つの章のように中核となる事象を

据えることができませんでした。ジムの日常は始まりも終わりもなく淡々と流れていきます。その淡々とした日常をどのようにひとつの章へとまとめていくのかが見えてこなかったのです。これには本当に頭を悩ませて，半年くらいはこのことばかりを考えていました。

　議論の幹を決めるきっかけとなったのは，勤務校での講義中でした。アイデアが浮かんだ日のことは，よく覚えています。その日は複数の教員でひとつの学部生向けの講義を担当する初回でした。担当する4人の教員が集って，それぞれの内容を受講生に説明していました。そのうちのひとりの教員が幼児の発達について語っていました。彼はそこで「協同」というキーワードを話しました。私はぼんやりと聞いていただけなのですが，この用語に強く惹かれて，財布の中にあった生協のレシートの裏に（この日は手ぶらで講義室に来ていたのでノートがなかったのです）「協同」という用語をメモしたことを覚えています。自分がこの間考えてきたことは「協同」ということなのではないかと考えたのです。

　そこから私は第3章の構成を考え直しました。「協同」そのものを扱うというよりは，「協同」を可能にする条件としてのジム空間という論点が出てきました。ボクサーは個人練習を繰り返すだけでは強い選手にはなれません。ボクサーは他のボクサーと協同で練習し，その息づかいやリズムを我がものとすることで，はじめて強いボクサーに育つことができます。同じジムに所属するボクサーたちが，得意とするパンチを同じくするのは（たとえば左のボディ打ちのタイミングと角度）協同で練習する過程での相互模倣によるものです。このように考えると，ジムの練習空間の器材の配置なども絶妙であることに気づきます。パンチングバッグが2組ペアで配置されている点などは，まさにそうです（写真2.1）。このふたりのボクサーはそれぞれが自分の課題に取り組んでいます。ですが，このように2組セットで配置されることで，隣で練習に取り組むボクサーの息づかいや動作が自然と他方のボクサーにも感覚されます。このバッグ打ちは，個人練習であると同時に協同練習にもなっているのです。私は，ボクサーたちが協同しているという点，そして協同が繰り広げられる具体的条件としてのジム空間に着目して分析を試みました。そうして「集団競技としてのボクシング」というこの章の副題を着想しました。ボクシングは通常の意味では個人競技です。ですが実際には，そこには集団競技と呼べる性質が息づいてい

CHART 写真2.1　ジムの練習空間

ることを論じようと考えたのです。

「集団競技としてのボクシング」という要点——これが「内容を一言でまとめる」ということです——を手にしてからは，一気にこの章を書き上げることができました。内容面で枝葉となるものを捨象して，何が中核を成す幹となるのかを時間をかけて探らなければなりません。参与観察をもとに論文を書くことは，徹底して微細なフィールド記述にこだわりながら，それを俯瞰する要点を探る営みです。そしてその議論の幹から，いま一度微細な記述を書き直すのです。言い換えるならば，議論の幹を得るという俯瞰の作業を経ることで，フィールドの状況をより具体的に記述可能になるということです。「集団競技としてのボクシング」という議論の幹を得ることで，パンチングバッグの2組セット配列の具体的意味が記述できるようになるということです。

4-4　リアルタイムと最終地点

参与観察は「人びとが対峙する世界」を知る営みだと書きました（**3-6**）。だとすれば，論文化の際にもこの点に十分留意して執筆することが必要になります。私が気をつけているのは，「リアルタイム」の記述と「最終地点」の記述を意識的に書き分けることです。たとえばボクサーの練習を記述している箇所では，基本的に前者が用いられます。拙著から一例を抜き出してみましょう。

> ボクサーの練習は3分1ラウンドを基本とし，その間に30秒のタイムアウトが挟まれる。すべてのボクサー——フィリピンチャンピオンから入門後まもない者まで——がこの時間に沿って練習をおこなう。30秒のタイムアウトが終了し，新たな3分が始まると，いっせいにボクサーたちは動き出す。ミットを打つ者，スパーリングをする者，縄跳びをする者，サンドバッグを叩く者（石岡 2012: 94）。

ジムの練習風景は，このようにリアルタイムで記述されます。フィールドノートもまた，通常は進行形で記録されているはずです。「誰々がどこで何をしている」といった進行形の描写がノートにはたくさんできあがっているでしょう。しかしながら，この記述に続く箇所ではフィールドワークを終えて論文を書くという最終地点からおこなわれています。

> 個々のボクサーは個々の練習課題に打ち込むが，それらが連動することで，個々のボクサーを足し算した集合性を超えた〈集合性〉ができあがる。
> この〈集合性〉の所在に気づいたのは，私が自らボクサーの練習に参加するようになってからである。私はそれまでボクサーの練習後にトレーナーを捕まえてボクシングを教わっていた。一定の基礎を教わってから，ある日，プロボクサーにまじって練習してみると，自分の動きが〈集合性〉が奏でるリズムへとフォーマットされていく様を体感したのである（石岡 2012: 94-95）。

この箇所はフィールドに内在する位置から描写されたものではなく，論文化の段階でフィールドを俯瞰する位置から書かれたものです。言い換えると，記述的というよりは分析的な書き方になっています。そして分析的に書く際には，最終地点からの記述が登場します。最終地点からの記述は，時制が完了系になることが多いです。もちろん，フィールドノートでも完了形を用いて記述することはあるし，分析的に書く際にも進行形で書く場合があります。ですが，私は意識的に，このふたつの時制を使い分けてメリハリをつけるようにしています。それには次のようなねらいがあります。

参与観察は「研究対象となる集団や組織に調査者自らが参入し観察する営み」であるため，その渦中では調査者もまたフィールドの状況に巻き込まれています。参与するということは，状況に身を委ねることです。もちろん，完全に身を委ねきっては観察ができなくなるため，委ねつつもそこから距離をとってフィールドノートを記録するわけですが，しかし目の前でボクサーが出血すればフィールドノートは脇に置いて応急処置を手伝うことになります。やはり参与観察の渦中では，調査者も状況に巻き込まれているのです。そして巻き込まれるがゆえに知ることができるフィールドの特徴もあります。

　一方で論文を書くときには，状況から離脱しています。オンゴーイングに時間の流れるフィールドに居るのではなく，そこから離脱して，いま一度フィールドの状況とは何であったのかを「外から」確認していく作業こそが分析なのです。よってそこにあるのは，フィールドに巻き込まれる調査者ではなく，フィールドを見下ろす調査者なのです。こうして論文化に際して，リアルタイムと最終地点，進行形と完了形を使い分けることで，いま書き手としての自分がどの視角からフィールドのことを書いているのかを自覚することができるのです。

　また，このように書き分けることは，リアルタイムの出来事を最終地点からの再構成によって上書きすることを避けることにもなります。参与観察で大切なのは，このフィールドの渦中で生じている感覚から離れないで，論文を書き切ることです。たとえば，マニラのボクシングジムは非常に暑い。私が調査をおこなっているジムは，1階がボクシングの練習場で2階が闘鶏場になっています。2階には闘鶏を楽しむ多くの人たちがいて，彼らが賭けをおこなう大声と鶏の「コケコッコー」という鳴き声が入り交じって，喧噪となっています。そんな建物の1階で，ボクサーたちが練習に取り組むのです。暑さ，湿気，ゴキブリ，唾，汗，血，これらが練習場を表すキーワードでしょう。この暑苦しい空間こそが，マニラのボクサーたちの原風景なのです。練習場に入ると特有のにおいがして，準備のためにバンデージを巻いているだけで汗が吹き出す空間です。参与観察をすることは，私自身もこの空間に生きることです。

　しかし調査に区切りをつけて帰国し論文執筆に入ることは，この空間から離脱することです。先にも記したように，私は札幌に住んでいるため，冬は深雪に包まれます。北国に住んだことがある人はわかると思いますが，雪の降る街

は静かです。静かに雪が舞い，街を歩く人びとも帽子やフードを深くかぶって会話も少なく歩いて行く。車の走行音も柔らかな雪に吸収されて，アスファルト道よりもはるかに静かになる（私は雪の上を走る車の静かな走行音を聞くと，「ああ今年も冬になったな」と実感します）。そんな静かな札幌の日常を送りながら，マニラのボクシングジムについての論文を書くことは，私にとってとても難しいことでした。ジムの生きた空間がどんどん遠のいていくのです。しかも，札幌での日常を拠点に，ジムの生きた空間を上書き的に理解してしまう恐れが出てくるのです。ジムで住み込み生活をしている際には常識であったことが，札幌での生活では常識ではなくなってくる。そうすると，現在の札幌の生活を準拠点に，マニラのジム生活を異界として捉えてしまうのです。これは **3–5** で記した「相手の常識に立つ」という姿勢とは違ったものになります。

　マニラの生きた現実から出発してそれを俯瞰的に分析することが求められるのであって，札幌の現実からマニラのそれを上書きするのではありません。この点は，私が強くこだわった点でした。そしてこの姿勢を保ち続けるために，私はリアルタイムと最終地点，進行形と完了形の使い分けを意識したのです。時制を意識することは，マニラのジムに生きた自己と今こうして机に向かってキーボードを叩いている自己とを再帰的に確認しながら，論文を執筆していくことにつながります。

　この点と関係して，『ローカルボクサーと貧困世界』では一人称の使い分けも意識しました。先行研究の検討や社会学的論理について議論を展開している箇所では，「筆者」を用いました。逆に，フィールドの記述の際には「私」を使っています。フィールドから離脱している位置にある際が「筆者」，フィールドの状況に巻き込まれている位置が「私」になります。この人称表記の使い分けは，草稿段階では曖昧だったのですが，担当編集者に指摘してもらって以降，明確になりました。「筆者」と「私」の使い分けは，修辞的効果をねらっているわけではありません。そうではなく，使い分けを通じて，私がどの視角からボクサーたちを覗き込んでいるのかを確認する指標としたのです。「覗き込む視角」を自覚することは，参与観察をもとに論文を執筆するうえでとても重要な点です。

　ここまで強調してきた生きた現実からの出発という点について，昨今では社会学や人類学だけでなく歴史学の分野でも探究が深まっています。『[海外進出

文学〕論・序説』という文学史の重厚な著作で，池田浩士は次のように述べています。少し長いですが，引用します。

> 過去の歴史のひとこまをふりかえろうとするとき，もっとも困難な作業のひとつは，その時代の現実を具体的に生きた人間たちを等身大で想い描くこと，その現場の感情と視線を具象的に追体験することである。たとえば「侵略」という言葉も概念も存在せず，殺戮も収奪も蹂躙も「進出」の錦旗の下に正義の一片とされた現実だけを自己の現実として生きた人間たちを，わたしの隣人として，わたし自身として，いまの現実を生きつつありありと現前させることの困難が，ともすれば，侵略を「侵略」と明言するところでわたしたちを停止させてしまう（池田 1997: 388）。

「現場の感情と視線を具体的に追体験」しようとするならば，日本帝国の「侵略」という観点から出発してはならない。そうではなく，収奪や蹂躙さえもが満洲ほか大陸に渡った人びとにとって「進出」として生きられていたことから出発することの必要性が，ここで述べられているのです。この「感情と視線」を追体験する努力を潜ってはじめて，私たちはその時代の侵略を根源的に批判する地点を獲得できるのです。「侵略を『侵略』と明言する」手前での，この格闘こそを池田は主張したのです。それは本節の言葉で言い換えれば，最終地点からの明確な視線でリアルタイムを覆い隠すのではなく，リアルタイムの現実を最終地点においても確保しておくことの必要性でもあります（池田のこの書物の重要性については，すぐれた民俗学者でフィールドワーカーであった小川徹太郎の著作でも触れられています〔小川 2006: 330-334〕。関心ある読者の方は，あわせて参照してみてください）。

4-5 「問い」をつくる

参与観察に基づき論文を書くためには，「調べたこと」にプラスして「考えたこと」が記される必要があります。「調べたこと」だけでは論文は書けません。それは報告書であって，論文ではないです。論文とは，「調べたこと」をベースに何を「考えた」のか，また「考えたこと」に依拠して，どのように

「調べ直した」のか，こういった往復運動の成果物なのです。

　これは 2-3 で述べた「これまで研究がされていないから意義がある」論法の無意味さとも関係します。「調べたこと」だけで論文になると考えている人は，これまで調べられていなかったことを調べたというだけで，意義があると考えているようです。しかしそれは大きな間違いです。なぜなら，世の中は調べられていないものだらけだからです。調べられていないものを調べただけで意義があるというのであれば，論文の内容がどんどん浅薄なものになるでしょう。

　大切なのは，「調べたこと」から何を「考えたか」です。そして，その「考えたこと」をベースに，何を「調べ直したか」です。2-2 で記したように，いくら仔細な調査をおこなっても，そのデータを通俗的な「ものの捉え方」で解釈してしまっては無意義です。「調べたこと」と「考えたこと」が合算されることで，考えが深められていく。ここまで到着して，ようやく私たちは論文を書く際の具体的な「問い」を明瞭にすることができます。たとえば私は，「集団競技としてのボクシング」について論じた学会報告では，次のような「問い」を立てました。

> 　ボクシングの練習は，そのほとんどがフロアワークである。フロアワークとは，リング上ではなく，フロアでサンドバッグやスピードボールを打つ練習のことである。フロアワークは，相手を必要とせず，個人練習の形態を取る。そのため，ボクサーはジムに行けば，ひとりで練習に打ち込むことも可能ではある。<u>にもかかわらず，報告者が調査をしているフィリピンの多くのジムでは，練習開始時間が定められ，集団での練習が徹底されている。個人練習が多くを占めるにもかからず，集団でそれをおこなうことには，いかなる道理性が働いているのだろうか。</u>（第 21 回日本スポーツ社会学会〔2011 年 6 月〕での石岡の発表資料より）。

　下線で引かれている箇所が「問い」になります。そしてその「問い」に対する「答え」が「ジムには個人練習が同時に協同練習になる仕掛けが息づいているから」というものでした。ここから明らかなように，「問い」とは論じたい内容を見通したうえで，最後に登場するものなのです。言い換えれば，論じた

い内容を説得的に聴衆や読者に響かせるためにあつらえられたものが「問い」なのです。このように「問い」はあらゆる作業を経た最後になって，ようやく立てられるものなのです。

このように述べると，「問い」は最後に添えた飾りのようなものであって，あまり意味がないように思われるかもしれません。ですが，それは違います。論じたい内容が固まったとしても（たとえば「集団競技としてのボクシング」），そのままではまだ曖昧さが残るのです。その論じたい内容を明瞭に表現しうる「問い」を作り出すことで，論じたい内容がよりクリアになるのです。論じたい内容→「問い」の作成→論じたい内容の再整理，という往復運動を経ることで，読者にも伝わる論文ができあがっていくのです。

こうして見てみるとわかるように，「問い」を立てることは，何かを単に調べただけではできません。そこから考えるプロセスが必要なのです。「調べたこと」と「考えたこと」が合算されることで「問い」が深められていくのです。

4-6 他者の不合理性？

論文を仕上げていくうえで大切なのは，本書の各章で繰り返し主張されているように「他者の合理性」を把握することです。もちろん，参与観察はフィールドに参与したからこそわかった点を記述することが最も大切であり，その意味では「他者の合理性」の理解だけが重要な課題であるわけではありません。ですが，多くの重要な著作は，「他者の合理性」を捉えることが多いです。

それはなぜかと言えば，本節でも述べてきたように，「他者の合理性」を理解することは調査者の「ものの捉え方」のバージョンアップと深く関係するからです。通俗的な「ものの捉え方」は，調査者が事前に携えた枠組みを自明に物事を解釈するので，読者がハッとするような記述が生まれません。ですが，社会学の参与観察は，こうした調査者の枠組みを問い直し，対象を論じ直すことにその魅力があります。そのとき，私たちに「他者の合理性」が視野に入ってくるのです。たとえばアーヴィング・ゴッフマンは次のように述べています。「どんな人びとの集団であっても——それが囚人であれ，未開人であれ，飛行士であれ，患者であれ——，それに接近してみたならば，そこには有意味で道理的で正常な独自の生活が営まれていることを知るだろう」（ゴッフマン 1984:

ii）。私たちが一見，不合理と受け止める行為であっても，注意深く見るならば，そこには合理性が存在していると捉えることも可能なのです。

　社会学には，こうした「他者の合理性」のちょうど反対の記述様式もあります。それは「自己の不合理性」を記述するというものです。これはよく「常識を疑う」というフレーズで流通しているものです。調査者には自らが合理的だと思い込んでいるふしがあります。しかし調査者もまた人間である以上，ある局地性を生きており，局地的理解をしているにすぎません。別の文脈に入れば，別の可能性が生まれてくるのであり，自らが合理的と思い込んでいた事柄がきわめて不合理的であることを発見することになります。「自己の不合理性」を描出する社会学者は，自らがおこなっていることが不合理でありうる点を知り直すことで，通俗的な「ものの捉え方」を更新しようとしているのです。

　最も問題があるのは，「他者の合理性」でも「自己の不合理性」でもなく，「他者の不合理性」を記述する調査です。これに依拠した書き物からは，ほとんど学ぶ点がありません。たとえば，若者の貧困を調査する研究者が，調査をした結果「若者が困難な生活を送るのは，かれらが仲間内だけの『狭い世間』を生きているからである」と結論づけるような例です。貧困を生きる若者という「他者」は，不合理なことをしているから貧困に陥っているのだと解釈しているのです。「他者の不合理性」が強調されて，その裏側には「自己（＝書き手）の合理性」が前提にされています。

　こうした「他者の不合理性」（と「自己の合理性」）を前提にした参与観察からは，調査者自らの「ものの捉え方」がバージョンアップされることがありません。調査以前より保持している「ものの捉え方」を投影しているだけなのです。だから，この手の調査には「調査をしたからわかったこと」が書かれていません。なぜなら，調査をせずともわかっていることを，自らの通俗的な「ものの捉え方」でなぞっているからです。その結果，問いが深められた形跡のない書き物ができあがるのです。

4-7　書き控えたもの

　論文化の作業のなかでは，フィールドで調べたことをすべて書こうとすると失敗します。理解の不十分なトピックについては，言及を避ける節度が要請さ

れます。また，十分に理解していると思われるトピックであっても，読み手に想定外の解釈がされる可能性を秘めたものについては書き控えることが必要です。

　たとえば，フィールドで遭遇したひとつの「死」については，私は書くことができないでいます。2005年の住み込み調査をしている際に，知人のボクサーにこどもが誕生しました。しかし呼吸機能に疾患を持った状態で生まれてきました。産後3日間は，病院の集中治療室に入っていました。ですが，1日経つごとに入院費がどんどんかさんでいきます。4日目の午後1時すぎに，知人のボクサーはこどもの集中治療を止めることを病院側に告げました。その前夜，私は病院に行ってそのボクサーと夕飯を共にしました。ふたりで病院のすぐそばにある「チョーキング」という大衆レストランで食べたのですが，そこで彼が積み重なる入院費のことを語っていたことを覚えています。

　4日目の午後に治療のストップを告げてから，集中治療を解かれた赤ちゃんが外に出てきました。知人のボクサーがその赤ちゃん――エドワードという名が与えられていました――を抱いていました。屋外に出てきたエドワードは，その時点ですでに亡くなっていました。

　そのボクサーには，息子の死という現実に加えて，その3日間の医療費の支払いという大きな問題も直面しました。25000ペソ（およそ5万円）もの支払いが必要だったからです。彼はピークを過ぎたボクサーのため，当時すでにボクシングを引退して大工として働くことを考えていました。ですが，25000ペソという数字は半年分の給料の額です。しかも確実に職につけるかどうかもわかりません。彼はボクシングジムのマネージャーに相談して，この医療費の問題を解決しました。マネージャーが肩代わりをしてくれたのです。

　この出来事は，いささか凡庸な表現ですが，貧困と「いのちの不平等」について考えさせるものでした。医療とは何か，福祉制度とは何かということを，それ以降，私も考えるようになりました。けれども，私はこのエピソードを『ローカルボクサーと貧困世界』に記すことができませんでした。どう書いたらよいか，わからなかったからです。この悲惨を，「途上国の貧困地区ではいのちが軽んじられている」といった定型句を超えて伝える力量と方法が，私にはなかったからです。マニラの貧困世界のリアリティを捉えるためには，「死」の身近さに言及する必要があります。上記のエピソードはそれを示す一事例な

のですが，しかしそれを記すことの含意と方法が明確化されていない以上，それを書くことができなかったのです。

　私は参与観察に基づく論文の価値を決するのは，「何を書いたのか」と同時に「何を書き控えたのか」という点にあると考えています。これは大学院生時代に出席していたゼミで教わったことでもあります。ゼミでは各自の進捗報告が主たる内容で，さまざまなテーマの報告をその場で聞き続けました。ハンセン病，障害者運動，DV，公共事業による立ち退き地域，など広い意味での「社会問題」の社会学を議論していました。そこで担当教員から教わったことは，調べたことをこれ見よがしにすべて記述するのは控えるべきであるという点でした。たとえば，ボクシングジムで同性愛のボクサー・カップルがいたとします。格闘技と性の事項についてはよく語られるトピックですが，それが論文の中核を成すテーマではないにもかかわらずフィールドの諸相として取り上げることは，ゴシップ的な内容になってしまいがちです。わかっていても，書き控える自省こそが書き物の成否を分けるのです。論文のテーマときちんと結びついているのであれば，どのような出来事であれ書けばよいです。タブーはありません。ですが，テーマとの結びつきが明確でないにもかかわらず，興味深いという理由だけで，ボクサーの同性愛のトピックなどを記すことは控えるべきだと私は考えます。こうした自省を備えた書き物は，しかしながら読者に，直接には書かれていないがフィールドでは別に生じている出来事があるのだろうという「奥行き感」を与えます。書く／書かないの自覚的線引きこそが，「奥行き感」を生み出すのです。私は大学のゼミを通じて，「書き物の歴史」が「書き控えたものの歴史」であることを学んだのでした。

　この点は，昨今よく議論される調査倫理の内容とも関係します。調査倫理をめぐる議論で耳にする事柄のひとつに，対象者から特定のフィールドの事実を表に出さないでほしいという要請により，論文化できなくなるという点があります。たしかに時間をかけて収集したデータを使えないと，調査者の側からすれば大きな打撃となるでしょう。しかし私は，収集したデータをすべて使用できるという前提自体が問題含みであると考えています。また，公表できないからといって，調査そのものがすべて無駄になるかといえばそうではありません。なぜなら，具体的事例としては書けなくとも，そこに表れている主題を抽象化したり昇華することで，社会理論の論文を執筆する際にそれに織り込んで仕上

げることができるかもしれないし，その事例の公表を差し控えてほしいという主張の背後を考え直すことでよりいっそうそのテーマの特徴を理解できたりするからです。「書けないこと」は当然あります。でも「書けないこと」をどう「書けるようにするか」を考えること自体が，社会学的思考の重要な訓練になっているのです。「書けないこと」をめぐる議論で必要なのは，事例公表の可否や検閲の話ではなくて，そのなかでいったい何が「書けるのか」，そこで何を「問うのか」を考え直す社会学的想像力です。

5 参与観察の特徴——リアルタイムの社会認識

　最後に，本章で述べてきたような参与観察という手法は，いったいどのような独創性があるのかを述べて終わりたいと思います。
　参与観察は，調査者自らが対象とする組織や集団に参入し観察するものです。では対象に直接に参入することの意義は，どの点にあるでしょうか。私なりの答えは，その組織や集団で活動が展開する渦中で起きていることをリアルタイムで体験し，そこから理解を深める点にあります。「リアルタイムの社会認識」，これこそが参与観察の独創性です。本書では総合的フィールドワーク，それに生活史調査についても，非常に充実した議論が展開されています。ですが，それらと比較しても，参与観察の特徴は，このリアルアイムの社会認識という点にあります。
　リアルタイムの社会認識の特徴は，現在進行形の活動のなかに身を置くと何が当たり前になるのかを理解できる点です。活動に巻き込まれていない地点のことをオフタイムと呼ぶならば，通常，私たちはオフタイムの地点からさまざまな現象を捉えたり，理解したりしています。オフタイムの地点から捉えることは重要です。「後になって冷静に考えれば……」という思いは，調査ではなく日常生活においても誰しもが経験したことのあるものでしょう。社会学に限らず，学問とは物事をじっくりと冷静に考えることですので，オフタイムの社会認識はもちろん重要なことです。
　ですが私はあえて，リアルタイムを捉えることの意義を強調しておきたいです。私たちはつねにオフタイムの社会認識を得られるわけではありません。ギ

ャングに絡まれたり，大震災が生じたり，交通事故に巻き込まれたり，借金地獄に陥ったり，自分の素性が就職先にバレそうになったり，そんな時々において，私たちはゆっくりと考える時間を与えられません。むしろ，その時々の時間的制約のなかで，何が最善であるのかを随時に判断しながら行為しているのです。現実の行為は，つねにこうした時間的制約性を備えています。そこでは，「ちょっと待って」は通用しません。

　「現場のことわかってないよな」。これは社会調査に限らず，私たちの社会生活でよく耳にする言葉です。この言葉は現場の詳細を知識としてわかっていないという以上に，この時間的制約性をわかっていないという意味でも発せられます。たとえば「何でそんな高利貸でカネを借りるの？」と借金ゼロの人は疑問を持つかもしれません。ですが，借金地獄の渦中にある人にとっては，差し迫った返済期限にとりあえず利息分だけを支払う必要があり，しかしながら新たな借入先が見つからないまま期限だけが迫るなかで，高利貸に飛びつくのです。オフタイムの社会認識では不合理極まりないですが，リアルタイムの社会認識ではそれなりの合理性があるとも言えるのです（そしてこの時間感覚を巧みに利用し，プレッシャーをかけることで，金融業者は儲けています）。リアルタイムの社会認識を得ることは，こうして時間的制約性に巻き込まれながら生きている人や組織——それは私たち自身でもあります——を直視する可能性を秘めているのです。こうした事柄に関して，ピエール・ブルデューはこう述べています。

> 　科学時間というものがあり，それは実践の時間ではない。分析者に対し，時間は自己を放棄する。……分析者が，時間の諸効果を全体化し，つまりそれを乗り越える時間を持っているからである。……科学実践は，実践の時間に対立する時間との連関の中でしか可能ではないため，時間を見落とし，そこから，実践を脱時間化する傾向を持つのである（ブルデュー 1988: 131）。

　ここで科学時間とブルデューが呼んでいるものは，オフタイムの地点のことです。それは時間と共にあるのではなく，時間を超越した（ブルデュー的には「脱時間化された」）地点のことです。この地点は「時間の諸効果」を無化してし

まうのです。借金の返済期日に迫られた人が何に直面しているのか，大震災の激震地にいる人が何に直面しているのか，この点を無化して，論理的に「正しい」判断を述べたとしても，それではその渦中を生きている人に私たちの主張を届かせることはできません。「実践は時間と共にある」（ブルデュー 1988: 131）のです。危機状態を生き延びる人に届く社会学というのは，オフタイムの安全地帯から「正しい論理」を発するようなものではなく，リアルタイムの経験と切り結んだ「響く論理」を生み出すものであるはずです。いくら「正しい」主張をしても，リアルタイムの現状から遊離していれば，その主張は読み手に届きません。オフタイムを前提にしていては決して行き届かない領域があるのです。ある現実を生きた人びとの感性と意識に届く社会記述の可能性。**3-6**で時間的予見という概念を記しましたが，この概念は貧困をリアルタイムで生きる人間を理解し説明するために着想したものでした。

　本書全体で示されているように，質的調査とは他者の合理性を理解するための方法です。そして他者の合理性に接近するためのひとつの手法が，その他者が置かれているリアルタイムの状況を把握することなのです。リアルタイムに置かれた人びとの対峙する世界を理解できるならば，私たちの社会認識を飛躍的に鍛え上げることができると私は考えています。参与観察とは，こうした点から他者理解を深める手法なのです。

参照文献　　　　　　　　　　　　　　　　　　　　　　Reference ●

Auyero J., and Swistun, D., 2009, *Flammable: Environmental Suffering in an Argentine Shantytown*, Oxford University Press, New York.
ブルデュー，P., 1988,『実践感覚Ⅰ』みすず書房。
ブルデュー，P., 1990,『ディスタンクシオン──社会的判断力批判Ⅰ・Ⅱ』藤原書店。
ブルデュー，P., 1993,『資本主義のハビトゥス──アルジェリアの矛盾』藤原書店。
エマーソン，R., フレッツ，R., ショウ，L., 1998,『方法としてのフィールドノート──現地取材から物語作成まで』新曜社。
フレイレ，P., 2011,『被抑圧者の教育学』亜紀書房。
ゴッフマン，E., 1984,『アサイラム──施設被収容者の日常世界』誠信書房。

池田浩士，1997，『[海外進出文学] 論・序説』インパクト出版会。

石岡丈昇，2012，『ローカルボクサーと貧困世界――マニラのボクシングジムにみる身体文化』世界思想社。

鎌田慧，1983，『自動車絶望工場――ある季節工の日記』講談社文庫。

レヴィ＝ストロース，C., エリボン，D., 1991，『遠近の回想』みすず書房。

松田素二，1996，『都市を飼い慣らす――アフリカの都市人類学』河出書房新社。

松田素二，1999，『抵抗する都市――ナイロビ移民の世界から』岩波書店。

中野卓，1964，『商家同族団の研究――暖簾をめぐる家研究』未来社。

中野卓，1977，『口述の生活史――或る女の愛と呪いの日本近代』御茶の水書房。

小川徹太郎，2006，『越境と抵抗――海のフィールドワーク再考』新評論。

佐藤郁哉，1992，『フィールドワーク――書を持って街へ出よう』新曜社。

菅原和孝編，2006，『フィールドワークへの挑戦――〈実践〉人類学入門』世界思想社。

鵜飼正樹，1994，『大衆演劇への旅――南條まさきの一年二ヵ月』未來社。

ヴァカン，L., 2013，『ボディ＆ソウル――ある社会学者のボクシング・エスノグラフィー』新曜社。

ウェーバー，M., 1980，『職業としての学問』岩波文庫。

CHAPTER 第3章

生活史

INTRODUCTION

　これまで，第1章では総合的なフィールドワークについて，続く第2章では参与観察についてお話をしてきました。ここでは，3つめの質的調査の主な手法として，社会学，人類学，心理学，歴史学など，多くの分野でさかんにおこなわれるようになった「生活史調査」について解説します。

1 人生の語りを聞く

生活史調査という「特殊な行為」

　まずここで，生活史調査の定義をしておきましょう。それは以下のようなものになります。

> 　生活史調査とは，個人の語りに立脚した，総合的な社会調査である。それは，ある社会問題や歴史的事件の当事者や関係者によって語られた人生の経験の語りを，マクロな歴史と社会構造とに結びつける。語りを「歴史と構造」に結びつけ，そこに隠された「合理性」を理解し記述することが，生活史調査の目的である。

　日本語の「生活史」は，英語だとさまざまな名前で呼ばれます。ライフ・ヒストリー，ライフ・ストーリー，ナラティブ，ライフ・ドキュメント，オーラル・ヒストリー，バイオグラフィーなどなど。昔はさまざまなものを意味していましたが，現在ではだいたいそれらは共通して，「個人の語り」を意味しています。とくに，個人が自らの生い立ちや経験をじっくり語ったものがよく意味されています。この，個人の人生の語りを聞き取って，そこから社会のことを考える，というのが，「生活史法」「生活史調査」と呼ばれるものです。あるいはただ単に「生活史」という言葉で，個人の語りのデータだけでなく，それに基づく調査法を意味することもあります。

　これを読んでいるひとは，学生か院生か，あるいは若手の研究者か，それとももしかしたらライターや編集者の方でしょうか。どんなひとがこの文章を読んでいるかわからないのですが，それでもとにかく，まずはこのふたつのことをちょっと考えてみてください。

- あなたは，自分の生まれたときから今までのすべての人生の物語を，誰かに語ったことはありますか？

・あなたは，誰かほかの人が，生まれたときから今までのすべての人生の物語を語るのを，最初から最後まで通して聞いたことがありますか？

　生活史調査は，社会学のなかでは非常にポピュラーな手法として定着していますが，たちどまってよく見てみるとそれは，とても奇妙な調査なのです。普通の人びとにとっては，自分の人生の物語を，一方的にひとに話すという経験はまずありませんし，また，そうした人びとの人生の物語をじっと黙って最後まで聞くことも，ほとんどありません。

　生活史調査では，知り合いに人生の物語をあらためて聞くことも少なくありませんが，ふつうはあまりよく知らないひとか，まったく初対面のひとの話を聞きます。私たち生活史調査を採用する社会学者は，ある特定の問題について調査・研究していて，たとえば，そのことについてよく知っているひとや，そのことの当事者や関係者のひとに直接お会いして，そのひとの人生の物語を語ってもらうということをします。

　私はずっと沖縄で調査をしています。そのほかに，関西の被差別部落で調査をすることもあります。あるいはまた，個人的な出会いのなかで，「このひとおもろいなあ」と思った方にお願いして，生活史を語っていただくこともあります。

　生活史調査とは何か，あるいはそもそも生活史とは何かを考えるまえに，私の個人的な経験からお話ししましょう。

　生活史調査は，多くの社会学者，特に院生や若手の研究者によって採用されます。ぶっちゃけた話，その理由のひとつが，「お金がかからないから」というものです（もちろんこれだけではありませんが）。何百・何千とアンケートを配布する大規模な量的調査は，博士論文を書く前の駆け出しの研究者にとっては，経費がかかりすぎるので，だれか偉い先生の下についてそのお手伝いをしながら論文を書かせてもらう，という形以外は，現実的にはかなり困難です（公開されているデータの2次的な使用はもちろん可能ですが）。

　最近は文科省の政策や大学側のさまざまな改革によって，若いうちに博士論文というものを書いて博士号というものを取らないといけなくなりました。そうすると，まだ若くて就職もないうちに，個人でできる範囲で調査というものをするようになります。自然とその手法も，お金のかかる量的調査よりも，身

の回りの範囲で個人的にできる質的調査が採用されることになります。特に「生活史調査」は，個人にお会いしてその生い立ちの物語を聞く調査です。参与観察や総合的なフィールドワークでアプローチする，必ずしも生活史を専門としていない研究者でも，こういう個人的な聞き取り調査は，その調査プロジェクトのなかでよくやります。生活史の調査は，このように，いまの社会学のなかではとてもポピュラーな方法になっているのです。

生活史調査の経験

ところがこの生活史の聞き取りという調査実践は，非常に孤独で，また「特殊」な調査法です。この調査はどのようになされるのでしょうか。

2002年ごろ，私は博士論文を書くために，沖縄で生活史の調査をしていました。といっても，（年齢はかなりいっていましたが）貧乏な博士課程の院生だったので，当時の大阪市からもらえた「新婚家庭家賃補助」の10万円を持って，格安のウイークリーマンションに1カ月だけ滞在し，そのあいだにできるだけ多くの方から聞き取りをしようと思っていました。すでに研究者の方などで沖縄県内にかなり知り合いの方がいたので，なんとかそこから紹介していただくつもりでした。

しかしこれが，非常に難航しました。私のテーマは「戦後沖縄からの本土就職とUターンの経験」だったのですが，1960年代の沖縄復帰前に集団就職や単身就職で本土に渡り，そのあとUターンした人びとは，当時で60代以上の方です。そういう方がたにひとりずつお会いし，生活史を聞くつもりでした。これがなかなか理解されないのです。紅型や三線，琉舞といった沖縄の古典的な伝統文化や，自然や観光のことなど，あるいはまた，基地や沖縄戦のことなどであれば，そういう研究をしているひとは，県内にも県外にもたくさんいるので，沖縄の人びとにも理解されやすいです。しかし，戦後の集団就職や本土就職というテーマでお話を聞きたいとお願いしても，「どうしてそんなことを聞くの？」と，怪しまれるばかりでした。実際に，ほとんど飛び込みのようなかたちでお邪魔したお宅で，警察を呼ばれそうになったこともありました。

最初のうちは断られてばかりで，まったく聞き取りができませんでしたが，わずかなつながりを頼りに，なんとかがんばってひとりずつアポを取って，ほんとうにじれったくなるほどゆっくりしたペースで調査は進んでいきました。

資金の都合で1カ月しか滞在できないので，前半はほんとうに焦りと不安で夜も眠れませんでした。しかも悪いことに，沖縄に着いてすぐ，重い風邪をひいてしまい，高熱を我慢しながらの調査になりました。

いまでもよく覚えていますが，ようやくおひとりの方に聞き取りのお許しをいただき，沖縄本島北部の小さな街までバスで2時間半ぐらいかけて行ったときは，ほんとうに辛かったです。風邪の高熱と乗り物酔いでうなされながらなんとかバスの揺れに耐え，その街に着いたとき，待ち合わせまでまだ2時間ぐらいありました。遅刻するのが恐くて，とても早く宿を出たのです。しょうがないので，シャッター街になって寂れてしまった商店街を抜けて，小さな船着き場のテトラポットに座っていました。2月の半ば，いまにも雨が降りそうなどんよりした天気の，風も強い，とても寒い日でした。約束の時間まで私はずっとテトラポットに腰を下ろして，足をぶらぶらさせながら海を見ていました。大阪で留守番をしている連れあいに携帯電話をかけましたが，すぐに携帯の電波は途切れてしまいました。

そうしているうちに約束の時間になり，待ち合わせ場所の公民館に行くと，聞き取りを承諾してくださった女性の方と，紹介してくださった男性の方が，すでに待っておられました。「おみやげです」といって，庭で取れたミカンをくださいました（沖縄では10月から2月までミカンが取れます）。

だいたいいつも，こんな感じです。このときは風邪もあって特につらい思いをしましたが，生活史調査というものは，体調がよいときでさえ，ほんとうに孤独です。

それでも，語り手の方もお会いして，どうもどうも，今日はほんとうにお忙しいところありがとうございます，いえいえ，大阪からわざわざ来られたんですね，ちゃんとお話ができるかどうか，いえいえ，とんでもないです，ほんとうにありがとうございます，という挨拶も済んで，自己紹介と，調査と研究の趣旨も説明して，生活史の聞き取りに入ると，どんなつらいことも，しんどいことも，すべて完全に頭のなかから消えます。インタビューが始まると私は，すべてのことを忘れて，語りのなかに没入していきます。上記のインタビューも，3時間ほどかけて，すばらしいお話を聞くことができました。私は心から満足して（体はしんどかったですが），帰りのバスに乗りました。数カ月して，音声データの文字起こしを郵送したら，お礼に丁寧なお手紙をいただきました。

そのあとこの方とお会いすることはありませんでしたが、いまでもほんとうに良い思い出です。

息を止めて海に潜る

生活史のインタビューには、決まったやり方は一切存在しません。研究者によってもバラバラですし、同じ研究者でも、そのときの状況によって、インタビューの実際の進行はほんとうに様々に異なります。でも、いちばん最初の一言は、だいたい決まっています。

「お生まれは？」

この一言から生活史の聞き取りは始まります。最初はとてもゆっくりしたテンポで生活史は始まります。家族のことや隣近所のこと、そして小学校や中学校のこと。そうした日常的な語りのなかから、徐々に、戦後、米軍に占領されていた頃の沖縄の暮らしが浮かび上がってきます。やがて、ひとつの質問はひとつの語りを生み、それがまた別の質問につながって、はじめは単純だった生活史の語りはすぐに、誰のものとも異なる、そのひとにしかないものになっていきます。

インタビューの終わりにお礼を述べると、語り手の方から逆に「こちらこそ聞いていただいてありがとうございました、おかげで昔のことを思い出せました」と言われることがあります。それぐらい、生活史をまるごと語るということは、ふだんめったにおこなわれないことなのです。ひとつの語りがまた次の語りを生んで、2時間ほどお話を聞いていると、たぶんお話している語り手の方にとってもはじめて見るような、人生の大きなタペストリーのようなものができあがるのです。

私はいつも、ひとりひとりの人生の話を聞いているとき、息を止めて海に潜るときの感覚がよみがえります。私は沖縄の海が好きで、たまにシュノーケルをつけて素潜りをします。ひとつの質問から始まり、徐々に語りそのものにひっぱられて生活史の深いところまで連れていかれるとき、耳をなでる海の水の感じ、遠くから聞こえる泡の音、お腹にかかる重い水圧の感覚を感じることがあります。そして、そうした人生の語りが終わるとき、聞き手もまた一緒に浮

かび上がり，水面に顔をだし，大きく息をします。生活史の聞き取りは，深い海に潜ることに似ていると思います。

　生活史を聞き取ることは，アポ取りからはじまって，現場でのインタビュー，そしてそのあとの文字起こしから，分析と考察を経て論文にまとめるまで，非常に時間のかかる，孤独な作業です。それはまるで，ひとりで冬の真っ暗な海に潜っていくようなことなのです。しかし，世界中の海のなかには，まだ誰も見たことのない景色がひろがっていて，私たちを待っているのです。

「誰に」聞くのか

　これまでの2つの調査法と同じように，生活史についても，さだまった標準的なやり方が決まっているわけではありません。それどころか，すでに述べたように，その対象とするものの呼び方すら一定ではありません。生活史，ライフヒストリー，ライフストーリー，口述史，オーラルヒストリー……。

　生活史調査では，多くの場合，次のいずれかの個人を対象にします。まず，何らかの社会問題や人権問題の当事者である人びと。大きな歴史的出来事を体験した人びと。ある特定の地域や集団のことをよく知っている人びとなどです。

　たとえば，セックスワーカーについて，その生活や仕事のことをよく知りたいと思ったとき，どうすればいいでしょうか。何百人ものセックスワーカーの方がたにアンケート調査をすることは，現実問題として困難です（そういう調査ももちろんありますが）。そうすると必然的に，その当事者や関係者にひとりずつ直接お会いして，いろいろなことについてお話を聞く，ということになります。

　ほかにも，現代の被差別部落について研究するとき，その実態がどうなっているのか，その地域はどのような歴史を持っているのか，解放運動はいまどのような状況にあるのか，差別体験についてはどうか，というようなことは，そこに住む人びとの生活史を聞くことによって，少しずつ明らかになってきます。多くの社会学的調査においては，「当事者の語りを聞く」ということは，いちばんはじめの出発点ですが，生活史調査は，その「当事者に話を聞く」ということに特化した調査法なのです。もちろん，生活史調査がマイノリティや人権問題，あるいはセクシュアリティの問題などに限定されるわけではありません。しかし，どちらかといえば，社会のなかで少数派である人びとに対する調査で，

生活史はよく採用されます。

　ほかにも，ある特定の歴史的出来事を体験した人びとに会って話を伺うこともあります。たとえば，阪神大震災からもうかなりの年月が経過しましたが，この震災を経験したひとりひとりから，そのときの体験，その後の避難生活，あるいはそれから現在にいたるまでの人生に起きたさまざまな出来事について語ってもらう，という調査は，すでに多くの社会学者によってなされています。震災の被害の規模については，かなり正確な数字が明らかになっていますが，こういう大きな出来事をそこに暮らす人びとひとりひとりがどのように体験し，どのように感じたのか，そのときの状況はどうだったのか，そのあとどのような困難を経験したのか，ということについては，やはりそれを体験した個人から話を聞く，ということがもっとも適切な方法なのです。

　また，ある特定の地域にフィールドワークに入るときに，そこで暮らす人びとの生活史の聞き取りを組み合わせることも，よくおこなわれます。ある町や村の地域史を調べるときに，行政文書や歴史資料，新聞記事や官庁統計など，およそありとあらゆるデータを集めるのですが，そのときに，そこで暮らし，その地域のことをよく知っている方から聞き取りをおこなうことは，その地域のことを知るうえで欠かせない調査です。

当事者や関係者に聞くことの意味

　以上のように，生活史の調査は基本的には，あるテーマについて研究するときに，そのことについて「よく知っている個人」から話を聞く，ということをします。ある当事者や関係者は，そのことについての「正しい知識」を持っていると考えられるからです。「調査」というものは，まずは「正しい知識をたくさん集めること」から出発します。知識を集めようとするときに，まずはその当事者に聞く，ということは，「あることについては，その当事者がいちばんよく知っている」という考え方が前提になっています。生活史調査は，まさにここから出発するのです。よく知らないととても素朴な考え方に思われるかもしれませんが，私たちは，まずは専門家よりも当事者のほうが，いろいろなことについて真剣にとらえ，思い悩み，知識も豊富なのだと思っています。

　たとえば，大阪に住んでいて，いま東京がどんな天気か知りたいときに，ネットで天気予報や天気図という正確で「科学的」なデータを得ることもできま

すが，TwitterやLINEや電話などで東京に住んでいるともだちに連絡を取って，「そこの天気，どう？」と，直接教えてもらうこともできます。天気予報は科学的だと思われていますが，いまでもそれはかなり大雑把なところがあって，ある特定の狭い場所がピンポイントで雨が降っているかどうかを知るためには，限界があります。だから，ある場所に今そのとき雨が降っているかどうかを知るためには，「そこにいるひとに直接聞く」ことが，もっとも手っ取り早く「正確」であることがあるのです。これは単なる比喩ですが，生活史調査は，「とにかく本人から話をお伺いしてみる」ということが，すべての出発点になっています。

　もちろん，なにかの当事者だからといって，いつも「正確」なことが語られるとは限りません。当事者だからこそ，絶対に言いたくないことはありますし，また，調査者とのあいだの信頼関係がどれくらいあるかによって，その場の語りは大きく左右されます。生活史の語りというものは，「誰かに聞けば自動的に手に入れられる」というものでは絶対にありません。私たちが聞けるのは，あくまでも，その語り手固有の語りです。あるひとりの当事者の語り手の方を，その領域や問題の「代表」のようにみなして，その語りだけから，その領域や問題について「一般的」に語る，ということは，かなり困難です。

　確かに，ある社会問題について調査をするときに，そのことについて詳しい当事者にまず話を聞くということは，ごくごく普通の意味で，もっとも大事なことです。しかし，当事者や関係者に聞けば，右から左に「真実」を手渡してもらえると思ったら間違いです。その語り手の生い立ちや立場，価値観，経験，あるいはまた，聞き取りの現場での雰囲気や会話の流れ，そして，聞き手との信頼関係や，もっと大きな社会的状況などによって，語りというものは大きく変わります。当事者や関係者はその問題について詳しく知っている，という前提で生活史調査は出発するのですが，だからといって，生活史を聞きとるときに，相手が当事者だから何かいいこと教えてもらえるだろうという，安易な気持ちで臨んではいけません。

　私たちが，なによりもまず当事者や関係者の方々に聞くのは，単純な「真実」が知りたいからだけではありません。むしろ生活史調査では，そうした人びとを尊重し，そこから学ぶ姿勢がもっとも重要だから，当事者の方がたに聞くのです。調査の対象となるのは，多くの場合，私たちにとっては「他者」で

す。現在では，調査者自身がその当事者でもあるケースがとても多くなっていますが，そのような場合でも，あるコミュニティを「調査」しようとしたとたんに，そのひとは自分がもといたコミュニティにとっては他者的な存在になります。調査というおこないは，ふだん暮らしているコミュニティや領域から，私たちを引き離す力を持っているのです。ですから，この場合，調査者自身が当事者であるかどうか，ということは，あまり重要ではありません。いずれにせよ，当事者の方がたからなぜ話を聞くかといえば，繰り返しますが，単なる「真実」を聞くためというよりも，その語りを最大限に尊重し，そこから多くのことを学ばせてもらうためなのです。

ラポールと調査の暴力

　前節に出てきた，調査者と語り手とのあいだの信頼関係という問題について，もう少し考えてみましょう。この両者のあいだの信頼関係は，これまでの質的調査の教科書では，「ラポール」という言葉で表現されていました。そして，調査者は，調査対象者から「正しい」データを得るためにも，また，調査を「円滑に」すすめるためにも，ラポールの形成が不可欠であると指摘されてきました。しかし私はふだん，そんなこと考えたこともありませんし，そもそも，いくら信頼関係があっても，いや信頼関係があればなおさら，どうしても言えないことがでてくるだろうし，だいたい「正しいデータ」や「円滑な進行」のために上っ面だけ仲良くしておきなさいと言われているようで，この手の議論には嫌悪感しかありません。ですからこの章では，ラポールという言葉は使っていませんし，それに関する議論もしません。

　誤解を恐れずに言います。調査というものは，生活史に限らず，量的調査でも質的調査でも，どんな調査でも，どこかもっとも基本的なところで，他者への暴力です。「かれら」は，「私たち」から調査されるために生きているのではありません。「かれら」がそこで暮らし，悩み，傷ついているような場に，私たち調査者はずかずかと土足で踏み込んで，語りを収集して，そして去っていくのです。研究テーマが，マジョリティとマイノリティの構造的な差別に関するものであればなおさらですが，そうではない，一見すると差別や人権問題とはまったく関係のないようなテーマでも，調査というものは，原理的に，根本的に，暴力的なものです。それはもう，その場の「構造」として，決まってい

ることなのです。

　調査の暴力にはいくつかの種類やレベルがあります。実際の調査のプロセスのなかで，プライバシーが漏れてしまったり，語り手の意に反するような解釈をしてしまったり，あるいは，答えたくないことをしつこく尋ねたり，といったことをしてしまうことがあります。あるいは，もっと根源的なレベルで，「なりかわって語ってしまう」ということがあります。たとえば，在日コリアンの方がたの生活史を聞いたあとで，私のような日本人の調査者が，「在日コリアンの文化とは」「在日コリアンのアイデンティティとは」「在日コリアンの共同体とは」などと語る，ということは，どこか乱暴なものを感じます。

　ラポールに関する議論は，こうした「構造的な暴力」という問題を，なんとか技術的に回避しようとしているようにみえます。しかし，そうした回避は不可能だし，また，意味のないことでもあります。さらに，それによって，「構造的な暴力」という，もっとも大切なことが見えなくなってしまいます。

　調査をはじめるに当たって，読者のみなさんも，このことだけはしっかりと覚えておいてください。調査というものは，それがどんなに「良心的」なものでも，ひとの生活を土足で踏み荒らすようなおこないなのです。

　しかし，だからといって，私たちは調査をやめるわけにはいきません。なぜなら，私たちには，「他者を理解する」ということが，どうしても必要だからです。この，「理解する」ということ自体が，ひとつの「暴力」なのかもしれませんが，それでもやはり，私たちには，私たちの隣人と理解しあい，連帯していくことが，単なる調査を超えて必要だと思うのです。いまこの社会からは，寛容さや多様性が，どんどん失われています。いまほど，私たちの知らない人びとの暮らしや経験を理解することが必要とされる時代はありません。

　もちろん，これは，「調査は暴力だけど，大事なことだからそれは仕方ない」と，開き直るのではありません。私たちは，自分たちの調査の暴力性をできるかぎり減らし，誠実に語り手の人びとと向き合い，自らの暴力性を常に問い直し続ける必要があります。それはそれとして，とても大切なことなのです。

　それでは，私たちは，調査という暴力の現場において，他者とどのような関係を結ぶことができるでしょうか。これはたいへんに難しい問題です。いつかまた別に，これだけで一冊書きたいと思っています。とりあえずここでは，調査という現場では暴力も含めたさまざまなことが起こりうるのだ，という点だ

け指摘しておきたいと思います。

　そうです。調査という現場では，ほんとうにいろいろなことがおこります。もちろん，構造的な問題だけではなく，こちら側の不誠実な対応が原因で，語り手の方がたと深刻なトラブルになることも実際にあります。あるいは逆に，こちらが傷つけられることもあります。もっと単純に，お互い譲り合えずに喧嘩みたいになることもあります。職業的な社会学者で，質的調査をしていれば，誰でもそういうことがあります。

　しかし同時に，語り手の方がたと，一生続くようなつながりができることもあります。さいしょは聞き取り調査で出会って，生活史のインタビューをしただけなのに，いつのまにか親友になることもたくさんあるのです。

　私は，沖縄でフィールドワークをして博士論文を書いてから，そのあと数年のあいだ，ほとんど何も書けなかった時期があります。それは，このような調査の暴力性にたいして，自分がどう向き合えばよいのかわからなかったからです。しかし，私も結果的には，沖縄アイデンティティについて語る本を書きました。その大きなきっかけのひとつになったのは，沖縄での調査で知り合った友人たちの後押しでした。詳しくはまた別の機会に論じますが，書くことの「資格」や「権利」について悩んでいた私は，その後，書くことはひとつの「義務」でもあるのではないかと考えるようになりました。

　調査の暴力は，プライバシーの保護や本人チェック，あるいは「調査承諾書」（語り手に発言をデータとして使うことを承諾させるためのこの手の書類を書かせる社会学者はけっこういますが，私はこれが本当に嫌いです）のような，小手先の手続きによっては乗り越えることはできません。しかしまた他方で，私たちには，調査し，研究し，そして「書く」義務があります。この両者の矛盾と葛藤は，一生向き合っていかなければならないもので，マニュアルのようなもので簡単に乗り越えられるものではありません。

　しかし，これだけは述べておきます。私たちには，隣人のことを「理解」する義務があります。社会調査は，この理解そのものでなくても，それを助けることができるもののひとつです。

人数はどれくらいに聞けばよいか

　さて，はじめて生活史調査をする学生や院生からよく質問されるのが，「だ

いたい何人ぐらいに聞き取りしたら『社会学』になりますか？」ということです。これについてもまったく決まった基準はありません。私自身，たったひとりの聞き取りから論文を書くこともあります。拙著『同化と他者化』には，7名の生活史を掲載しました。『街の人生』は，いわゆる社会学の学術書ではありませんが，5名の生活史をそのまま載せてあります。これらは，社会学の調査としては非常に少ない人数です。一方で，沖縄での「階層と共同体」をテーマにした生活史調査では，35名以上の方の生活史を聞きました。一冊の本のなかにそのすべてを入れることはできませんが，ひとつの生活史調査としては，これはかなり数が多いほうです。

　生活史調査では，量的調査とは異なり，「数の多さ」はあまり重要視されません。量的調査では，誤差やバイアスを除くために適切な「標本スケール」が必要とされます。しかし，生活史調査では，ひとりの方の語りからでも論文を書くことができます。多くの場合，単純な「法則」よりも，複雑な語りの解釈が重視されるために，数の多さはそれほど重要ではないのです。また，後ほど述べるような「文字起こし」や「編集」の膨大な作業を考えると，たとえば500人の人びとから生活史を聞く，というのは，少なくとも研究者がひとりあるいは数人のチームでやる調査としては，現実的ではありません。はっきりした根拠があるわけではありませんが，「数人から数十人」というあたりがよくある生活史調査の規模です。もちろん，たった数人にだけ聞いて，それが何かの調査になるわけはありません。あくまでもこれは，ひとつの論文のなかで取り上げる生活史の数です。たったひとりの方の語りを取り上げた論文でも，その裏では，何十人，何百人ものひとに会って，膨大な量のデータを集めていることが普通です。

何を聞くのか①──生活の履歴としての生活史

　さて，このように，ある社会問題の当事者や，ある歴史的事件を経験した人びとに直接話を聞かせてもらうとして，何をどうやって聞いたらいいのでしょうか。これに関しても，社会学者や人類学者に共通の決まりがあるわけではありません。それどころか，「誰から，何を，どのようにして聞くか」という，科学的手法なら必ず持っているはずの基本的なルールのところで，深刻な論争が果てしなく続いているぐらいです。ただ，さきほどと同じようにこの点に関

しても，いろいろな社会学者がいろいろなことをしているけども，だいたいいくつかのパターンに分けられる，ということは言えます。

　生活史調査では，多くの場合，ある個人の生い立ちや暮らしぶりを聞きます。このとき，語り手のライフコース（人生の軌道）についての話を教えてもらうことは，もっとも基礎的なことになります。生活史調査では，ひとりの語り手——多くの場合高齢者ですが——から，生まれたときのこと，家族のこと，まわりの地域のこと，食べ物や遊びのこと，仕事や勉強のことなど，人生において巡り会ったさまざまなことがらについて聞きます。私たちの人生は，平均的で平凡なものから，かなりイレギュラーなものまで，いくつかの「ステージ」に分けることができます。たとえば，もっとも大雑把には，子ども時代，青年時代，おとなになってから，結婚して子どもをつくり，やがて年老いて人生の晩年を迎えるまで，人生はいくつかの区切りや段階で成り立っています。そうしたそれぞれの区切りのときにおいて，受験に失敗したり，よい伴侶と出会ったり，家族が亡くなったり，仕事に成功したり，犯罪をおかして刑務所に入ったりします。このような人生の各段階を「ライフコース」といいます。家族社会学ではこのライフコースは，とても重要な研究対象になりますが，もちろんライフコースを研究しているのは家族社会学者だけではありません。このライフコースは個人によって異なるだけでなく，地域や時代によって異なります。つまりそれは，個人ごとの差だけでなく，地域や時代の差をよく表しているのです。したがって，ある地域のライフコースを，時代ごとに比較したり，ある時代のライフコースを地域ごとに比較したり，ということは，かなりよくおこなわれます。

　こうしたライフコースの研究において，生活史調査はとても大切な道具になります。それは個人の人生の記録そのものです。いろいろな時代の，いろいろな地域で，多くの人びとの生活史を聞き取ることによって，その社会の「人生のステージ」がどのように変化してきたかを知ることができます。ライフコースを聞くということは，生活史調査にとって，まず第一に重要なことです。

　ライフコース全体ではなくても，語り手がそれぞれの人生の局面で選択した「行為」について聞くことで，私たちは人間について多くのことを学ぶことができます。進学や就職，あるいは恋愛や結婚など，人生のさまざまな局面で，語り手がどういう理由や動機でどういう選択をしてきたのか，ということにつ

いて聞くことは，生活史調査のもっとも大きな目的のひとつです。

何を聞くのか②——歴史的事実についての生活史

　他にも，そのひとの人生そのものだけでなく，その人びとが経験した歴史的な出来事や，その人びとが置かれている社会的状況についての話をとくに聞かせてもらうこともあります。たとえば阪神大震災を経験した人びとに，地震の瞬間は何をしていたのか，自宅はどの程度損壊したのか，近所の被災の様子はどうだったのか，火災はどの程度だったのかなど，具体的な地震の状況を聞くことがあります。また同時に，震災をどのように経験したか，その後の人生はどのように変わったか，そのことについてどう感じているかなどについて聞くことも少なくありません。

　また，ある特定の社会問題の当事者の人びと，たとえば在日コリアンや被差別部落のひとなどに，その生い立ちや暮らしぶり，あるいは地域の歴史や状況などを聞きます。もちろん，これと合わせて，部落での人生をどう経験しているか，差別や貧困にどう立ち向かっているかということを聞くこともあります。語り手のライフコースや主観的経験についてももちろん聞きますが，こうした「具体的な事実」について聞くことは，生活史調査の大きな目的のひとつです。

　このようなことを聞くことで，何がわかるでしょうか。もっとも一般的で「教科書的」な答えをいえば，やはり「くわしいことがよくわかる」ということです。

　私は数年前に，大阪のある大きな被差別部落で実態調査をしました。私はアンケート調査を担当しましたが，共同研究者である齋藤直子が，この街で30〜40名の方に生活史の聞き取りをしました。そしてそこから，戦後のこの街の成立と変化を，語り手の語りをつなぎ合わせることで再構成しました。普通は，ある地域の歴史を描くときは，行政の統計データや，あるいはしっかりと文書記録のかたちで残された資料を使うことがほとんどです。しかし，小さな街の記録などほとんど残っていませんし，それが被差別部落であればなおさら，「フォーマルな歴史」には何も残らないのが普通です。ですから，部落を研究する歴史家は，ほんとうに膨大な資料の山のなかから，貧しい部落の様子が描かれたものを必死で探し出します。私たちは，そうするかわりに，長年この街に住んでいる方々から，その生活史を聞き取ることで，戦後すぐの劣悪なスラ

ムだった頃の話や，高度成長期になって部落解放運動が盛り上がった頃の話，そして同和対策事業などで街がどんどん整備されていった話などを集めて，それらをつなぎ合わせることで，ひとつの「街の生活史」を再構成するやり方を選びました。ここで描かれる歴史は，統計データやお役所の資料ほどの「信頼性」はないかもしれませんが，それでもある街の姿を生き生きと映し出す，きわめて貴重な資料であることは違いありません。

これが，「歴史的事実を聞く生活史」という調査です。

「何を語ったか」と「どう語ったか」

さて，生活史調査のなかには，すこし異なる角度から人びとの語りを聞くやり方もあります。それは，「何が語られたか」から出発しながら，さらに「それが『どう』語られたか」を重視する調査です。後ほど詳しく説明しますが，おもに「構築主義」といわれる流派の研究者がこの方法を採用しています。

私の著書『同化と他者化』では，戦後の沖縄から本土への集団就職や単身での就職をテーマに，本土へ就職してから沖縄にUターンした人びとの生活史を聞きました。戦後のUターンを経験した沖縄の人びとの生活史から，本土と沖縄との歴史的関係や，「沖縄的アイデンティティ」のあり方など，多くのことを学びました。この調査では15名ほどのUターン経験者にお話を伺って，この本にはそのうちの7名の方がたの語りを収録しました。

実際に調査に行くまえに，いろいろな活動家の方や研究者の方にお会いして話を聞いたときは，このようなストーリーがよく語られていました。戦後の貧しい沖縄から，人買いのようなかたちで，仕事がある内地にいやいや出かけて，そこで差別されてUターンしてくる。おそらくは朝鮮人の強制連行や戦前の女工哀史の物語に影響された，このような話です。

しかし，実際に調査をしてみると，その思い込みを覆すような話ばかりでした。お話を伺った方はほとんどが，戦後の沖縄は経済成長していて，貧しかったけど仕事はいくらでもあった，内地は憧れの土地で，東京や大阪に出るのが夢だった，就職先でもよい思い出ばかりで差別されたことなんかない，という物語が語られたのです。もちろん，就職先で不愉快なめにあったり差別を見聞きしたひともいましたが，ほとんどはこのような語りでした。

しかしそこで私が注目したのは，当時沖縄から本土へ就職した人びとが，語

りではそう言いながらもほとんどがUターンしてきたことでした。私はこう考えました。先の「人買いと差別の物語」も，「憧れと青春の語り」も，どちらが本当のことかというよりもむしろ，「どちらも」沖縄と内地との歴史的関係をあらわす語りだったのではないか。このあたりのことを簡単に説明することは難しいですが，それはどちらも，日本に復帰する前，米軍に占領されていた沖縄の人びとが持つ，本土への恐れや憧れを，さまざまな「語り方」で言い表した物語なのではないかと思うようになりました。

あるひとつの経験や記憶や感情が，語り手によって，あるいは状況によってさまざまに語られることがよくあります。私たちは，私たちの「現実」において，大震災や戦争や歴史的事件を経験します。しかし，実はこの「現実」は，ひとつではないのです。それは同じひとりの個人のなかでも，その状況によって多様に解釈され，さまざまな語られ方をします。

話がすこし難しくなりましたが，簡単にいえば，生活史調査では，あるテーマや対象を立て，そのことについてそれをよく知る当事者に話を聞きますが，そのときに，たとえば震災なら震災というあるひとつの同じ事件を経験した人びとが，すべて同じように語るわけではない，ということです。人びとの数だけ，震災の経験と語りがあるのです。

社会学者のなかには，単純な事実を集めるためよりもむしろ，こうした多様で複雑な「物語の語り方」を集めることに関心を抱く人びとがいます。そしてその研究プロジェクトも，大きな成果をあげてきました。私たちの現実は複数あり，そしてその現実についての語りも，多様で複雑であるのです。

生活史調査は科学ではない？

それでは，もう少し踏み込んで，「社会調査としての生活史調査」とは何か，ということについて説明しましょう。話がすこし難しくなるかもしれませんが，がんばって読んでください。

まずは，さきほどの，「何を語るか」ということと「どう語るか」ということの違いについて，もういちど詳しく述べます。

たとえば，街のなかにある小さな商店街の歴史を調べるとき，その商店街に関する統計データや新聞記事，歴史的文書や行政資料などを集めると同時に，そこでずっと暮らしている高齢者の方がたに，その生い立ちの話を通じて昔の

街の姿を聞くということはよくある調査です。そのときに，私たちは，その街が「昔はどうであったか」ということに関する「事実」を集めるために生活史を聞きます。昔はどれくらいの人が住んでいたのか。みんなどういう仕事をしていたのか。どんなものを食べていたのか。お祭りの様子はどうだったか。こうした，たくさんの「事実」を集めるために，住民の方がたの生活史を聞くのです。

しかし，たとえば，同じことに関しても，語り手によって異なる語り方をされることがよくあります。たとえば，商店街の近くに大きなショッピングセンターがやってきたということを語る場合にも，そのことによって街の小さな商店がつぶれて，若いひとたちが流出し，街が荒れてしまったという物語を語るかもしれませんし，昔ながらの商売のやり方をしていた商店主が，この危機に一念発起し，逆に商売を立て直したというストーリーになっているかもしれません。ある出来事が起きたとき，さまざまな人びとがそれをさまざまなやり方で解釈し，意味付けていきます。また，同じひとでも，語る状況や相手によって，同じ話をいろいろな語り方で語ります。

何度か例に出している摂食障害の例でいえば，これは実際によくあることなのですが，過食症や拒食症のつらい経験をどのように意味付けするかは，当事者の語り手でもさまざまに異なります。あるひとはそれを，自分の人生のもっとも良い時期を台無しにした苦しい経験として語るし，また別のひとは，人生のなかで自分が成長するために必要なステップだったとポジティブに語ります。おなじ「病い」の体験が，まったく反対の解釈をされることがあるのです。

そうすると，ここで重要になるのは，調べているその問題についての「事実」であるというよりも，その問題が語り手によって「どう語られたか」ということになります。たとえば，摂食障害の原因がその人のパーソナリティにあるのか，生育歴にあるのか，家族構造にあるのか，あるいは社会全体の「痩せている女子のほうがかわいい」という価値観にあるのか，といった「原因」を，いくら当事者であっても，ほんの数人の語り手の生活史から特定することはできません。それはおそらく，もっと大規模で量的な，そして「科学的な」調査が必要になるでしょう。

研究者によっては，生活史を聞くのはそのような「原因」や「処方箋」を特定するためというよりもむしろ，特定の当事者が自分の問題について「どう語

るか」というところに注目すべきだと主張する人たちがいます。詳しくは後ほど説明しますが，生活史調査はこれまでずっと，「科学にはなりえないもの」として扱われてきました。それは量的に大規模な科学的調査と比べれば，ひとりのひとの語りをじっくりと聞いて考えるという方法に基づいた，どちらかといえば「文学的」な調査法なのです。したがって，ある意味で，この「どう語られたかを重視する」生活史調査のやり方は，科学的でないという特徴を逆手に取ったものであるといえます。欠点であると思われていたものを利点へと逆転させているのです。それは確かに，調査対象となっている社会問題について，なにか確定したかたちで科学的なことを言うことはできない。しかし，もっと「人間的」な，語り手個人の「語り方」を大事にするのだ，というわけです。

このやり方は，それはそれで大きな成果をあげてきましたが，それによって同時に失われるものがあります。それは「語りの分析」に特化してしまった結果，調査対象の社会問題の「実態」について，何もたいしたことが言えなくなってしまうのです。

このあたりは非常に難しい問題なので，本章で何度か立ち戻ることになると思います。とりあえずここでは，生活史調査には，得られた語りを，特定の社会問題の調査のために必要な何らかの事実に対応した「データ」として扱うか，それともあくまでも語りが何をどのように語ったかを考察する「語りの理論」になるべきかという，非常に難しい対立が隠されている，ということを指摘しておきましょう。この対立は，おそらく生活史を聞き取っていこうとするときは必ずつきまとってくる，簡単には解決のつかない問題です。生活史調査は，このふたつの矛盾すること，すなわち「事実を聞く」ことと「語り方を聞く」こととのあいだで，いつまでも揺れ動いているのです。この矛盾を忘れないようにしてください。

生活史調査の歴史

2-1 生活史的センス

さて，それでは，そうした生活史調査を取り入れた代表的な研究を紹介しま

す。といっても，本書には膨大な数にのぼる生活史研究の学説史をちゃんと綴るスペースはありませんし，私にもそんな能力はありません。また，生活史法といっても，なにか共通の方法論や概念があるわけではありません。社会学の中身というものは，だいたいにおいて統一感がなくてバラバラなことが多いのですが，質的調査法，とくに生活史に関してもそれがいえます。したがって，本章でも，無理してそれらの多様な方法論を統一することはせず，以下にその主なものだけを思いつくままに列挙し，生活史調査という方法の「おおまかなイメージ」を摑んでもらおうということを目標にしたいと思います。

バラバラです，と書きましたが，おたがい論争状態にあるいくつかの生活史調査法において，最低限これだけは共有しているものがあります。それは，ふつうの人びとのふつうの語りを何よりも大切にする，ということです。

私はこれを「生活史的センス」と呼んでいます。生活史（ライフヒストリー，ライフストーリー，オーラルヒストリー，その他なんでも）を聞き取って調査をしている社会学者や歴史学者たちは，だいたいにおいて，「大きな物語」から距離をとる傾向があります。大きな物語とは，たとえば，国家権力によって定められた公式の教科書の歴史とか，官僚や政治家といったエリートたちが「世の中全体」について断定する言葉とか，テレビや新聞が声高に訴える社会問題の「原因と処方箋」とか，そういうものです。しかし，生活史調査を，あるいはもっと一般的に質的調査を採用する社会学者たちは，こうした「大きな声」よりも，普通の名もない，一般の人びとの「小さな声」に耳を傾け，そこから学び，そして記録に残そうとするのです。こうした感覚が，「生活史的センス」です。生活史の聞き取りを地道に続ける調査者は，お互いどんなに激しく論争しあっても，かならずこの感覚を持っています。

そして，社会学の狭い領域の外側にもこの感覚を持っているひとがたくさんいて，生活史とかオーラルヒストリーという言葉が定着するもっと前から，それぞれのやり方で，この感覚を表現している作品がたくさんあります。

オスカー・ルイスの文体

「生活史的センス」を知るうえでもっとも重要な作品は，間違いなく人類学者オスカー・ルイスの古典的傑作『貧困の文化——メキシコの〈5つの家族〉』でしょう。原著は1959年に出版されましたが，いまでも翻訳を文庫で読むこ

とができます。メキシコの貧困を長年調査していたルイスは、この本のなかで、5つの家族を取り上げます。そして、その家族の生活に深く入り込み、その暮らしの様子を詳細に記録します。そこから「貧困の文化」と呼ばれる生活様式を描写するのですが、そのときにルイスが採用したのは、まるで小説のようにかれらの「典型的な」1日の生活を描く、という方法でした。実際にこの本を読むと、社会学や人類学の学術書ではなく、フィクションとして書かれた文学を読んでいるような気になります。たとえば、こんな感じです。

　　フリアは、怒っているというより、悲しかった。ギリェルモの態度を見れば、ローラのほうを可愛がり、フリアを無視していることは明らかだ。フリアは心を深く傷つけられた。また、ローラは、給料の大部分を父親に渡してしまい、フリアには極くたまに5，6ペソ渡すだけだ。それにも彼女は傷つけられた。そうはいっても、フリアは、自分の継子たちを愛しており、"父親よりも" 自分のほうが好かれている、と信じていた。自分は子供たちに必要とされるからこそ、ギリェルモと一緒にいるのだ。また、ひとり暮らしをすれば、再びコマードレたちと酒を飲んでばかりいる生活を始めるのではないかと思い、それが恐かった。「実はね。ローラは今日、ギリェルモに45ペソ渡したんだよ」とルフェリアがいった。「その反対なのが当たり前なんだけれど」
　　「……いつだったかあたしが富くじで当てた100ペソを渡してしまったの。質入れしてある腕時計を出すように。700ペソも必要だったんだけど、すぐ流れそうになっていたし、あとで大ゲンカになっちゃった。だって、お金を返してくれないんだもの」。フリアはさらに話を続けた。「そうねえ……植木鉢や桶や皿がたくさんあって、食事の仕度をするときは背をまっすぐにしたままでいられるような、家が1軒ほしい。近所のおばさんたちに、ものを借りてばかりいるのはイヤね。あのひとが自分の義務ぐらい果たしてくれればいいんだけれど！　このままじゃいけないっていっているんだけどね」
　　しばらくフリアは話を止めた。そして今度は激しい調子で話を続けた。「あたしはこれまでこれでどうやら息がつけるということなんか一度もなかった。ただもう働き続けなければならなかったんだね。母さん、あた

しときどきもうあんまり疲れすぎてからだの具合が悪くても，自分に『さあ働くんだ，働くんだ，いつか，不意に倒れてしまうかもしれないけれど』といって聞かせてるの」（ルイス 2003: 288-289）

　これは，ある一家の1日の暮らしのなかで，主人公のフリアという女性が，母親に，自分の内縁の夫であるギリェルモのことを話す，とても切ないシーンです。こんな調子で，ある「典型的な」1日の，朝が来て，また夜になって寝るまでのことが細々と書いてあります。非常にリアルな記述ですが，たとえば引用した文の冒頭にある「フリアは，怒っているというより，悲しかった」という文は，「ほんとうにそんなことが言えるの？　どうして彼女の内面がわかるの？」という疑念を，思わず抱いてしまいます。1日のなかで描かれるさまざまな出来事も，おそらくリアルタイムですべて実際に24時間のなかで起きたことではなく，何年にもわたる調査対象の人びととの深いつながりのなかで観察されたことを，ルイスなりに再構成したものと思われます。そう考えると，ルイスの作品は，限りなくフィクションに近づいていってしまいます。そのため，ルイスの手法は，現在まで続く，激しい賛否両論の議論の対象になってきました。
　ここではその手法の良し悪しを論じることはしませんが，私はかれの文体は，とてもリアルで，切実で，貧しいということがどういうことかを，実感を伴って伝えることに成功していると思いますし，だからこそ人類学や社会学の古典として，いまも読み継がれる作品になったのだと思います。
　ルイスは，この文体で描くことを通じて，いったい何がしたかったのでしょうか。並行して長年にわたる大規模な調査もおこなっていたルイスは，決して，文学的文体それ自体を目的としていたのではありません。これは，彼が見たものを読者に伝えるために，彼なりに考え抜いて見出したやり方なのです。大量の人びとを相手にしたアンケート調査では残すことのできない，現場で起こっているさまざまなできごとを，そっくりそのまま保存したい，という気持ちがそうさせたのでしょう。
　そして私は，この「現場で起きていることをそのまま残したい」という感覚こそ，「生活史的センス」のもっとも重要なものだと思います。ルイスは「生活史的センス」の，もっともすぐれた表現者だったといえるでしょう。

スタッズ・ターケルのインタビュー

　このような生活史的センスにあふれた研究者や作家はたくさんいます。たとえば，私がもっとも影響を受けたのが，スタッズ・ターケルというジャーナリストの作品です。ターケルは，偉い政治家や有名人にインタビューをすることはほとんどありませんでした。かわりに，「戦争」「恐慌」「死」「アメリカ」「人種問題」などのテーマで，アメリカの普通の個人，名もない人びとの声を集めたのです。そして，その語りを，説明抜きで大量に並べる本をつくりました。

　　人種問題に気づいたのは，ティーンエイジャーになってから。ハイスクールのとき引っ越しして，周囲の人たちが変わったときよ。学校には黒人は数えるほどしかいなくて，白人は黒人の悪口ばっかり言ってた。はじめ，私のことを言ってるなんて思わなかったわ。肌の色がちがうために，絶対いっしょではいられないとわかったとき，私も友だちも泣いたものよ。
　　少し前まで，その友だちの親は，「あの子のお父さんは教育を受けているし，言うこともわきまえているから，ほかの黒人とは別だよ」って言ってた。でも，それもおしまい。あのすてきな匂いのするスウェーデン風のパン屋の奥の部屋で，ふたりでよくドーナツを食べたっけ。「もうあの子の家には行くんじゃないよ。うちとはちがうんだからね」と，親に言われたとき，ふたりともどんなに泣いたことか。（ターケル 1995: 111）

　この語りは，1992年に書かれた『人種問題』で紹介されている，黒人シングルマザーのものです。本書では他にも，労働者やギャング，ボクサー，作家，教師，あるいは白人牧師，黒人弁護士など，80名以上の人びとが，アメリカの人種問題について，率直に語っています。深刻なものもあれば，もっと身近な，日常的なことについて語っているものもあります。語り口はかなり編集されていますが，それでもこれは，まさに「アメリカ社会の断面」に他なりません。私たちは，この本から，人の語りというものの力を，直接感じ取ることができます。
　他にも多くの，生活史的センスにあふれた作品があります。あとふたつだけ，

日本語で書かれた古典的な作品を紹介しましょう。

民俗学の語り

　日本を代表する民俗学者である柳田国男が 1926（大正 15）年に書いた『山の人生』は，とても不思議な本です。「山」に住む人びとについて，その膨大な研究のなかで柳田が耳にした逸話や，古文書や歴史的資料に残る記録を集めて書かれたのがこの本です。昔の「山」は，当時の「普通の人びと」が暮らす村や町とは，かなり異なった世界でした。定まった住処を持たず山を移動しながら生きる人，この世が嫌になって山に逃げ込んだ人，「神隠し」にあって何年もたってから山で発見された人，あるいは，おそらく一種の被差別民のような人たち。そのような人びとが生きるのが，山という世界でした。柳田は，この短い作品のなかに，そうした，ふだん「普通の人びと」が接することができないような人びとの生活や文化を書き留めました。その暮らしの全貌は，いまもって謎のままですが，それでもこの本は，「消え去ってしまうものをなんとか書き留めたい」という，生活史的センスに満ち溢れています。

　全国を歩いて旅をした，民俗学者の宮本常一の代表作『忘れられた日本人』（1960 年）もまた，すぐに消え去ってしまうような昔ながらの日本社会の暮らしや文化を描く，とても興味深い作品です。次に引用するのは，『忘れられた日本人』に収録された文章です。昭和 16（1941）年に記録された，橋の下の「全くの乞食小屋」（132 頁）のようなところに住む，ある盲目の老人の語りです。

　　しかし，わたしはあんたのような物好きにあうのははじめてじゃ，八十にもなってのう，八十じじいの話をききたいというてやって来る人にあうとは思わだった。しかしのう，わたしは八十年何にもしておらん。人をだますことと，おなご（女）をかまう事ですぎてしもうた。
　　かわいがったおなごの事ぐらいおぼえているだろうといいなさるか？　かわいがったおなごか……。遠い昔の事じゃのう。
　　わしはてて（父）なし子じゃった。母者が夜這いに来る男の種をみごもってできたのがわしで，流してしまおうと思うて，川の中へはいって腰をひやしてもながれん。石垣に腹をぶちあててもおりん。木の上からとびお

りても出ん。あきらめてしもうていたら、月足らずで生れた。生れりゃァころすのはかわいそうじゃと爺と婆が隠居へ引きとって育ててくれた。母者はそれから嫁にいったが、嫁入先で夜、蚕に桑をやっていて、ランプをかねって、油が身体中へふりかかって、それに火がついて、大やけどをして、むごい死に方をしなさった。じゃから、わしは、父御(ててご)の顔も、母者の顔もおぼえてはおらん。気のついたときは子守りと一しょに遊んでおった。わしに子守りがついていたんじゃない、よその子の守りをしているおなごの子のあとをついてあそびあるいていた。(宮本 1984: 133-134)

「土佐源氏」と名付けられたこの短い文章は、日本の民俗学史、あるいは文学史に残る傑作として読み継がれています。主人公であるこの老人の女性遍歴の語りを通じて、すでに失われてしまった昔の庶民の暮らしが浮かび上がります。それは壮絶でもあり、またユーモラスでもあり、そして切なく寂しいものでもあります。

もちろん当時はまだ、テープレコーダーのような機械で正確に人々の語りを記録し再現することは難しいでしょうから、これは、宮本常一のノートやメモ、あるいは記憶に基づいて「再構成」された語りです。しかし、人々の暮らしや文化に関する記憶や語りは、必ずしもこのような語り口調の形式で書かれなければならないというわけではありません。もっと普通に、「この村ではこういうことがあった」「この語り手からはこのようなことが語られた」と、淡々と記録することもできたはずです。それでも宮本は、(おそらくかなり手を加えながら) 老人たちによって語られたそのままの語りを、自分の本のなかで再現しようとしました。この本のなかには、「土佐源氏」の章以外にも、そうした老人たちのリアルな語りがたくさん書かれています。これらの語りを読むことで、読者は、昔の農村社会のリアルな暮らしや文化や習慣を直接知ることができるだけでなく、まるでその聞き取りの現場に、宮本常一の横に立ってそれを直接聞いているかのような感覚におちいります。私は、宮本常一というひとは、単に日本のそうした昔の文化や慣習それ自体に興味があっただけでなく、それを覚えている人びと、それを語る人びとにも、おなじぐらい強い興味関心を抱いていたのではないかと思っています。そしてかれは、自分が聞き取りの現場で聞いた話の中身そのものだけでなく、そうした聞き取りの現場に居合わせるこ

とで感じる,さまざまな感情を,語りの中身と一緒に私たちに伝えようとしたのでしょう。

以上,ルイスの『貧困の文化』,ターケルの『人種問題』,柳田国男の『山の人生』,宮本常一の『忘れられた日本人』という,ジャンルも時代も国もバラバラの作品を例にとり,生活史的センスは社会学だけではないこと,それは「世界」を描くひとつのやり方である,ということを述べました。それでは次に,社会学における生活史に焦点を絞り,トマスとズナニエツキ,中野卓,桜井厚,谷富夫のそれぞれの研究を紹介しましょう。

2–2 社会学における生活史

トマスとズナニエツキ

生活史調査とは,社会学のなかでどのようにして始まったのでしょうか。その歴史は意外に古く,1920年ごろにまでさかのぼります。1918年から20年にかけて初版が出版されたウィリアム・I・トマスとフロリアン・W・ズナニエツキの『ヨーロッパとアメリカにおけるポーランド農民』(以下では『ポーランド農民』)が,生活史を最初に本格的に利用した社会学的研究であるとされています。ただ,ここでいう生活史とは,いまの「語られた個人史」というイメージであるというよりも,もうちょっと「質的データ全般」に近いほど広い意味になっています。むしろここで使われているのは「生活記録(ライフ・ドキュメント)」と言ったほうがいいかもしれません。

およそ2000ページもあるこの本は,いまだに全訳されていません。ほんのわずかの部分を訳した抄訳版があるだけで,あとは何人かの学説史家による解説が読めるだけです。ちなみに,英語圏の人びとにとってもこれを読破するのは容易ではないようで,非常にコンパクトにまとめられたダイジェスト版が出版されています。

20世紀のはじめ,ポーランドはいくつかに分割され,農民たちは貧困に苦しんでいました。かれらは新しい世界を,そして仕事を求めて,新天地であるアメリカに大量に移民しました。当時のアメリカは好景気に沸いていて,ヨーロッパから膨大な数の移民が押し寄せていたのです。特にシカゴは,アメリカの新興産業の中心地で,短期間に多くの移民を吸収して膨れ上がっていました。

しかし、そうして急激に拡大したシカゴでは、犯罪や貧困、スラムや「逸脱文化」が社会問題となっていました。

この「都市問題」を調査研究するために、シカゴ大学に社会学部が設置され、全米の各地からジャーナリストや社会学者が集められました。シカゴ大学はアメリカの社会学の中心地となり、そこで活躍した社会学者たちは「シカゴ学派」と呼ばれました。シカゴ学派の社会学者たちは、そのスタイルもテーマもさまざまですが、共通して生活史や参与観察などの質的調査法を用いて、具体的な「都市社会問題」に取り組んでいました。

このシカゴ学派の初期の代表的作品であり、社会学における質的データの扱い方を定義したのが、トマスとズナニエツキによる『ポーランド農民』でした。この本でトマスとズナニエツキは、当時のシカゴで急激に増加し、スラムや犯罪、逸脱を引き起こしていたポーランド移民たちの「社会解体」の過程と要因を、生活記録を用いて分析しました。

移民の社会解体や逸脱という大きな問題に、なぜ質的なデータが使われたのでしょうか。それはまさに、当時のシカゴの移民社会が、急激な膨張の果てに解体をはじめていた、ということが理由のひとつでした。こうした、複雑で不安定で、流動性の高い社会では、まとまったアンケート調査は至難です（というより、アンケート調査をするという発想自体がなかったのかもしれませんが）。したがって、トマスとズナニエツキは、「とりあえず手に入るものは何でも使う」ということにしました。本書で使われているのは、まず新聞広告を通じて買い集められた、ポーランド移民たちの、764通の手紙です。その他、「ウラデク」という名前の青年が書いた長い手記があります（これは現在の「生活史」に近いデータです）。そして、大量の新聞記事や行政文書、教会の資料、裁判記録なども使われました。

これらの膨大な生活記録／生活史を用いて、トマスとズナニエツキは、急激に近代化・産業化し、伝統的な社会規範が崩壊しつつあったポーランドの移民社会を描いたのです。たとえば、大量のポーランド人家族のあいだで交わされた手紙に記録された家族の葛藤の物語から、それまでの農村社会の規範が崩壊し、これに都市的・産業社会的な規範が取って代わられようとしていたことを描いています。こうした社会の価値観の急激な変化は、人びとのあいだで、新しい価値観と態度を生み出します。アメリカの大都市で出会った個人主義的・

享楽的・消費主義的価値観が，まずは農村社会的な人びとの牧歌的な態度を変容させます。この諸個人の態度の変容が，古い伝統的価値観と葛藤をおこします。そして，この新しい都市的な態度が，こんどは新しい都市的な価値観をつくりあげていくのです。トマスとズナニエツキが多くの資料を駆使して描き出したのは，このような「社会変容」のプロセスでした。

その後，この生活記録／生活史をつかった調査法は，シカゴ学派のなかで継承され，発展しました。シカゴ学派の伝統については，最近はたくさん研究書や解説書が出ているので，そちらを参考にしてください。以下は，日本で独自に発展した生活史法を，3人の研究者を中心にして解説します。この3人がやったこと，やろうとしていることを比較することで，この「定着はしているが十分に議論されたとは言いがたい」調査手法を，より深く理解することができます。

中野 卓

日本の社会学に生活史を定着させたのは，中野卓です。中野は，1964年の『商家同族団の研究』などの家族社会学的研究によって，すでに高く評価されていましたが，1977年，中野が57歳のときに出版した『口述の生活史——或る女の愛と呪いの日本近代』は，日本の社会学界に大きな衝撃を与えました。この本は，明治26年（1893年）生まれで当時81歳の女性の，壮絶な人生の語りを，ほぼそのまま書き起こした本です。短い序文とあとがきが書いてあるほかはほぼ全編，以下のように，あるひとりの高齢の女性の語りがそのまま掲載されています。

> 私は，学校へやってもらえなんだんが，なさけなァて……。新聞でも本でもかなが付いているでしょォ。その，かなが，ついとォるのォ見て……，
> （中略）
> かなを見ては，何でも書くん。勉強するん。
> わからん字は，ひとに聞いておぼえるん。かなしいかな，学校へ行とらんから，「読み替え」いうのが，わからんでしょ。それでも，そうやって，何冊か，何冊でも，帳面に書いて，ようやっと，わからんのだけェ書くようになったん。かなで，なァ。

ひらかなや変体仮名ァ,学校へ一年行たらわかるようになるんやけど,(一年生の間だけ籍は置いたが)てんで行かしてもらわんのですァ。
　私が字ィ知ってたら,ほんま,こんなとこにおらん。
　それでも,ひらかなだけァ,どうぞこうぞ,じぶんのもんじゃ,ト言えるようになったん。
　本字(漢字)は,書けません。かなァふってあるのは読めますが,ふってないと……。
　今ぐらい(の年齢になれば),風が悪いこたァ(格好がわるくても気にせずに,わからんことは)わからんように(わからんということをかくさずに),「そりゃァ何のこったァ。そりゃァどういう風に読むのか」いう具合に,問われもしますが……。(その頃は)それが言われずゥ……なァ。しゃくにさわりましたゼェ。そりゃァ。(中野 1977: 35-36)

　中野卓は1971年に,岡山県倉敷市にある「水島コンビナート」の公害問題に関する,住民意識調査に参加しました。そして,そのときにたまたま,ひとりの高齢の女性と出会います。これが本書の主人公の,内海松代さん(仮名),通称「奥のオバァサン」です。中野はその後,この女性の生活史を聞くために,何度も倉敷を訪れます。
　彼女が暮らしていたのは,呼松という集落で,地図で見るとわかりますが,巨大な水島コンビナートに隣接する水路と山に挟まれた,小さな小さな,寂れた村です。中野はこの集落に何度も通い,ほぼ松代さんの語りだけで一冊の本を書いたのです。それが本書です。ここに掲載されている松代さんの生活史は,とても波乱万丈で,ときには宗教的,超自然的な部分もあります。明治の水島に生まれ,貧困のなかを生き抜き,満州や朝鮮でも暮らして,そして呼松に長年にわたって住む松代さんの人生は,起伏に富んだ,それ自体が大きな物語のようです。
　引用部をみてもおわかりのように,この本には,ところどころで中野による注釈が加えられているほかは,語られたままの口調で生活史が載せられています。このスタイルが,大きな論争をまきおこしました。これはいったい何だろうか。先行研究も参照されず,理論枠組みも提示されず,ただ「データ」だけが載せられている,これは社会学だろうか? そもそも,これは研究として認

められるだろうか？

　この論争を紹介し，どちらが正しいかを述べる余裕はここではありませんが，松代さんが過ごした，そして中野がその語りを聞き取った呼松という場所を地図で見ると，深い感動を覚えます。それはほんとうに小さな村で，直接その地におりたった中野が見た，ひなびた村のむこうに巨大なコンビナートがそびえる光景は，それこそ日本の近代そのものとうつったに違いありません。その小さな村でたまたま出会った女性から，驚くほど豊かな，貧困と苦難に満ちた，そしてたくましく力強い物語が語られたときの中野の驚きを，私はいつも想像するのです。

　コンビナートの片隅にある，近代化から取り残されたような村で語られるひとりの個人の生活史のなかに，中野は日本の近代化そのものを想像します。中野が彼女の語りに編集を加えずにそのまま本にしようとしたことは，必然的なことでした。社会学的にどうかとか，学問的にどうかということよりも，個人のなかに社会全体がうつしだされ，そして社会のなかにそのような個人が無数に存在するという，社会学そのものの根源に迫る経験を，中野は彼女の生活史を通して得ることになります。

　この本は，よく誤解されているように，単にひとりの女性のミクロな生活史を記録したものではありません。本書のコンセプト，動機，全体の計画そのもののなかに，つまり本書のすべての行間に，中野の「近代化する日本」に対する，歴史社会学的な感覚が書き込まれています。水島の貧しい片田舎に生まれ，複雑な家庭環境のなかで育ち，満州や朝鮮といった日本の植民地を移動して，やがてコンビナートの漁村へいたる松代さんの個人的な生活の履歴は，そのまま日本社会の近代化の歩みだったのです。松代さんの，前近代性や非合理性に満ちた，ガルシア・マルケスの長編小説のような「野生の」語りを聞き取って，松代さんの自宅を出た中野の目には，いつも，高くそびえるコンビナートの，煙突や塔，またたく灯りや真っ黒な煙が飛び込んだに違いありません。そのたびに中野は，これは想像ですが，もっとも個人的なものともっとも全体的なもの，もっとも民衆的なものともっとも近代的なものとの対比を，明確な視覚的イメージとして，直接経験したのでしょう。中野は別のところで，次のように，自らの社会学的研究の目的をはっきりと書いています。

……個人と全体（全体社会ないし全体文化）は相互規定するものであって，全体を規定するものである個人が，同時にまた全体によって規定される個人なのであります。だとする限り，特定の社会集団のモノグラフ的研究を通して全体社会へ接近する方法が可能であると同様に，特定個人のモノグラフ的研究を通して——もとより多様な個々人の事例を積み重ねながら——そうした人間個人から全体社会へ接近する試みもあってよいのではないでしょうか。個人を，彼が置かれている状況において，広くは彼の生きている全体的現実において捉え，すなわち社会によって規定されながら逆に社会を規定している存在として個人を捉える社会学的研究が，もっとなされてよいのではないでしょうか。（中野 2003: 26-27）

　この中野の，「個人に立脚した生活史の社会学」の宣言は，いまの理論的水準からすれば若干素朴で，古臭いと言われるかもしれませんが，コンビナートとひとりの女性の生活史のコントラストの経験を，そのまま切り取って後世に残そうとした中野卓は，とても誠実な，そして「生活史的センス」に溢れた社会学者だったのです。

桜井厚

　現在の日本の社会学界で，生活史（ライフストーリー）研究の代表といえば，まちがいなく桜井厚です。かれは中野卓の研究を直接継承し，大きく発展させました。いま日本の社会学で生活史の研究や調査をしようとするとき，まずはじめに読まれるのが桜井厚の著作です。かれは日本に生活史法を定着させ，独自に理論化したのです。

　初期の桜井厚は，現象学的社会学の研究から出発し，いくつかのA. シュッツの著作を翻訳しています。当時猛威をふるっていたパーソンズなどの「誇大理論」や，ラザースフェルト流の計量社会学から距離をおき，現象学やエスノメソドロジーなど，（昔の教科書の区別でいえば）「意味学派」と呼ばれていた理論を研究していたのです。やがてかれは生活史と出会い，当時最先端だった「構築主義」などの理論を貪欲に取り入れて，ひとつの統一的な「桜井方法論」をつくりあげました。

　桜井厚の調査は，一貫して「ふつうの人びと」「名もない人びと」が対象で

す。桜井は特に，被差別部落などの，マイノリティと呼ばれる人びとに聞き取りをしています。

ところが，桜井は，質的・量的を問わず，「社会調査」そのものを，根底から批判したのです。そのために，彼の理論は，中野卓とはまたまったく別の意味で，大きな論争を巻き起こすことになりました。

それは，こういうことです。まず桜井は，マイノリティ，あるいは被差別の人びとを調査する上で，そもそも差別とは何か，ということを理論化しようとします。そして，差別とは「カテゴリー化」である，と述べます。カテゴリー化とは，すこし難しい概念ですが，要するに「いっしょくたにする」ということです。たとえば，あるひとが，恋人と結婚しようとしているときに，その恋人が，どういうひとで，どういう性格で，どういう暮らしをおくっているか，ということにまったく関わりなく，ただそのひとが，何らかのマイノリティの集団に属していたりするだけで，その結婚がまわりから反対されてつぶされてしまう。これが「結婚差別」とよばれる差別ですが，こういう場合に典型的に見られるように，個人としての人格や能力を否定し，ある社会的集団に所属しているという事実だけでそのひとを排除したり差別したりする，ということが，桜井が述べる差別の本質です。

さて，それでは，そうした被差別やマイノリティの現実を調査するときに，私たち調査者は，何をしているでしょうか。

私たちは，量的せよ質的にせよ，「一般化」ということを（広い意味で，何らかの形で）おこないます。私たちは，アンケート調査や生活史の聞き取りや参与観察の結果に基づいて，どれだけ安易な一般化をしないと決めていても，ついつい「○○○の人びとは△△△である」というかたちで語ってしまうのです。

桜井は，こうした社会調査がおこなう一般化と，差別としてのカテゴリー化のどこが違うのだ，と問いかけています。

> これまで，被差別部落の実態調査といわれるものは，全国規模でも地域ごとでも数多くなされてきた。そのほとんどは数量的な把握を中心とした方法によっている。……また，聞き取り調査もおこなわれてきた。……ところが，これらの方法はいずれも部落に生きる一人ひとりの個人，またその生活世界の多様性にはほとんど関心を示さない。調査をする側は，地区

が部落かどうか，対象者が部落住民かどうかにつねに関心をはらっているからである。このため，調査研究者は，ややもすると部落住民だからひどい差別を経験し，みじめで悲惨な生活をおくってきたにちがいないと思い込み，それに合う事実や経験を探り出し，「みじめで悲惨な部落民像」をつくりだそうとする。その一方で，差別問題に目覚め，解放運動の担い手となる「誇りをもった部落民像」が強調されたりする。だが，これらはいずれも「部落」という社会的カテゴリーを前提にした〈調査者のストーリー〉なのである。(桜井 1996: 42-43)

　その意図が差別的／反差別的，意識的／無意識的にかかわらず，私たち調査研究者もけっして部落というカテゴリーを付与する「外部のまなざし」から免れていないのである。いいかえれば，反差別の立場だからといって，被差別部落という社会集団の単位に特権的な地位を与え，それを個人的，地域的に均一なものとして画一化することは，現実をみないという点では，日常的な社会における外部からの差別的なカテゴリー化のまなざしと機能的に等価なのである。(44)

　社会調査に対する桜井の根底的な批判は，かなりのインパクトを持って広がりました。そして逆に，多くの社会学者から批判されることになりました。なぜなら，もし桜井厚の述べたことを字義通り受け取ると，私たちは，いかなる社会調査もできなくなってしまうからです。調査だけでなく，おそらく他者の語りを聞いてそれについて書く，ということそのものが，できなくなってしまうでしょう。私たちが，聞いた語りをもとにそれについてなにか書こうとするときは，必ず一般化が伴ってしまうからです。
　もちろん，このことは桜井自身にも当てはまります。しかし，彼は現在までずっと，調査を続けています。一般化すると権力や暴力になるはずの社会調査を，彼はどのように実行しているのでしょうか。桜井は言います。語り手の語りを，調査者が勝手に編集し切り刻み，分析して一般化することは暴力である。したがって，その場でどのような会話がなされ，その会話のなかで生活史がどのように「つくられるか」を分析せよ，と。桜井にとって生活史とは，語り手が一方的に語るものではなく，聞き手と語り手が「相互行為的に」つくりあげ

るものなのです。聞き手は，その語りを勝手に解釈し分析するのではなく，まさにその語りが「生まれる瞬間」としての会話の場面を記録せよと言います。桜井は，このような彼の方法を，「対話的構築主義」と名付けました。

　そして，この方向性はさらにおしすすめられ，ついに生活史の語りを「事実」と切り離すところまでいきます。なぜなら，語りを事実として捉えてしまうことは，その豊かな流動性，多様性，複雑性，そして「物語性」がもつ力を削いでしまうことになるからです。語りは，社会構造の単なる反映ではありません。語りをある特定の現実に還元することこそ，桜井にとっては「カテゴリー化の暴力」なのです。対話的構築主義にとっては，生活史の語りは，もはや語り手の人生の実際の軌跡や体験を表すものではありません。それはいわゆる「事実」として受け取ってはならないのです。それはあくまでも「ストーリー」であり「物語」です。そこに事実を見ようとすると，たちまち私たちは，人びとの語りやあるいは人びと自身を，どこかの狭い枠組みのなかに固定化するという暴力をふるってしまうことになります。

　もっと抽象的な言い方をすれば，桜井は，人びとの語りに鉤括弧を付けたまま，引用文として扱いなさい，と主張しているのです。たとえば，語り手が，「この被差別部落は昔よりずいぶん豊かになった」と語ったとします。桜井の主張するところによれば，私たちはこの語りからすぐに，この被差別部落は昔よりずいぶん豊かになったのだ，と，鉤括弧を外して「事実として」述べてはいけない，ということになります。彼によれば，私たちはあくまでも，「そのとき語り手は『この被差別部落は昔よりずいぶん豊かになった』というストーリーを述べた」と，引用文のかたちで述べることができるにすぎません。そして，そのストーリーがどのような意味を持つかについて分析するのが，対話的構築主義の仕事ということになります。

　このあたりは難しい議論になってしまうのですが，ここで言えることが少なくとも二つあります。このように方向性を転換することでほんとうに調査の暴力性を回避できるかどうか，ということ。そしてもうひとつは，それはもはや「会話の研究」であって，沖縄や被差別部落やシングルマザーや児童虐待などの，特定の社会問題の研究にはならないのではないか，ということです。ただ，ここではこの点にこれ以上踏み込まないことにします。

　桜井に対する批判には，さまざまなものがありますが，以上の要約はあくま

でもこれを書いている私の考えです。大切はことは、読者であるあなたがたがご自身で読んで判断することです。いずれにせよ、桜井の多くの著作は、生活史の聞き取りをしようと思う人びとにとっては、必ず読まなければならない、もっとも重要な本です。彼の理論は私たちに大きな影響を与えました。最近の生活史を研究する若手研究者の多くが、彼の「対話的構築主義」に基づいています。

ところで桜井厚は、そういう「理屈っぽい」本だけでなく、とても素直な、素晴らしいオーラルヒストリーの本も書いています。そのひとつ、『境界文化のライフストーリー』は、滋賀県の被差別部落の高齢者たちが語った、在りし日の部落の姿を描いています。この本は、対話的構築主義や同じように桜井が依拠する批判的会話分析とはほとんど関係のない、「普通の」オーラルヒストリーの本ですが、私は桜井の本のなかで、この本がいちばん好きです。

谷富夫

日本の生活史調査の多くが、中野卓と桜井厚に影響を受けていますが、そのほかに、独自の方法論で独自の位置を占めている研究者もいます。そのひとりが谷富夫です。谷は、都市社会学者の鈴木広の「生活構造論」を受け継ぎ、そこに生活史の方法をミックスして、オリジナルな「実証主義生活史法」をつくりあげました。そして、数多くの共同調査を続けることで、その方法を広めることに成功しています。

生活史を聞き取る、と簡単に私たちは言いますが、それではその「生活」とはいったい、具体的には何を指すのでしょうか。

私たちの生活は、そのままでは、多様で複雑で流動的な、とらえどころのないものです。そこで谷は、鈴木広の「生活構造」という概念を使用します。谷によれば、鈴木は生活構造を次のように定義しています。生活構造とは、「生活主体としての個人が文化体系および社会構造に接触する、相対的に持続的なパターン」（谷 2008: 9）です。

これは私自身にとっても、なかなか理解することが難しい概念ですが、まず「社会構造」は、ここでは階層構造や地域社会の構造を指しています。いわば生活の「インフラ」のようなものでしょうか。階層や労働市場、教育、地域、世帯などのなかで、私たちは、さまざまな地位や役割を割り当てられています。

そうした構造のなかでの地位や役割は，私たちにとって，人生を送るうえでの「インフラ」のようなものです。そして同時に，そうした構造のなかで私たちは主体的に行為することによって，この構造自体をつくりあげてもいます。社会構造とは，おおまかにこれぐらいの意味でしょうか。

「文化体系」とは，そうした構造のなかで，人びとの地位や役割によって与えられる，規範，意味，願望，価値のようなものです。もちろんこの体系も，主体を形成するだけでなく，主体によっても作り替えられます。

この社会構造と文化体系が，個人の生活に，ひとつの形態やパターンを与えます。社会構造のなかでの地位や役割と，文化体系のなかでの規範や価値とが共通する人びとは，おそらく同じような生活の形態やパターンを持っているのではないでしょうか。この形態やパターンが生活構造です。

鈴木広は「相対的に持続的なパターン」と述べたことからもわかるように，この生活構造を，かなり静態的な，いくぶん固定したものと考えていたようですが，もちろんそれは不変のものではなく，人生の途上において大きく変化したり，再編されたり，また根底から解体されることすらあります。そのような，時間的な「維持と変容」を，どのように捉えることができるでしょうか。谷によれば，この変化や蓄積や維持を理解するための方法が，生活史法なのです。

谷富夫は，生活史法，あるいは質的調査一般がもつ利点，あるいはその目的を，「異文化理解」「類型構成」「仮説索出」の3つにまとめています。異文化理解は説明不要でしょう。類型構成とは，語り手の行為やそのライフコースにおけるパターンの抽出といえばいいでしょうか。また，生活史は仮説を（検証するのではなく）索出すると言われています。仮説を検証するのは量的調査の役割で，生活史をふくむ質的調査の役割はそのひとつ手前の，調査対象をまずはじっくりと観察することで，調査対象に関するなんらかの仮説を見出すことなのです。

谷にとって生活史とは，語られた（ライフ）ストーリーというよりもむしろ，個人が生きてきた（ライフ）ヒストリーです。その意味で，家族社会学などで使われる「ライフコース」や「ライフステージ」という概念に近いかもしれません。それは語られた物語であるというよりも，語り手の人生の「実際の」軌跡です。

たとえば，谷の最初の著作である『過剰都市化社会の移動世代』では，沖縄

から本土へ移動して，後にUターンした人びとの生活史が記録されていますが，さまざまな人びとにそのUターンの生活史を聞き取って詳細に分析することで，彼は沖縄社会そのものの「構成原理」を仮説的に抽出しようとします。そして，その原理を「相互主義」「家族主義」「自力主義」の３つにまで特定します。相互主義は，言い換えれば地域主義，あるいは「地縁血縁主義」ぐらいの意味でしょうか。インフォーマルな共同体をもっとも重視する価値と態度です。家族主義はその名の通りで，自分が生まれた家族をもっとも重視します。そして自力主義は，手に職をつけたり，あるいは単独で本土に出稼ぎにいくような，自分の力だけをたのみとする態度です。谷は，これらの規範や価値感が，沖縄社会の本質であると捉えています。これは私の解釈ですが，この３つは沖縄社会の「インフォーマルな共同性を重視する生き方」あるいはもっとくだけていえば，「お上に頼らない生き方」です。

　谷は，現象学や構築主義を取り入れて調査の権力性を批判した桜井厚に比べると，断固たる実証主義的方法を守っています。「実証主義とは何か」ということ自体，とても難しい問題ですが，極端に大雑把な言い方で「科学的方法で『事実』を取り出すこと」とでもいえばいいでしょうか。上記の３つの沖縄的規範も，谷にとっては単に語られたものであるというだけでなく，「実際に存在するもの」です。たとえば彼は，Uターン経験者に，「なぜUターンしたのか」と問いかけます。これに対して語り手が「○○○○だからです」と，その動機や理由を語ります。このあと谷は，もちろん一段抽象化したかたちですが，この動機や理由の語りを「実際の」動機や理由として解釈します。このあたりは，谷の生活史法が，基本的には量的調査と同じ発想で組み立てられているということのあらわれかもしれません。

　生活史の目的をこのように捉えると，それは結局は量的調査の補佐的な役目しか果たすことができないのではないかと，若干不安になります。実際に谷は，自身の最初の沖縄調査から30年たって，その仮説を量的に検証する作業をおこなっています。

　しかし谷富夫はむしろ，桜井厚よりも語り手の語りを「そのまま」の形で提示しています。たとえばさきにあげた『過剰都市化社会の移動世代』では，その頁の大半が語りの採録です。ここでは語り手の語りは，かなり編集されていますが（たとえば聞き手の質問や発話はすべて削除されています），それでも谷富夫

のそうした「語りのすべてを掲載する」というやり方には，強烈な「生活史的センス」を感じます。ちょうどそれは，調査の権力性を批判し会話の分析にまで還元してしまった桜井厚が，他方ではごくふつうのオーラルヒストリーを使った本である『境界文化のライフストーリー』を書いたことと，よく似ています。

現在は，谷は，個人の生活構造の時間的変動を分析するというその生活史の方法をさらに拡張・発展させ，特定の家族を対象にした「世代間生活史法」という方法を提唱しています。この方法だと，個人のライフコースを超えた長いスパンにおいて，生活構造の変動や再編を分析することができるのです。

語りは「事実」か，それとも「物語」か

このように，日本における生活史法の受容と発展を，中野卓・桜井厚・谷富夫を紹介しながら描いてきました。以下では，特に桜井と谷の対立を乗り越えるための道筋を，ごくごく簡単に述べておきます。

谷は語りは「事実である」と主張しました。これに対して，桜井は語りは「事実とは言えない」と批判しています。私の立場は，語りは「事実でないとは言えない」というものです。

社会学という学問は，中範囲の社会問題を対象とした量的・質的な社会調査に基づきます。特定の社会問題を対象に調査研究をする際に，調査対象である語り手の語りを「語り」のままにしておくことはかなり困難です。谷富夫の「事実性」にこだわる方法は，一見すると素朴に見えるかもしれませんが，（桜井厚と合わせて）何度でも真剣に取り上げ検討する価値があります。谷は「事実以外に私たちは何に依拠できるんだ？」という問いを立てているのです。

桜井はカテゴリー化の暴力という問題を回避しようとして，生活史をすべて「語り」あるいは「物語」へと還元しようとしました。極端にいえば，語りはすべてフィクションなのです。もちろん彼がフィクションであると明確に述べているわけではありませんが，彼の主張の全体を理解すれば，それはそう述べていると読まれても仕方ないような理論になっています。すでに何度も述べている通り，この方法だと，特定の問題に対する社会学的な研究が，非常に困難になります。調査の暴力を批判して，語りを実体から引き離そうとすると，そ

の研究は果てしなく「語りの研究」になってしまうのです。これは大きな問題です。たとえば沖縄や被差別部落，あるいはシングルマザーの貧困，若者文化の変容，環境問題，新しい社会運動など，特定の調査対象を分析する社会学者は，得られた語りを，「データ」，つまりなんらかの実体を表すものとして扱う必要があるからです。

しかし，また逆の問題もあります。谷富夫がおこなったように，たとえば沖縄からのUターンの動機や理由を質問したとして，そのときの特定の答えを，そのまま動機や理由そのものと解釈することには，かなり抵抗を感じます。語りというものを事実と切り離すことはできないのですが，それを完全に事実であると考えることも，それはそれで不自然なことです。生活史はまず何よりも，その場で語られた語りです。ということはそれは，あやふやだったり，状況によっては異なる語られ方をしたり，あるいは極端な場合には，意図的な嘘が混じっている場合もあります。

語りを単なる物語にしてしまうと，特定の対象に対する調査研究ができません。しかし聞き取りの場で語られた個々の語りをすべて事実として受け取ってしまうと，非常に「素朴な」解釈になってしまいかねません。

それではどうしたらいいのでしょうか。このあたりの議論は，とても複雑で抽象的なものになってしまうので，この教科書では省略しますが，私の経験では，次のようなことがありました。

戦後すぐに沖縄に生まれ，60年代の復帰前の時代に，漁船に忍び込んで本土に密航し，そのまま東京で現在まで暮らす男性の方に聞き取りをしたことがあります。当時，沖縄は米軍に占領されていて，日本から見れば「外国」でした。彼はパスポートも旅費も持たずに，小さな漁船の底に隠れて，数日かけて本土へやってきたそうです。

最初の聞き取りのときに彼は，東京に強く憧れていて，どうしても都会で自分を試してみたかったからと，その密航の動機を語りました。しかし，後になって本人から，実は地元で人間関係のトラブルがあって，そこから逃げようと思った，とも語られたのです。

さて，ここで，この男性が復帰前の沖縄から密航してまで東京へと渡った動機は何でしょうか。ある聞き取りでは，それは「自分を試しかかったから」という前向きなものですが，別の会話ではそれは，「トラブルから逃げるため」

ということが語られました。おそらく桜井厚も，その膨大な聞き取りの経験のなかで，これと似たようなことに何度も出会ったに違いありません。矛盾する語りが語り手から語られたときに，まずもっとも確実なのは，それを事実と切り離し，その場で語られた物語として解釈することです。

しかし私は，この2つの矛盾する動機の語りは，語り手本人の人生の歴史のなかでは，まったく矛盾しないと思います。復帰前のまだ「外国」だった沖縄から，密航までして東京へと移動したひとりの男性がいた，ということは，少なくとも事実として受け止める必要があります。彼の本土移動の「経験」そのものは，確かに存在するのです。そして，これらの語りも，沖縄社会と日本との関係全体についての知識があれば，まったく矛盾するものではありません。当時の本土移動は，沖縄の人びとにとっては，まさに憧れの地で自分を試す機会でした。そして同時に，つながりの濃い共同体社会である沖縄では，人びとはお互いに助け合いながらも，濃密な人間関係において様々な出来事が生じることもまた，自然なことでしょう。どちらのストーリーも，事実なのです。

そして，どちらのストーリーも事実であるということを理解するためには，そのまえに，戦後の沖縄社会が辿ってきた歴史や社会構造について理解しておく必要があります。復帰前の沖縄にとって「日本」がどのような意味を持っていたか，そして，沖縄の共同体主義社会のなかでは，人びとはどのようにつながっていたのか。これらの事実に関する理解がなければ，彼が語ったストーリーの意味も理解することはできません。

語りの意味を理解するためには，それが生み出された背景に関する事実を理解しなければならないのです。要するに，こういうことです。語りと事実は，研究対象を理解するうえでどちらも必要なものであるという，当たり前の結論です。

結局のところ，生活史を解釈する，ということは，個々の語りをフィクションにしてしまうのでも，あるいはそれを早急に事実そのものに結びつけるのでもなく，その「経験の全体」を解釈することである，ということです。そしてそれは，語りを社会的構造や歴史のなかに置き直してはじめて可能になるのです。さらに，全体的な解釈のためには，語りの個々のディテールを丁寧に記述し考察することが必要です。生活史調査のもっとも重要なことは，経験の全体と，語りのディテールのあいだを何度も往復し，流動的で複雑な対象を，でき

るだけその流動的で複雑な姿のままで捉えるということなのです。

　現実というものは,「ひとつだけ存在するが,その語り方は無限にある」ようなものです。だからこそ私たちは,一方でたったひとつの現実が実在することを守りながら,その現実についてさまざまな語り方で語ることができるのです。

そのほか，おすすめの本

　さて,それでは,この節の最後に,特に4冊の本をおすすめしておきます。

　ポール・トンプソンは,イギリスの社会史・歴史社会学の研究者です。この領域に「オーラル・ヒストリー」(口述史,つまり「語られた歴史」)という手法を定着させました。『記憶から歴史へ——オーラル・ヒストリーの世界』は,「普通の人びと」が語る個人的経験から歴史を描くためのこの方法を,詳細に描いた本です。通常の歴史学では,文書や歴史的資料に残された「書かれた記録」を重視します。しかし,文字化された歴史的資料に書かれているのは,ほとんどの場合,そのときに権力を持った人びとの物語です。これに対し,特に近現代史を描くときに,ある歴史的事件を直接経験した「普通の人びと」の口述史からそれを組み立てることがあります。これがオーラル・ヒストリーで,歴史学や社会学のなかでは,現在かなり一般的な方法になってきました。本書はその理論や歴史,具体的な方法まで書いてある,もっとも入門的な本です。

　ケン・プラマーの『セクシュアル・ストーリーの時代——語りのポリティクス』のテーマは,「セクシュアル・ストーリー」です。現代社会には,性的アンデンティティや性的欲望,あるいは性的経験についての物語があふれています。人びとは,そこらじゅうで,自分や他人の性的な事柄について語り続けているのです。それは個人的な語りというより,社会的な語りです。プラマーはこうしたセクシュアル・ストーリーを大量に集め,詳細に分析します。ある物語が語られるようになった背景や,時代が変化するにつれて物語がどのように変わっていくかが描かれます。本書で扱われているのは,(ライフ)ヒストリーであるよりも,(ライフ)ストーリーです。セクシュアル・ストーリーを題材としながら,自己と物語との関係,あるいは社会と物語との関係が,重層的に考察されています。

　ダニエル・ベルトーの『ライフストーリー——エスノ社会学的パースペクテ

ィヴ』は，フランスの社会学者によって書かれた教科書です。ライフストーリーの概念的意味，歴史，フランスでの状況，そして実際のインタビューでのノウハウまでもが書かれた，充実した一冊です。しかし，もっとも興味深いのは，そういう教科書的なところではなく，ベルトー自身の調査の経験を紹介した「付録」です。彼は，パリのパン職人の生活史を大量に聞き取り，分析しました。パンのようなありふれたものが実際にどのように生産されているかを，労働者たちの語りから再構成していったのです。若い見習いはどこからどのように供給されるのか。都市の職人的パン屋と，農村との関係はどうなっているのだろうか。その日常的な暮らしや労働は実際にはどういうものだろうか。ある程度経験を積んだ労働者たちは，どのようなきっかけで独立していくのだろうか。ベルトーは，日常的に私たちが見慣れたパンという商品の背後にある，歴史的に構築された社会的制度の存在を，見事に描いています。

　ベルトーの方法論で，もっとも有名なのは「飽和」という概念でしょう。ベルトーはどちらかといえば，非常に実証主義的で客観主義的なスタイルを採用しています。彼は個々の語り手の語りから，持続的な社会的パターンを見出そうとします。この社会的パターンは，語りのパターンとしてあらわれます。同じような位置にあり，同じような仕事をしている人びとの語りをたくさん収集していくと，その多様で複雑な語りのなかから，ある一定のパターンが現れてくることがあります。このとき，その生活史調査は「飽和」に達したのです。ベルトーのこの概念は多くの研究者から批判されています。飽和という言葉は少し言い過ぎであると私も思いますが，しかし，ある集団や，ある歴史的事件を経験した人びとに話を聞いていると，なんらかの「定型的な語り」に出くわすことがあります。もちろんこれは，単にパターン化された単純な語りということではありません。むしろその定型的な語りは，非常に「個性的なやり方」で語られることが多いと思います。そして，そういう定型的な語りは，その語り手たちが同じように経験した何らかの事件や，あるいはそのなかで生きる共通の「歴史と構造」と，深く関係していると思います。

　イタリアの歴史家，アレッサンドロ・ポルテッリの『オーラルヒストリーとは何か』も，たいへん重要な著作です。ポルテッリは，本書に収録された有名な論文「ルイージ・トラストゥッリの死」のなかで，ある事件をとりあげています。

1949年，イタリアのある街で労働者によるストライキとデモが起きたとき，ひとりの若い労働者の男性が警官隊に射殺されました。この事件は，後々まで，この街の労働者たちに語り継がれています。そして，このとき射殺されたトラストゥッリは，街の労働運動の象徴的な存在にまでなりました。

　ポルテッリは，当時をよく知る街の労働者や活動家に膨大な聞き取りをおこない，この事件がどのように語られるかを細かく記録しました。そして，おなじひとつのこの事件を語る語りが，非常に多様で，さまざまなかたちで語られていることを見出します。ポルテッリは，これらのさまざまなバージョンの「どれが真実か」を探るのではなく，それらが語られた語り方を通して，この街の歴史のなかでこの事件がどのような意味を持っていたかという「歴史的事実」を描こうとしたのです。ポルテッリはもちろん歴史家ですから，これらの語りを「語り」に還元することはありません。そのかわりにかれは，ある歴史的現実を立証することと，その現実が多様な語られ方をすることが，いずれも重要であるということを述べています。

> 　口述資料は信頼できる。しかし，それは異なった信頼性に基づいている。口述資料が重要なのは，それが事実どおりだからではなく，想像や象徴，願望の現れとして事実から距離を取っているからだ。だから，「間違った」口述資料などはない。すでに確立された文献的な史料批判の基準によって事実的な信頼性を確かめ，事実に基づいて立証すれば（それはどんな種類の資料であっても必要なことだ），オーラルヒストリーの多様性は，事実としては「間違った」言明も，心理的には「本当」だというところにある。そして，この真実はおそらく，事実として信頼できる言葉と同じくらい重要なものだろう。（ポルテッリ 2016: 94）

　歴史的史料に基づいた事実の確定と立証が，多様な口述の語りと同居しています。この感覚は，社会学的な生活史調査にとっても非常に重要なものだといえます。

　さて，以上のように生活史の先行研究を振り返ってみました。とても抽象的で難しい話もしましたが，歴史学や社会学のなかで「個人の人生の語り」は，いろいろと批判的議論の対象になりながらも，現在では一定程度信頼されたオ

ーソドックスな方法としてしっかりと根付いているということはいえます。それでは，次節から，この生活史調査を実際にやってみましょう。

3 実際にやってみる

　前節の終わりでは，生活史調査を含めたあらゆる社会調査は単なる手段であって，それは「特定の社会問題」（繰り返しますがこの「社会問題」という言葉はもっとも広い意味で使っています）について総合的に研究するためのものであることを強調しました。言うまでもないことですが，生活史調査という方法も，それ単独では何の意味もありません。特定の社会問題をじっくり勉強してはじめて，「誰に会って何を聞くか」がわかってくるのです。そして，その調査の過程で，また新たな課題，テーマ，目標が生まれて，それがさらに次の調査を生み出します。このようにして，「特定の社会問題についての研究」と「社会調査という道具」は，お互いがお互いをつくりあげるかたちで，同時に並行して進んでいくのです。

　さて，それでは本節では，すでにテーマが固まって，ある程度の知識を得て，実際に生活史の聞き取りをしようという段階における，いくつかの方法，コツ，注意点，段取りなどのようなものについて，簡単に述べます。そして次節では，そうして得られたデータをどのようにして解釈し，分析し，論文に仕立てあげていくかについて考えてみたいと思います。

アポイントを取ることが最大の難関

　語り手に取材の承諾を得て，実際に待ち合わせ場所などを調整すること。これが生活史調査のなかで最初の，そして最大の難関です。アポが取れた場合，文字起こしを経て論文にまとめあげるまで，このあと長く続く生活史調査の全体のプロセスの，7割は成功したといってよいと思います。そして正直に言いますが，私はいまだに，これが本当に苦手です。

　特に生活史調査を専門的にしようと思わなくても，すでに調査テーマが定まっていて，いろいろな人びとに会って，その問題について教えてもらったり，簡単に聞き取りをしたり，資料を集めていくと，そのうち，この方からくわし

くお話を聞きたいと思う方に必ず出会います。そういうときは，どんどん連絡を取って，お会いしてお話をお伺いしたいですとお願いしてみればよいと思います。学生たちにもよく言いますが，卒論や修論にまとめたい，という目的がはっきりしていれば，意外にたくさんの人びとが会ってくれるものです。最初は，まったく知らない人に連絡を取って自分に会ってもらうようお願いする，ということは，非常にハードルの高いことのようにみえますが，調査テーマがはっきりしていて，その目的のための取材であるということがわかれば，思ったよりも生活史調査は難しいことではありません。

しかしながら，やはりそれは，多大な緊張を強いられることではあります。はっきりとテーマを持っていて，大学という所属先があり，すでに本をいくつか書いている私でさえ，見ず知らずの方に連絡をするときの最初のメール1本書くのに何日もかかりますし，それが電話となると，さらにへこたれそうになります。だいたい大学院に入って研究をしようなどという人は，私に限らず人見知りでコミュニケーションが苦手な人が多いと思います。それなのに，まったく知らない人にこちらからいきなり電話をして，会ってもらえるようお願いをするのです。しかもその内容は，特定の社会問題の「事実」についてのことだけではないのです。あるひとの生活史を聞くということは，そのひとの生い立ちや暮らしぶりなど，かなり個人的なことについても聞くということです。これはほんとうに，見ず知らずのひとに頼むこととしては，非常に何というか，相手にとってはご迷惑でしかないだろうと思います。ですから，いつもいつも私は，なるべくアポを取らずにすむ方法はないか，なるべく人に会わずに調査をすることはできないかと考えています。

でも，やっぱり勇気を振り絞って連絡を取ってみると，ほんとうにいつも皆さん快く聞き取りを了解してもらえます。そのときは，ほんとうに感謝の気持ちでいっぱいになります。そして，これでもう調査は終わったかのような気さえします。

アポ取りが失敗しても落ち込む必要はない

ただ，やはり当然のことですが，さまざまな事情や理由があって，調査を断られることも少なくありません。場合によっていろいろですが，たとえば，まず「調査の趣旨が理解されない」という場合があります。私が書いた『同化と

他者化』という本の調査は、2002年ごろのものですが、この章のはじめに述べたように、非常に難航しました。戦後の本土就職や本土出稼ぎというものは、沖縄史のなかでももっとも大きな歴史的事件のひとつだとさえ私は思っているのですが、沖縄の人びとにとってはそれはみんなが経験した当たり前のことで、どうして沖縄にまでやってきてそんなことを聞きたがるのか、理解されないどころか、怪しまれることも多々ありました。これが、いかにも沖縄的な、「紅型」や「エイサー」や「三線」といった伝統文化に関することなら、もっと受け入れられやすかったでしょう。

しかしなんとか頑張って、1～2カ月のあいだに15人ほどの方から聞き取りをすることができましたが、ほんとうにこの調査は苦労しました。細いつながりの糸をなんとか辿ってようやくもらった電話番号に、勇気を振り絞って電話して取材をお願いしたのに、「けんもほろろ」に断られたこともあります。そもそも、「60年代に本土就職したあとＵターンした中卒・高卒の方」を探し出すこと自体が最大の難点でした。そして、ようやく探し当てたその方に、こんどは調査の趣旨を説明するのがひと苦労でした。

このように、このときの調査ではたいへん苦労しましたが、結果としては、やはり連絡をしたほとんどの方とお会いして、生活史を聞きとることができました。そしてちょうどいま進行中の、「階層格差と共同体」に関する沖縄での調査では、私自身の友人や知り合いが非常に増えたこともあって、これまでひとりも拒否されることなく、35名ぐらいの方にお会いしています。

知らないひとにとつぜん連絡を取って、調査のお願いをする、ということは、私でもいまだに汗びっしょりになるぐらい緊張することですが、意外に「がんばったら何とかなる」ものです。そして、どんな方にも、直接お会いしてそのお話を聞くと、ほんとうにそれはどれも豊かで、印象的で、興味深いものです。がんばってアポを取る価値は、じゅうぶんにあるのです。

さて、少し話は変わりますが、ある特定のテーマで調査をしていくにあたり、生活史法に限らずとても大切なのは、「そのことに詳しくて、調査に協力してくれる方」の存在です。これまで、どのテーマでも、どの地域でも、こうした親切な方々に助けられてきました。個人的な調査である生活史法は、やはり個人的な信頼やつながりの存在が非常に大きな意味を持ちます。私自身のこれまでの調査も、協力してくれた方がたがいなければ、やっていくことはできなか

ったでしょう。調査の趣旨を理解し，私のことを信頼してくれた上で，たくさんの他の方を紹介してもらって，それでなんとかこれまで研究を続けることができました。

　もちろん，だからといって，そういう方がいないと調査ができない，ということではありませんし，さらに，「そういうことをしてほしくて，それが目的で仲よくなろうとする」ことは，言語道断である，ということ以上に，そもそもそういう動機から，人と信頼関係を築くことはできません。まず，取材や調査ということをわきに置いて，人として個人的な信頼関係を真面目に，真摯に築いていくしかないと思いますし，もしそういう関係が築けたなら，調査研究だけではなく，あなた自身の人間的な成長にもつながることになるでしょう。とにかく，すぐれて「個人的な調査法」であるところの生活史法では，そしてさらに質的調査というもの自体が，人間と人間との信頼関係のうえで成り立つものであることを理解してください。ただ，私自身が，そういう信頼関係をちゃんと築けている自信がまったくないままに，偉そうなことを言っているのですが。

アポ取りの手順

　それでは，アポ取りの具体的な流れについて書きます。まずはメールアドレスがわかっている場合です。メールを書く勇気が出るまでに何日かかかると思いますが，それは省略して，メールの文体についてです。まずやりがちなのが，ネットなどで「ビジネスメール」のテンプレを検索して，それをお手本に書いてしまうことです。Wordのテンプレに入っているような丁寧すぎる挨拶文などは，一切不要であるばかりか，特に若い学生や院生がそれをしてしまうと，逆に失礼になる場合があります。くれぐれも，アジサイが咲きましたとか，木々の葉も色づきましたなどの，無意味な時候の挨拶は避けて，なるべく簡潔にするようにしてください。また，これは細かいことですが，「調査」という言葉は，初回は避けたほうがいいかもしれません。私は「取材」という言葉を使うようにしています。社会学などに縁がないふつうのひとにとっては，「調査をさせてください」という言い方はかなり「強く」響きます。警察や行政の何か強制力を持った取り調べのようなものを連想されるかもしれません。これに対し，「取材」という言葉は，テレビや新聞などでおなじみのものであり，

内容もイメージしやすいので、私はこれをよく使います。

　電話の場合は、何よりも大切なのは、電話をかけるまえに、まず静かな部屋でひとりになり、深呼吸をすることです。自分の肩書きや名前、調査の趣旨など、必要な事項はあらかじめ手元のメモに書き出しておいてください。電話番号を間違えずに、慎重にボタンを押します。呼び出し音が鳴っている時間は、わずか数秒ですが、無限の長さに感じると思います。先方が出たら、焦らずにゆっくりと挨拶をして、自己紹介をして、調査の趣旨を述べましょう。暗くならないように、しかしテンションを上げすぎず、はっきりと丁寧に話しましょう。いちばん最初にいま電話して大丈夫か聞くことを忘れずに。

　メールにしても電話にしても、取材の日時は、あらかじめこちらが可能な候補をいくつか用意して、こちらから提案するほうがやりとりがスムーズになります。

　さて、このようにしてアポイントが取れました。おめでとうございます、これで、生活史法の最初にして最大の難関をクリアしたことになります。

待ち合わせと聞き取りの場所

　アポイントが取れても、もちろん絶対に調査できるとは限りません。直前のドタキャンは普通にあることですし、語り手の方がたの体調や仕事の都合など、いろいろなことで取材が中止になったり延期になったりします。

　そういうことも念頭に置いたうえで、待ち合わせ場所を決めます。ある程度は候補を考えておいたうえで先方に選んでいただくか、はじめから語り手の方に決めていただくかはどちらでもよいです。あらゆるところが聞き取りの場所になります。相手のご自宅やその近くの公民館、NPOの事務所、役場や会社の会議室などはよく使われます。街中だと、喫茶店やファミレスがよく選ばれますが、BGMがうるさいので、ボイスレコーダーの置き場所を、語り手のすぐ目の前などに工夫する必要があります。もし事情が許せば、カラオケボックスをおすすめしますが、お金が若干かかるのと（もちろん相手の料金もこちらが支払ってください）、もし二人っきりの場合は、よほどよく知っている相手でない場合は、ちょっとやめたほうがいいかもしれないです。ここは慎重に選んでください。いろいろな条件をクリアすれば、邪魔が入らないカラオケボックスはかなり聞き取りには良い場所です。ただ、BGMも含めて全ての音を消す、

ということと，大型テレビで流れっぱなしになっている映像が非常にうるさくて気が散るので，テレビごと勝手に電源を切ってください。帰り際にもとに戻せば大丈夫です。音もテレビも切っていると，店員が飲み物を持ってきたときに若干不思議な顔をされますが，カラオケボックスというものは，仕事をしたり勉強をしたり，楽器や漫才や落語の練習をしたり，意外にいろんな用途で使われるものなので，まったく問題ありません。

　名刺は，こちらの連絡先を相手にお伝えする意味でも，かならず用意してください。院生の方でまだ作っていないひとは，これを機会に作ってください。ただ，学部生の場合は，名刺を持っているとかえっておかしい場合もありますので，なにかそれにかわる「連絡先カード」のようなものを用意してください。

　予算が許せば，手みやげを持っていくのもよいと思います。食べたら消えてなくなってしまって，後に残らないような，簡単なお菓子が無難です。日持ちのする焼き菓子で，好き嫌いのないものにしましょう。デパートの地下のお菓子屋さんはいかにも「お土産っぽい」ので便利です。金額は700円～1000円ぐらいのものが，お互いの負担になりません。これもまた，学部生の場合は，かえって生意気になるので不要です。若者は手ぶらで行きましょう。手みやげを出すタイミングは，聞き取りの前がよいのか，後のほうがよいのかは，私にもいまだにわかりませんが，聞き取りをしている最中で出してはいけません。

　不思議なことですが，これまで何十人という方に，待ち合わせ場所で初対面でお会いしましたが，相手のお顔を知らなくても，なんとなく「あ，あのひとだ」とわかります。性別や年齢などのだいたいのことがわかっているので，あとは時間になったら，その場所でなんとなくきょろきょろしてる方がいるはずです。こちらからちゃんと名乗って，挨拶してください。

　さて，これで無事に，語り手の方にお会いできました。それではいよいよ，インタビューの始まりです。

録音機材やメモについて

　生活史の聞き取りの現場で何よりも，ほんとうに何よりもいちばん大事なことは，お話を録音することです。ごくたまに，学生の卒論などで，メモですまそうとするひとがいますが，私はちゃんと録音することを強くおすすめします。それは，生活史の語りという貴重な「データ」をまるごと保存することが，

社会調査にとってはとても大切なことだからです。質的調査，特に生活史は，ひとつの語りから多様な解釈が可能です。したがって，そのぶん，調査者がひとりよがりで勝手な解釈をしてしまう危険があります。その危険は，完全に除去することはできませんし，そもそもそうした多様な解釈が可能なところが，質的調査の強みでもあります。しかし，そうはいっても，やはり恣意的な解釈を避けるために，生活史の語りは，紙数の許す限りなるべく完全な形で読者に提示し，自分の解釈の妥当性を吟味してもらうということが必要になります。このためにも，もとの語りを完全なかたちで残すことは，非常に重要なことになります。

　そうしたこと以上に大切なのは，そもそも，その場の空気まですべてを残したいと願う，「生活史的センス」です。言葉はいちど口にされてしまったら，空気中に消えてしまって，二度と戻ってきません。この言葉たちを永久にとどめておくためにも，録音することが必要なのです。

　録音機材については日進月歩で，すぐ古くなってしまうので，なかなか書くことが難しいですが，いまは，「ICレコーダー」「ボイスレコーダー」とよばれる安くて高性能な機材がたくさん出ていますので，できれば自分でちゃんと購入してください。大学などの備品を借りても良いですが，「自分の機材」というものをちゃんと持つことは，調査していくうえで必要なことです。

　メモリの容量も大きくなっていますので，現場では思い切って高音質で録音してください。ただ，WMAなどの音声ファイルの形式は，後に述べる文字起こしソフトが対応していない場合がありますので，注意してください。

　それからこれも細かいことですが，レコーダーの操作音はオフにします。なぜかというと，ふつうの人びとには，自分の会話を録音されるということは，かなりのストレスになるからです。録音や一時停止のたびに「ピッピー」という電子音が鳴れば，どうしてもレコーダーの存在が意識に入ってしまいます。できるだけレコーダーが目立たないようにしてください。レコーダーを出すタイミングも，自然な流れになるようにしてください。自己紹介をして，会話が少し始まったぐらいで，さりげなく「すみません，ちょっとメモがわりに」などと言ってレコーダーを鞄から出して，すばやく録音をはじめてください。ただ，レコーダーをあまり語り手から離すと，声が小さくなってしまうので，ここは思い切って，語り手のすぐ目の前に置くようにします。それから，これも

細かいことですが（細かいことばかりですみません），私はハンカチや手ぬぐいやハンドタオルをレコーダーの下に置くようにしています。ファミレスや喫茶店のテーブルは，意外にグラスの上げ下ろしなどで大きな音が響きます。テーブルに直にレコーダーを置くと，そういう物音がものすごく大きな音量で録音されてしまいます。この衝撃を和らげるために，なにかを下に敷くようにしています。

　昔はテープレコーダーを使っていて，その頃はテープの回転が目に見えたのですが，レコーダーになってからは，物理的なサインで録音を確かめることができません。インタビューの最中に，ほんとうに録音できているかどうか，とても不安になるときがあります。なんどか視線の片隅で，レコーダーの赤い録音ランプが点灯していることを確かめながら聞き取りをすすめます。このあたりの不安は，聞き取りを何回経験しても解消されることがありません。なにしろ，もし録音に失敗した場合，同じ話をもういちどしてくれと頼むことはほぼ不可能だからです。そんなことをお願いしたら，相手からお叱りをうけてしまっても仕方がありません。とにかく，録音には失敗しないように，調査前に何度も同じ機材でテストを繰り返してください。その意味でも，使い慣れた自分専用の機材を持っておくことは必要なことなのです。

　また，インタビューをするときに，慣れてないと，なにかその場で「ちゃんと聞いてますよ」というアピールをしたくて，あるいはインタビュアーとしての緊張を和らげようとして，ついついメモをとってしまいますが，それは「逃げ」です。インタビューをしながら同時にメモをとるのは至難の業です。たいていの場合は，メモを書くことに一生懸命になってしまうので，むしろインタビュー中はできるだけ会話そのものに集中してください。この意味でも，記録のほうはレコーダーに任せてしまいましょう。くれぐれも操作ミスなどで「ちゃんと録音したつもりだったのに……」という事態になることだけは避けてください。録音に失敗したので，同じ話をもういちどしてくださいと言っても，当たり前ですが通用しません。もう二度とその方にはインタビューできないと思いましょう。

インタビューという「異常事態」

　挨拶やお礼，自己紹介や調査の概要の簡単な説明（相手は社会学者ではないの

で，調査の概要はごく簡単にしてください。まちがっても先行研究のレビューや批判，論文の新規性や研究テーマに対する調査法の妥当性などの話をここで始めないでください）をすませて，録音もスタートし，ようやく生活史の聞き取りに入ります。ここで，この章のいちばんはじめに書いたふたつの問いを，もういちど思い出してみましょう。

・あなたは，自分の生まれたときから今までのすべての人生の物語を，誰かに語ったことはありますか？
・あなたは，誰かほかの人が，生まれたときから今までのすべての人生の物語を語るのを，最初から最後まで通して聞いたことがありますか？

どちらも「NO」だと思います。調査というもの自体がすべてそうですが，特に生活史調査には，次のふたつの大きな特徴があります。

(1) あるひとの，日常的な，普通のことを聞く
(2) それを非常に特殊な状況で聞く

「生活史」というものは，言うまでもないことですが，すべての人間が持っているものです。その意味で，それはごく普通の，ありふれた，日常的なものです。しかし，この普通のものを，これまで最初から最後までぜんぶ他人にまとめて話したことがあるひとは，ほとんどいないでしょう。つまり，生活史というものは誰もが持っている普通のものだけど，それをひとに話すというおこないは，とても特殊な，珍しいものであるということです。さらに，それがそのとき会ったばかりの初対面のひと，ということになると，よりいっそうそれは異常な状況です。生活史調査とは，このような特殊で異常な状況のなかで，そのひとの人生の語りを聞き集めることなのです。

また，生活史を聞く，ということは，それを語ることと同じぐらい，普通の人びとにとってはめったにないことです。生活史を語るということが特別の体験であるのと同じように，それを聞くこともまた特別な経験です。生活史の語りというものは，生活史の聞き取りの現場という，ふつうの社会ではちょっとありえないような特別なセッティングのなかでしか得られないものです。これ

まで自然な暮らしのなかで，他人の生活史をまとまって聞いたことのあるひとはほとんどいないはずです。ですから，インタビューが始まったら，あなたはその語りを「聞く」ことに全力で集中してください。

インタビューの最初の一言は，何でもかまいません。「お生まれは？」などの，よくある質問から始めてください。最初の質問への答えが，次の質問を生みます。そしてそれがまた，新しい語りを生み出します。このようにして語りが始まったら，あとはその船に乗り込んで，行き先を任せて漂ってください。気がつくと，最初に停泊していた岸辺から，はるか遠くまで来ているはずです。

「ピントを合わせない集中」

ひとの語りを聞くことは，はじめに書いたように，息を止めて暗い海のなかに潜っていくことにも似ています。とにかく，語りがいちど始まれば，あとは1時間か2時間，ずっと息を止めてその語りの海のなかに潜り続けてください。集中すること，これがいちばん大事です。

この，聞き取りの場での集中は，たとえばキャラが高速で動くゲームをしているときなどの「一点に集まる集中」とは少し異なります。私はこれを，「ピントを合わせない集中」と呼んでいます。

語りを聞いているときは，あたりまえですが，その語りに集中しています。ひとつの場面，ひとつのエピソード，ひとつの人生のある段階についての語りは，ふつう，数分から数十分ぐらいの長さのまとまりを持っています。そういうまとまったエピソードのなかに，無数の短い文章が詰められています。そしてその文のなかには，これもまたたくさんの言葉たちがひしめきあっています。ひとの語りを聞いているときは，まずはこの，短い言葉や文，小さくまとまったエピソードの単位に集中しています。これは，目の前にあるものへの，短いスパンでの，一点に集まるような集中のしかたです。

しかし同時に私たちは，常に語り全体のことも意識しておかなければなりません。生活史を聞くことのそもそもの目的や意味を忘れることはできません。ゲイ，被差別部落，在日コリアン，沖縄，障害者，シングルマザーなど，調査者がそのときに設定している具体的な社会問題についての語りを聞くことがそもそもの目的です。私たちは，その問題に関する当事者や関係者の方がたの生活史の語りを通して，それらの問題にアプローチしていくのです。ですから，

私たちは，その語りの次になされるべき質問，全体のなかでのその語りの位置，語り手が向かっている方向，あるいは語りを聞くことで浮かび上がってくる新たな問題などについて，つねに意識している必要があるのです。
　だからといって，それは語り手の語りを「制御する」という意味ではありません。生活史の聞き取りの場で，絶対にやってはいけないことのひとつが，語りをさえぎってこちらの聞きたい方向に向け直すという乱暴な統制です。インタビューの現場では，もしどんなに無関係な話に脱線しても，それをさえぎってはいけません。いちど語りの船に乗り込んだら，あとはその流れに身を任せて，その船がむかうところにずっと付き合っていく覚悟が必要です。その意味でも，その場の短い語りの一点に集中することは大事です。
　つまり私たちは，そのとき語られている語りそのものに集中しながらも，つねに全体に目を配っていなければなりません。そして，つねに全体に目を配りながらも，細部の語りに全力で集中する必要があります。細部に集中しながらも全体を見失わず，全体を見ながらも細部をおろそかにしない，という状態が，「ピントを合わせない集中」ということです。
　こう書くと，なにか非常に難しいことのようにみえますが，私たちは実は，普通にインタビューしているときに，誰でもこういう状態になっています。ですから，ほんとうはこれは，とても簡単なことなのです。ただ，意識的にいつでもこういう状態になれるようにしてください。それにはやはり，何回かの聞き取りの経験をつむ必要があるかもしれません。

どうやって質問をつなげるか

　電話やメールでアポを取るときに，いちばん聞かれるのが「なにを聞くの？」ということです。いちおう取材や調査の趣旨はお伝えするのですが，それでもそれはたとえばその方の「生い立ち」だったり，あるいはもうすこし具体的な「復帰前の沖縄からの本土就職」や「その部落での同和対策事業について」だったり，いずれにしても非常に大ざっぱなことがほとんどです。ですから，調査の趣旨を理解してもらえたとしても，「それで，具体的に何を聞かれるんだろう？」ということは，語り手の方も不安に思うはずです。これにお答えするためにも，いくつかの具体的な質問をあらかじめ考えておく必要があります。

ただ，実際の聞き取りの現場で，どれくらい細かい項目を作っておくか，ということに関しては，調査者のスタイルによってさまざまに異なります。これは各自が自分にぴったり合うやりかたを自分で作っていくしかないかもしれません。

　私はいつも生活史の調査を独りでおこなうので，たまに他の社会学者と同行すると，そのスタイルの違いに（お互いが）びっくりすることがあります。ある社会学者は，非常に細かい質問の表を用意して，インタビューの場でそれをひろげて，そのリストの上から順番に質問をしていく，ということをしていました。それぞれのやり方で良いとはいいながら，私はそれを見ていて，正直，「それだったらアンケート調査したらいいやん」と思いました。複数の方から生活史を聞き取る場合に，比較ができるように，質問項目を揃えておくことも，ある程度は必要ですが，あまりにたくさんの細かい質問をあらかじめ作っておくと，話の舳先はあるひとつの方向に強制的に向けられてしまって，豊かな物語は語られなくなってしまうでしょう。研究者にとって非常に大切な，こちらの先入見や思い込みを打ち崩してくれるような語りは，往々にして，思いもかけなかった話の支流や脱線，関係ない世間話から生まれます。また，質問というものは，言うまでもないことですが，その答えを規定します。細かすぎる質問を畳み掛けてしまうと，答えのほうも「はい」「いいえ」のようになってしまい，せっかくの聞き取りが限りなく「一問一答」になってしまって，ひとりのひとから個人史や生活史をじっくりと聞く意味がなくなってしまいます。

　私たちは，「事実関係」だけを聞くことを目的としているわけではありません。たとえば，学校について質問したとしましょう。私たちが聞きたいのは，何年何月に，どこの何という小学校に入ったか，ということだけではありません。その小学校でどのように過ごしたのか，先生はどんな先生だったのか，友だちはどれくらいいたのか，何をして遊んでいたのか，勉強はどうだったか，修学旅行はどんなふうだったのか，放課後はどんな友だちでどこでどんなふうに過ごしていたのか，いじめや体罰はあったのか，卒業して何十年もたった今でも，そのときの友だちと会うことはあるのか，その学校時代のことは，懐かしい良い思い出なのか，もう二度と思い出したくない嫌な記憶なのか……私たちは，確定した数字や事実だけでなく，こうした「物語」にこそ価値があると思うからこそ，生活史を聞き取るのです。そして，こうした，生き生きとした

細やかなディテールは,一問一答の質問攻めのようなインタビューでは,決して語られることはありません。

もちろん,大雑把な質問項目は作っておいた方がいいですし,それよりも,聞き取りで「どうしてもこれだけは聞いておきたい」ということは,事前にしっかりと頭のなかに入れておいてください。たとえば,復帰前の,沖縄から本土への集団就職の体験を聞く聞き取り調査では,「なぜ本土へ行こうと思ったのか」「その当時,沖縄の景気はどうだったのか」「そのとき本土,とくに東京のような大都市はどのようなイメージだったのか」「本土で働いているあいだ,何か『差別』のような経験をしたか」「どうしてUターンしようと思ったのか」など,どうしてもこれだけは聞いておきたいという質問を,いくつか頭のなかに叩き込んでいました。もちろん,こうした質問項目は,はじめから明確になっていたわけではありません。何人かインタビューをするうちに,「ここのところが大事だな」とか,「ここらへんはどうなっていたんだろう」と思うようになっていって,それで定まっていったのです。

ただ,やはりそのつどの会話の流れによって,この「どうしても聞きたかったこと」を聞くタイミングを逃してしまうことも多々あります。そのあたりの兼ね合いやバランスは難しいところです。繰り返しになりますが,さきほど述べた「ピントを合わせない集中」によって,ある程度の質問項目を常に念頭に置きながら,会話の潮の流れに身を任せるという原則は,忠実に守ったほうが良いと思います。

卒論や修論のためにはじめてインタビューするという学生に,私がいつもおすすめするのは,まず事前に自分ひとりで100個ぐらいを目標に細かい質問項目を必死でリストアップしておいて,そして当日のインタビューの現場になったら,それをぜんぶ忘れてそのつどのアドリブで聞き取りをするというやり方です。必死でリストアップした質問項目は,頭のどこかに残っているものです。それはきっと,現場でのアドリブのインタビューにも,とても役にたつでしょう。

インタビューに正解はない

聞き取りの最初の時点では,もちろんこちらからいくつかの基礎的な質問をするところから始まるのですが,そのあと,質問に対する答えが,また新たな

質問を生み出し，そこから思ってもみなかった答えが返ってくる，という感じで進みます。ここでもっとも大事なことは，語り手の語りを絶対に阻害しないということです。語り終わらないうちに口を挟むなどは論外ですが，たとえば，ときどきこういう社会学者もいます。場の雰囲気をほぐそうと思って，相手に質問するだけでなく，自分のことを喋ったりします。私の個人的な経験ですが，インタビュアーが自分のことを話すのは，ほとんど意味や効果はありません。こちらが語り手に興味を持ってお話を聞きに行っているのであって，むこうはこちらのことなどそれほど興味はないと思ってください。ただ，「どうしてこの問題に興味を持ったのか」とか，「どういう立場で関わろうとしているのか」，あるいは，「何しに来たの？」というかたちで，研究者／調査者としての立ち位置を厳しく問われることはしばしばあります。そのようなときは，誠実にしっかりとお応えしなければいけません。しかし，聞き取りをしている最中は，自分の話はしないほうがよいと思います。

　基本的な「どうしても聞きたいこと」以外は，その場の会話の流れに任せてアドリブで質問をつなげていかなければいけません。相手の語りを遮らずに，最後まで聞き取ったあとで質問をするのですが，このときに焦る必要はありません。多少の沈黙は，むしろさらなる語りを促すことがあります。ですから，相手が語り終わったと同時に次の質問をしないほうがよいときもあります。この意味でも，焦って会話をつなごうとしないでください。ゆっくりと，自分のペースで聞き取りを続けてください。

　その場でどんなことを聞いていけばいいのかについては，これはもう，2つのことしかありません。ひとつは，「調べているその問題について詳しくなること」です。詳しくなればなるほど，的確な質問をつなげることができるようになります。もうひとつは，「場数を踏むこと」です。まだ慣れないうちのインタビューは，とにかく聞き手のほうも「いっぱいいっぱい」になっている場合が多いと思います。でも，そのうちたくさんの方がたにお会いして慣れていけば，自分もリラックスして聞けることが多くなります。やはりこの「自分もリラックスする」ということはかなり大事なことです。

　このように，話の聞き方にコツはありませんし，「いちばん良いやりかた」もありません。それぞれが自分のスタイルを，自分で作っていくほかありません。

ただ，なんとなく，学生や院生に対するアドバイスとして，2つのことを言うことはあります。ひとつは，「頭のなかに情景を描きながら聞く」ということと，「なるべくそのときの感情や印象を聞く」ということです。頭のなかに情景を描きながら聞くと，その「絵」の足りないところを埋めていく感じで，かなり具体的な質問をすることができます。それから，これも繰返しになりますが，たとえば学校のことを聞くときでも，何年にどこのどういう学校に入ったか，という事実だけを聞くのではなくて，その学校でどういう時間を過ごしたのか，主観や感情や印象に関することをじっくりと聞いてください。

また，インタビュー中は自分の話をする必要はないと述べましたが，聞いているときの態度も，いろいろ悩むところです。これも，はっきりした正解やベストなやり方があるわけではまったくありません。それぞれが各自のキャラを活かした聞き取りをしてください。ただ，一般常識として，あまりに低いテンションは相手に暗い印象を与えて話がはずみませんし，また逆に，あまりに高いテンション（「へえ，そうなんですかあ！」「いやあ，知らなかったなあ！」「なるほどなるほどーー！」）も，相手を白けさせてしまい，会話の自然な流れを阻害します。できるだけ中庸を心がけてください。それから，相手の語りは，最後まで聞いてください。喋っている最中にせわしなく相槌を打ってはいけません。喋っているときに，あまりに頻繁に頷かれるのはとても邪魔になります。

もうひとつ，インタビュー中に気をつけなければならないことで，とても大切なことがあります。それは，語り手の語りを絶対に否定しない，ということです。これはとても，とても重要なことです。私たちは，議論をするために誰かにインタビューするのではありませんし，ましてや，相手の考えの間違っているところを指摘して，言い負かしてしまうということは，聞き手の行為としては最低のことです。たとえ相手が犯罪者でも差別者でも，その語りや意見をその場で否定したり，言い返したりしてはいけません。あるいは，相手の生き方や価値観の間違っているところを，上から否定して説教したりアドバイスしたりしてもダメです。

次の会話は，拙著『街の人生』からの引用です（159〜160頁）。

　　あのですね。あの……指名でなれてくるとね。そういうの出してくるお客さんがいるんですよね。

――注射とか？

　ええ。そうなんです。いるんです。それで，やらない？　とか言われて，する人もいるんですけど。わたしはそういうの一切やらないんでね。事務所に行って，もうなんか，こういう人がいましたよって言うと，もう，その人をシャットアウトしちゃうんで。ほかの女の子付いたときにまたね，そういうなんかトラブったことがあってもこまるんで。

　あとは，そんなに，ないですね。目の前で（シャブを）やってても，わたしはあんまり関係ないんで。

　――ご自身はされないってことですね

　ないですね。若き日はやってたんですけど（笑）。

　――あ，ほんまに（笑）

　うん，ほんとにね。いまはもう，子どもいますしね。

　語り手はシングルマザーの風俗嬢で，デリヘリの仕事をしていると客からシャブ（覚せい剤）をすすめられることがある，という内容の話をしているところです。そういう客は事務所によって「出禁」（出入り禁止）にされます。
　この語りの最中に，語り手はさらっと，「若いときはシャブもやってました」と語ります。私はそれを聞いて「あ，ほんまに（笑）」としか答えていません。
　ありえない話ですが，もし私がここで「それは犯罪ですよ！」とか，「シャブなんかやっちゃダメですよ！」みたいな，うわべのきれいごとを言ってしまったら，会話の流れは著しく阻害されるでしょうし，そもそも私との間の信頼関係も崩れてしまうかもしれません。もちろん，麻薬は禁止されるべきですが，そのことをインタビューの最中にわざわざ言う必要はありません。
　これは場合によっては難しい問題になります。例えば，語り手が極端な偏見や差別意識の持ち主で，そのことを隠さずに語り続けた場合，それを聞くことはとても「しんどい」作業になります。一度だけ，ヘイトスピーチを繰り返すある団体に加入を希望していた若い女性に聞き取りをしたことがありますが，私自身，インタビューの最後でかなり感情的になってしまいました。こちらも人間ですから，あまりにも辛い聞き取りは黙って聞いていることが難しいとき

があります。

　しかし，やはり一般論としては，語り手の価値観や語りを否定することは，調査者としては許されないことです。私たちは「聞かせていただく」という態度を崩してはいけません。聞き取りの現場ではいろいろなことが起きますし，いろいろなことが語られますが，それらはすべて「貴重なデータ」だと思って，謙虚に受け止めてください。

インタビューの終わり

　インタビューの終わりは自然にやってきます。これも一様ではありませんが，「まあ，そんな感じです」とか「いろいろありましたけどね」のような，話をまとめるようなフレーズが何度も続くようでしたら，それは相手が疲れてきたというサインです。もちろん，これもケースバイケースなので，あまり真に受けないでください。そのつど現場で判断してください。

　人にもよりますが，だいたい生い立ちや歴史的事件の経験など，ひとつのテーマのお話を「ひといき」で喋るときは，1時間半から3時間ぐらいでひと区切りつくことが多いです。ただ，これも非常に大切なことですが，語り手の方が話している間は，絶対にこちらからインタビューを終わらせないでください。何時間かかろうとも最後まできっちり聞くということを絶対の決まりにしてください。ご自宅で聞き取りをしていると，お茶やお茶菓子をいただくことも少なくありません。遠慮がちにいただいてください。お酒が出てきた場合は，なかなか対応が難しいですが，控えめにおつきあいするのが良いと思います。私は何度か，そういうときに泥酔してしまって，あとから恥ずかしい思いをしたことがあります。また，カフェやファミレスで聞き取りをしているときは，最後の会計は聞き手のあなたが支払ってください。スターバックスのような先払いのカフェでは，そこまで気を使う必要はないでしょう。

　さて，とにかく，区切りがついてインタビューが終了したとします。重ねてお礼を述べて，手みやげを渡し，レコーダーのスイッチをオフにして，自分も会計などを済ませ，店の外でもういちどお礼を言って頭を下げて，笑顔でお別れをします。このときに，駅が同じだからと一緒に歩いていく必要はありません（気まずいので）。「ちょっとぶらぶらしてから帰りますので」などとわざわざ言う必要もありませんが，「ありがとうございました」と述べて語り手を見

送ってください。

　さて，そのあと，あなたはどういう状態になっているのでしょうか。おそらく，「ひとの話を集中して聞き続ける」という，ふだんの生活ではめったにないことをして，体は疲れきって，逆に神経は高ぶっている状態だと思います。また，貴重なお話を聞いた感動と，長時間の緊張をともなう仕事が終わった解放感と，突然ひとりきりに戻った孤独感と，純粋な疲労が重なって，若干混乱した状態にあると思います。おそらく，語り手の方は，ご自身の話をされた直後だけに，よりいっそうさまざまな思いや記憶が去来していることでしょう。その意味でも，聞き取りが終わったあとはすぐにお互いひとりに戻ったほうがよいのです。

　聞き取りが終わったら，ひとりですこし遠回りをしてゆっくり歩いたり，一杯ひっかけたり，早めに帰ってゆっくりお風呂に入ったり，それぞれのやり方で疲れを癒して頭を冷やしてください。

　このように，聞き取りというものは，語り手も聞き手も，とても疲れるものです。たまに，1日に3人も4人も聞き取りのアポを入れるタフな社会学者もいますが，私の場合は，1日におひとりが限界です。どうしても先方のご都合でおふたりとお会いすることもありますが，非常に疲れます。特に慣れないうちは，1日におひとりに限定しておいたほうがよいでしょう。また，時間も，相手に合わせるようにするのですが，必ずしもおひとりについて一回かぎりのインタビューしかできないということではありません。もしその日に聞きたいことをすべて聞けなかったり，また語り手の方に話し足りないところが残ったりした場合は，後日あらためてお話を聞かせていただくということもあります。

インタビューの後で

　自宅やホテルの部屋や研究室に戻ったら，もっとも大切なことは，すぐに録音した音声データのバックアップをとるということです。音声データには，語り手の方の人生そのものがつまっています。くれぐれもデータの取り扱いには慎重になってください。外部へ漏れた場合，取り返しのつかない事態になることもあります。

　バックアップは必ず複数おこなってください。こういう技術的な話はすぐに古くなってしまうのですが，これを書いているいまは「クラウド」といって，

ローカルのハードディスクだけではなく，ネット上の共有サーバにデータを保存することが流行しています。しかし，クラウドに音声データを置くのは，流出などのリスクを考えた場合，やめておいたほうが無難です（また，無料版のクラウドの場合だと，すぐに容量が足りなくなります）。

　レコーダーをパソコンに接続し，そのパソコンに音声データをダウンロードします。同時に，いくつかの複数のディスクに保存するようにします。出張先のホテルなどの場合は，容量の大きな SD カードなどの外部メモリを用意しておいて，持ち込んだパソコンだけでなく，そのメモリにもコピーしておきます。レコーダーに残ったデータは，メモリの無駄になりますので，コピーした後に消去してください。これがオリジナルなので，もしバックアップをする前に間違って消去してしまった場合，データは永遠に失われます。レコーダーのデータを消去する瞬間はかなり緊張します。

　インタビューの途中でトイレ休憩があったり，なにかの都合でレコーダーを一時停止することも多く，ファイルはたいていの場合は複数に分かれます。私はいつも，ファイルの名前には日付を，フォルダの名前にはその方のお名前を使います。あるいは番号で管理してもいいでしょう。

　いつ，どこで，どなたから，どれくらい，何についてお話を伺ったのかという基礎的なことを，エクセルなどの表で管理します。このリストの形式は自分流でよいと思います。お名前や日時や連絡先のほかに，待ち合わせ場所，誰から紹介してもらったか，現在のお仕事や年齢，あるいは聞き取り結果の概要，そのほか備考など，自分でまとめて保存しておきたいという情報をここで一覧表にしておきます。事前チェックなどで，あとから連絡する必要がでてきますので，連絡先は必ず記録しておくようにしてください。また，できれば，インタビューが終わったその日か次の日に，お礼のメールや電話をしてください。

テキストに書き起こす

　さて，これで，生活史調査のもっとも重要な，インタビューそのものが終わりました。かなりホッとされていることと思います。しかし，言うまでもないことですが，「研究」は，ここがスタートです。ここから，語られた語りに基づいて，論文を書いていきます。

　語りは，音声データのままでは，通常のレポートや卒論や論文や本にはなり

ません。音声データは，文字に書き起こす必要があるのです。この作業のことを，昔は「テープ起こし」と言っていました。カセットテープという石器時代の遺物で聞き取りを録音していたからです。そのあと，録音機材は，いくつかの変遷を経て，いまでは「IC レコーダー」というものが定着しています。とにかく，いまでは「テープ」というものは使われなくなったので，以下では「文字起こし」という言葉で統一します（ごく一部で「反訳」という言葉を使う場合もあるようですが）。

　この文字起こしは，アポイントやインタビューそのものほどは精神的な負担にはなりませんが，作業量としては，生活史調査全体を通じてもっとも大変で，量が多く，もっともしんどいステージです。いまのところ，音声を自動で文字に変換してくれるソフトは，すくなくとも実用的なレベルのものは存在しません。したがって，インタビューの音声データは，それぞれそのつど，手作業で文字にしなければなりません。

　この作業は，非常に時間と手間と労力と根気の要る仕事です。いまのところ，一文字一文字，パソコンでタイプしていくしかありません。ただ，これを補助するソフトはいくつかあります。

　昔は，カセットテープを「テープ起こし」するための，「トランスクライバー」という機械がありました。床置きのテープレコーダーで，ヘッドホン端子と，足踏み式のコントローラー（フットペダル）が付いています。ヘッドホンでカセットテープを聞きながら，足でフットペダルを操作します。ペダルを一回踏むと，カセットテープが再生されます。足を離すと，これが非常に重要な点ですが，「すこし戻って止まる」のです。そして，もういちどペダルを踏むと，一時停止したところからすこし戻って再生されるのです。カセットテープは足で操作しますから，両手はフリーになっています。すこし戻って聞き返しながら，少しずつ少しずつ，パソコンやワープロに文字を打ち込んでいくのです。

　この，「少し戻って止まる」という機能が，文字起こしには非常に大事だったのですが，なかなかこれをパソコンで再現してくれるソフトはありませんでした。そのため，私自身が，プログラマーの方に業務委託をして，文字起こし専用の補助ソフト（Interview Writer 1.1）を開発してもらいました。フリーで，どなたにもお使いいただけます（http://sociologbook.net/?page_id=651，不具合やバ

グやデータ消失などの責任は一切負いません。あくまでも自己責任でお使いください）。こちらは Mac 専用ですが，Windows ユーザー向けには，okoshiyasu2 というフリーソフトがあります（http://www12.plala.or.jp/mojo/）。

　また，他にも英語圏のソフトがいくつかありますので，いろいろ検索して探して，自分にぴったり合うソフトを見つけてください。大事なことは，「キーボードから手を離さずに，ひとつのソフトで再生・巻き戻しと文章作成ができる」ということです。たとえば，音楽プレーヤーとテキストエディターを併用すると，いちいちソフトを切り替えながら文字起こしをしなければいけません。これはとても面倒で，時間もかかります。とにかく文字起こしには膨大な時間と手間がかかりますので，なるべくストレスのないやり方を各自で見つけていってください。

　聞き取りで語られた言葉をどの程度細かく正確にテキストに書き起こすか，ということについて，特に決まりがあるわけではありませんが，あまり編集しすぎて，不自然にきれいでスムーズな言葉に直してしまうと，人の手が加わっていることが目について逆に読みにくいときがあります。なるべく語られたそのままの言葉を書き起こすほうがよいでしょう。研究分野によって，たとえば本書では取り上げませんが「会話分析」という手法では，語られた言葉は，言いよどみや言い間違いや言い直しまで，あるいは複数の語り手の言葉の重複や混乱などまで，コンマ1秒単位で精密に書き起こします。それは，会話の現場でかわされている「相互作用」を徹底的に読みとく手法です。しかし，生活史調査では，そこまでの精密さは求められません。聞き手がどのようなことを質問するか，ということも，生活史調査にとって非常に大事なデータなので，聞き手が質問する言葉も含めて書き起こす必要がありますが，現場で語られた会話そのものを完全に再現するほど書き起こす必要はありません。ただ，語り言葉の雰囲気や口調，微妙なニュアンスまで読み取れるように，できるだけ細かく正確に書き起こすことは必要だと思います。質的調査全般に言えることですが，ここでもはっきり定まったルールはありません。しかし，少し読みにくいぐらい語り口をきっちり書き起こしたもののほうが，現場のリアリティをよく伝えるものになると思います。

　また，ある程度「予算」というものが付いてくると，バイトや専門の業者さん（そういう業者さんがいるのです）に文字起こしを外注することもありますが，

その場合でも、くれぐれもプライバシーや個人情報の管理だけはしっかりとおこなってください。

さて、おおまかに、このようなプロセスで生活史調査はおこなわれます。次節では、書き起こしたテキストデータの編集から、実際に「生活史から何をどう研究するか」ということについて、私自身の調査を例にとって、考えてみましょう。

4 生活史を「研究」する

テキストデータの編集

「研究」とは何でしょうか。研究そのものの定義は、それこそ研究者の数だけあるでしょう。しかしもっともそのシンプルな定義を与えようとすれば、それはこうなるでしょう。研究とは、書くことです。レポート、卒論、報告書、修士論文や博士論文、学術論文、単著や共著など、形はいろいろですが、基本的に研究するということは、なにかを書くということです。研究会や学会での口頭発表も、多くの場合は書かれたレジュメが必要です。したがって、これまでの調査の実践で得られた音声データは、まず文字化され、編集されることが必要です。それに基づいて私たちは、何らかのことを書くのです。

さらに、音声データを文字データに変換したのちに、生活史の語りを、その社会問題に特有の「歴史と構造」のなかに置き直して、新たな「理論」をつくりだしていく。おおまかにいえば、生活史調査のめざすものは、このことです。

それでは、まず、実際のインタビューを文字起こししたものを例にして、編集のやり方について考えてみましょう。それでも、文字データへの変換の方法は人それぞれですし、細かいことを言えばキリがないので、ここでは実際の例をご覧いただくので、それを参考にして、自分なりのやり方を見つけていってください。

以下は、私が2014年6月におこなった、ある方への聞き取りの、ほんの一部です。語り手は、1963年に那覇で生まれた男性の教員の方です。まず、インタビューの冒頭で、私が生い立ちについて聞いています。「＊＊：」がイン

タビュアーである私で,「MN：」は語り手のイニシャルです（地名や出生年などは変更しています）。

＊＊：あの辺なんですか？ ご自宅は。家があの辺なんですか？
MN：僕ですか？ 僕は今新都心に住んでます。
＊＊：そうなんですか。
MN：出身は開南の一丁目。
＊＊：あっ那覇のど真ん中ですね。
MN：ど真ん中ですね。
＊＊：開南の一丁目って市場の通り沿いですか？
MN：えっとですね，神原中学って
＊＊：はいはい神原高校
MN：あれの体育館があるんですけど，体育館と那覇高校の間に貧民街があるんですね。
＊＊：あの牧志っていうところですか？
MN：牧志は
＊＊：牧志とはまた違うんですか？
MN：違いますね，はい。牧志はまたちょっとあのあそこは二丁目になりますね。
＊＊：松尾一丁目
MN：一丁目ですね。
＊＊：あの確かあの辺昔スラムでしたよね？
MN：よく知ってますね。そうらしいです。僕は全然思わなかったですけど，あとから思うとやっぱりスラム街だったらしい。で，赤線地帯だったって。
＊＊：えぇえぇ
MN：よく知ってますね。そこのようです。もうほんとにえっとですね，あの底，谷底になってるような一番土地の低いところで。雨が降ってくると，雨が降ってくると滝のように水が流れてくるっていうところでしたね。
＊＊：元々そこ，そちらだったんですか？ ご家族
MN：僕は僕はそこですけど，父が山原（やんばる）です。はい，山原から出てきて。母は石垣から出てきた。

＊＊：東西，あの南北。
MN：南北ですね。で，あの方言は通じない。
＊＊：んー
MN：うちの中ではこんな感じで話をしていた，毎回。方言はあんまりとか全然使わなかった。
＊＊：お互いの方言が通じないから。
MN：通じないですね。
＊＊：お父さんお母さんおいくつの生まれ？
MN：もう二人なくなったんですけど，大正15年が母親で大正16年が父親ですね。
＊＊：MN先生おいくつなんですか？
MN：僕51ですよ。(昭和)37年生まれ
＊＊：37年生まれ
MN：はい。
＊＊：えっと(19)62年生まれですか？
MN：62年生まれ。今僕は安定してますけど，あの僕の兄弟はあんまり安定してないですよ。両方川崎にいますけど。父親なんていうのは安定してないというかずっと無職でした。
＊＊：長男が？
MN：えっ
＊＊：長男が？
MN：父親ですか？
＊＊：父親がですか？
MN：はい，父親が。父親はもうずっと無職でした。
＊＊：お父さんは無職だったんですね。
MN：はい。もう仕事をしていないという。定期的な収入がないという家庭で育ったんです。
＊＊：那覇に来られたのはいつごろなんですかね？
MN：えっと。で，えー僕結婚した時に戸籍新しく作りますよね。その時に気付いたのが20年ぐらい前に結婚したんですけれども，戸籍を作ったのが大正区だったみたいですかね。あっ大正区なんだって。

＊＊：本籍が大正区だったんですか，そのとき？
MN：ええまぁそうなんでしょうね，はい。そういえばうちの父親，大阪の定時制高校出たっていう話をしてたような気がしますね，はい。
＊＊：へぇえええ
MN：ええ。で，自分の戸籍作るときに，あっ大正区なんだって。で，大正区ってのは神奈川に鶴見ってところがあって，これ沖縄の人たちがいる。大阪には大正区っていうところがあって沖縄の人がたくさんいる。へぇそうなんだと思ったら，取り出してみたら父親の戸籍が大正区でしたね（笑）。
＊＊：へぇええ。
MN：おもしろい
＊＊：それはお母さんと結婚されたのが大正区やったんですかね？
MN：たぶんそうなんでしょうね
＊＊：ですよね。
MN：はい。
＊＊：じゃあお母さんもその時の本籍が大正区になってるわけですよね？
MN：そうでしょうね。
＊＊：へぇええ
MN：まぁうちのちょっと両親よくわけがわからない（笑）。
＊＊：いったん山原から大阪に出稼ぎに行ったんですかね。
MN：たぶんそうなんでしょうね。
＊＊：まぁご親戚もいたかもしれないし。
MN：そうかもしれない。
＊＊：その辺はお付き合いというか大阪とのつながりもほとんどない？
MN：ないですね。全くないです。で，父親はもうあんまり親戚づきあいもしなかったですね。
＊＊：それはなんかあったとかいうこと？
MN：たぶんあった。

ここでは，実際に聞き取りの場で話された言葉に，かなり忠実に文字起こしをしています。これを読むと，インタビューというものは，何よりもまず「会話」であることがわかります。

これを，いつもの私のやり方で編集してまとめると，以下のようになります。私はいつも，聞き手の質問は"──「〇〇〇〇」"，語り手の語りに埋め込む場合は"(「〇〇〇〇」)"と表記をします。このあたりも特に決まりはないので，それぞれが工夫すればよいと思います。語り手の語り口をそのまま残して，聞き手の質問を若干省略し，細かいいい間違いや聞き返しの部分を削除すると，以下のように，会話の雰囲気を残したまま，非常に読みやすくなります。前出の生(なま)の文字起こしとよく見比べて，語りそのものはほとんど編集されていないことを確認してください。あまり手を加えなくてもここまで読みやすくなります。

　　──あの辺なんですか？　ご自宅は

　　僕ですか？　僕は今新都心に住んでます。出身は開南の一丁目。

　　──那覇のど真ん中ですね

　　ど真ん中ですね。えっとですね，神原高校って，あれの体育館があるんですけど，体育館と那覇高校の間に貧民街があるんですね。

　　──牧志とはまた違うんですか？

　　違いますね，はい。牧志はまたちょっとあのあそこは二丁目になりますね。

　　──あの確かあの辺昔スラムでしたよね

　　よく知ってますね。そうらしいです。僕は全然思わなかったですけど，あとから思うとやっぱりスラム街だったらしい。で，赤線地帯だったって。よく知ってますね。そこのようです。もうほんと，あの底，谷底になってるような一番土地の低いところで。雨が降ってくると，雨が降ってくると滝のように水が流れてくるっていうところでしたね。

　　──もともとそちらだったんですか？　ご家族

　　僕はそこですけど，父が山原です。山原から出てきて。母は石垣から出てきた。で，方言は通じない。うちの中ではこんな感じ(標準語)で話を

していた，毎回．方言はあんまりとか全然使わなかった．(「お互いの方言が通じないから」) 通じないですね．

　もう二人なくなったんですけど，大正15年が母親で大正16年が父親ですね．(「MN先生おいくつですか」) 僕51ですよ．(昭和) 37年生まれ．(19) 62年生まれ．

　いま僕は安定してますけど，僕の兄弟はあんまり安定してないですよ．両方川崎にいますけど．父親なんていうのは安定してないというかずっと無職でした．父親が．父親はもうずっと無職でした．もう仕事をしていないという．定期的な収入がないという家庭で育ったんです．

——（ご両親が）那覇に来られたのはいつごろなんですかね？

　えっと．僕結婚した時に戸籍新しく作りますよね．その時に気付いたのが，20年ぐらい前に結婚したんですけれども，戸籍を作ったのが大正区だったみたいですかね．あっ大正区なんだって．

——本籍が大正区だったんですか？

　ええまあそうなんでしょうね，はい．そういえばうちの父親，大阪の定時制高校出たっていう話をしてたような気がしますね，はい．で，自分の戸籍作るときに，あっ大正区なんだって．で，大正区ってのは神奈川に鶴見ってところがあって，これ沖縄の人たちがいる．大阪には大正区っていうところがあって沖縄の人がたくさんいる．(という話を聞いて) へぇそうなんだと思ったら，取り出してみたら父親の戸籍が大正区でしたね (笑)．(「へえええ」) おもしろい．

——お母さんと結婚されたのが大正区やったんですかね？

　たぶんそうなんでしょうね．

——じゃあお母さんもその時の本籍が大正区になってるわけですよね

　そうでしょうね．まあうちのちょっと両親よくわけがわからない (笑)．

——いったん山原から大阪に出稼ぎに行ったんですかね

たぶんそうなんでしょうね。(「ご親戚もいたかもしれないし」) そうかもしれない。

　――お付き合いというか, 大阪とのつながりもほとんどない?

　ないですね。全くないです。で, 父親はもうあんまり親戚づきあいもしなかったですね。

　――それはなんかあったとかいうこと?

　たぶんあった。

　文字起こしデータの編集は,「語り口をそのまま残しながら, 読みやすい形にする」ことを目標としてください。もちろん, ここでもまた, 決まったやり方は存在しません。各自がそれぞれの目的にあわせて, 自分のスタイルを作っていけばよいでしょう。しかし, やはりなるべく, もとの語り口の雰囲気を残すようにしてください。それから, 言うまでもありませんが, 多少の削除や入れ替えなどの編集は大事ですが,「書き換え」や「書き足し」は厳に慎んでください。それはデータの捏造です。

　また, ここは意見が分かれるところですが,「とりあえずは分析の対象にはならない, ちょっとした脱線や横道」も, なるべく含めるようにしてください。もちろん, 新聞・雑誌記事や学術論文などで, 字数が厳密に制限されている場合は, 語りをすべて含めるとそれだけでものすごい量になってしまうので, 泣く泣く削ることはしかたないことです。しかし, もしレポート, 卒論, 修論, 博論, 論文, そのほかの文章で, 字数の制限がなければ, 思う存分無関係な語りも入れてあげてください。もちろん, ある語りを理解するためには, それが埋め込まれた文脈をまるごと理解することが必要だから, という理由もありますが, もうひとつ別の理由もあります。それは, ひとの生活史の語りというものは, それだけで面白いから, というシンプルなものです。

　もちろん, 語りをすべて残すことはできませんから, どこかの箇所を削除して, 別のところを残す, という取捨選択の作業はどうしても必要になります。そのために, 語り手の語りを文字起こししたあとは, それをプリントアウトして, 常に手元において, 赤ペンを片手に何度も何度も何度も読み込んでくださ

い。そうすれば，残すべき語りが，自然と「紙から浮き上がって」見えるようになります。この取捨選択は，慣れてくれば，迷うことはほとんどありません。語りの方から，どこを残してどこを削除するべきかを，（文字通り）語りかけてくれるようになります。

　ただ，ここでひとつだけ問題が生じることがあります。あまりに語り口に忠実に書き起こして，それをそのまま論文などに掲載すると，語り手の方からクレームがつくことがあるのです。それはこういうことです。

　ふつう私たちは，喋っているときに，それがそのまま文字になり紙に記録されると思って喋ったりはしません。言葉は空中に消えてしまい，二度と戻らないと，無意識で思って，適当なことを喋っているのです。これがもし，そのまま忠実に書き起こされ，きれいなフォントで紙の上に印字されたとしたら，どうでしょうか。よっぽどそういうことに慣れたひとでないと，普通はかなりぎょっとします。特に，「あー」とか「ええと」などの，言い淀みや無意味な発声をそのまま書き起こすと，かなり違和感を感じるひとも少なくありません。

　このあたりは非常に難しいところです。私たちは，語られた語りは，そのままの姿でとても貴重な，価値のあるものだと思いますし，だからこそ，できるだけそれを編集せずに残したいと思っています。しかし，そのことで，語り手を傷つけてしまうこともあります。私も実際に，語り手のかたから直接お電話をいただいて，かなり強い口調でお叱りを受けたことがあります。自分は地の文では論文調の書き言葉を使っていて，語り手の語りの引用になったとたん，「ああ」とか「ええと」などの言葉がたくさん入った，文法的には非常に砕けた話し言葉の文体になるのは，確かに違和感をおぼえる方がいても不思議ではありません。

　この問題には（他の多くの質的調査に生じる問題と同じく）答えはありません。私は，読みやすく，また語り手の方にも納得していただけるような，最小限の編集はしながらも，ほんとうはまったく編集をすることのない語りも記録して保存したいと，いつも思っています。

　さて，次節では，こうして得られた生活史の語りから何をどう読んでいけばよいかを考えてみましょう。繰り返しますが，生活史調査というのはあくまでも「調査のやり方」であって，調査そのものではありません。調査をするときにもっとも大事なのは，言うまでもなく，「何を調査するか」ということです。

生活史の語りを読む場合でも，その調査対象に関する事前の知識が絶対に必要です。

ですから，語りを論文などに引用する際は，匿名にしたり固有名詞を変更したりすることはもちろんですが，そうした変更を加えた上でも，改めて語り手の方に事前に承諾を得るようにしてください。実際に引用するすべての語りについて事前承諾を得ることは，なかなか難しいですが，あまりに短い語りの場合や，もう何年も前に聞き取った語りの場合でも，なるべく公開前にチェックしてもらうことが必要です。私はこれを怠ってお叱りを受けたこともありますが……。そうしたことを避けるためにも，聞き取りの現場でデータの公開についてもご説明する必要があります。最低限，お名前や地名などの固有名を伏せることは，その場で約束してください。

しかしこの場合でもいろいろと例外はあります。たとえば，語り手がすでに有名な研究者や活動家などだったときは，匿名にすることでかえって失礼になることがあります。とにかく，生活史に限らず質的調査には正解はありません。やはり語り手とのあいだの信頼関係がすべてです（自戒を込めてですが……）。

「歴史と構造」のなかに語りを置き直す

このインタビューは，沖縄の「安定層」の生活や意識に関する調査の一部としておこなわれました。「安定層」というのは，私たち調査チームが考えたカテゴリーで，簡単にいえば，教員や公務員など，「大学を卒業し，生活が比較的安定している人びと」のことです。私たちは，沖縄の共同体と階層格差との関係を探るために，沖縄のさまざまな職業や階層の人びとに聞き取りをおこなっています。

この場合，まず沖縄の戦後史の知識が必要です。沖縄戦からはじまり，米軍の支配・占領，復帰運動と1972年の「沖縄復帰」，その後も存続した米軍基地の問題，1995年の少女暴行事件，普天間・辺野古の基地移設問題など，沖縄が辿ってきた歩みに関する基礎的な知識はどうしても必要になります。そして，それだけはなく，他にも沖縄の地理，労働市場，経済状況，伝統文化，教育制度などに関する，広範な知識が必要となります。また，沖縄アイデンティティや，本土との複雑で微妙な関係（非常に極端な言い方をすれば「植民地主義」）に関する社会学的な議論についても知っておく必要があります。

このような背景知識をもとに，上記の短い語りを読んでみましょう。まずはじめに，60年代の那覇の様子が簡単に語られますが，ここの言葉自体は簡単でも，非常に貴重な歴史的証言になっています。那覇市の松尾から開南にかけては，(語りのなかでは「スラム」という言葉が使われていますが) かなり貧しい地域で，いわゆる「不良住宅」が建ちならんでいました。

　住民を巻き込んだ凄惨な地上戦となった沖縄戦が終結し，1945年から沖縄は米軍の統治下におかれました。沖縄本島は全面焼け野原となり，住民は収容所に強制的に入れられました。ここから沖縄の戦後が始まったのです。

　日本本土と同じように，沖縄もたくましく戦後復興していきました。米軍によるガリオア資金・エロア資金の投入がきっかけとなり，基地の米兵相手のサービス業が急激に発達し，コザなどの基地周辺の街には人が集まりました。しかし，沖縄でもっとも人口が集中したのが，首座都市である那覇でした。那覇の人口は1950年から75年にかけて，10万人から30万人にまで膨れ上がりました。沖縄本島周辺部や離島の農村の過剰人口が一斉に那覇へと移動し，そこで世帯を形成し，耐久消費財の需要が急に活発になりました。那覇ではこの需要にあわせて設備投資が活発におこなわれ，人手不足が発生。そこへまた人が流れ込むという循環がおこり，高度経済成長の時代へ突入したのです。

　ところが，この時代の琉球政府（米軍統治下で設置された沖縄の自治政府）も米民政府（沖縄を統治した米軍の機関）も，沖縄の社会的インフラを十分に整備することはできませんでした。琉球政府が財政的な困難を抱えている一方で，米民政府も，基本的には基地の建設と維持など，米軍の都合しか考えていなかったのです。道路や上下水道，病院などの社会インフラの整備が進まないまま，那覇都市圏に人口が集中し，那覇市内のあちこちに大規模なスラムが形成されていきました。こうした場所では，不衛生な環境から伝染病や寄生虫が発生し，また犯罪や暴力事件も多発しました。

　そして，ここでもっとも重要なことは，戦後の那覇が「移動の街」だったことです。都市というものは，どこでもそうですが，特に高度成長期の那覇の場合，きわめて多くの，周辺部や離島の人口が流入していました。そうした流入者たちは，いまでも沖縄の地元の表現で「居留民」や「新住民」と呼ばれていますが，当時の人口増加の割合からみて，現在の那覇に住む人びとの大半は他地域出身者かその子ども・孫であることが推測されます。

さらに興味深いことに，この語り手の両親は沖縄ではなく，大阪で出会っています。戦前から戦後にかけて，沖縄から大量の労働力が日本本土に流出していました。この背景になったのは，もちろん沖縄の貧しさです。戦前は特に，当時アジア最大の工業都市だった大阪とのあいだに定期船が就航していて，大阪に大量の沖縄の人びとが移住しました。大阪市大正区というところには，いまでも数多くの沖縄の人びとやその子・孫たちが住んでいます。戦後になると，「集団就職」というものがはじまります。それもまた大量の人の移動ですが，戦前と異なるのは，それが「経済的要因に還元できない」移動だったことです。大量の集団就職や単身での本土就職は，沖縄が高度成長期で，きわめて低い失業率の時期に発生しました。それは，アメリカの統治下から脱して日本本土と一体化したいという，沖縄の人びとの気持ちのあらわれだったのです。私はかつて，この移動を，経済で説明できないという意味で，「過剰移動」と名付けました（『同化と他者化』）。

　語り手のお父さんとお母さんは，離島と周辺部からそれぞれ別々に大阪に出稼ぎにやってきて，そこで出会いました。そして，那覇のなかでも特に流動性の高い，なかばスラムのような地域に所帯をかまえ，そこで子どもたちを育てました。この語り手の男性は，そうした家族歴のなかで生まれ，育ったのです。

　この会話での語り手の，「両親が離島と僻地出身で，家庭内ではおたがいの方言が通じないので標準語を使っていた」という短い語りは，まさにこの，戦後の沖縄史における人口増加，移動，都市の膨張の物語そのものなのです。

新しい「理論」へ向けて

　こうした歴史的状況のなかにこの語りを置き直したとき，なにが浮かび上がるでしょうか。もちろん，同じ歴史的状況にある同じ語りでも，解釈の方法がひとつということはまったくありません。ひとつの語りを解釈するやり方は，ほんとうに無限にあります。以下で述べる私の解釈もまた，たくさんある解釈のひとつにしかすぎませんが，それでもここで例として，私の解釈を述べたいと思います。

　私たちは，沖縄の社会の特徴を「沖縄的共同体」として捉えています。本土の都市部に比べて，インフォーマルでゲマインシャフト的なヨコのつながりを色濃く残すのが，沖縄の社会なのです。沖縄には，そうした共同体を維持し，

再生産するための，独特の慣習や規範が強力に作動しています。こうして，私たちはしばしば，沖縄を，前近代的で固定的なムラ社会として描いてしまうのです。

　この語り手の語りは，そうした私たちの「理論的思い込み」を破壊してくれます。そして，個人の生きかたや生い立ちを，マクロな沖縄戦後史に直接結びつけて考えることを可能にしてくれます。都市的世界と比べて，沖縄的共同体は，人口の流動が少なく，対面的で，関係性も固定的であり，古くから受け継がれた独自の文化を保持すると思われているのですが，この語り手の語りは，戦前から続く沖縄の本土移動や，戦後特に激しさを増した那覇都市圏への人口集中，激しい経済成長，そしてなによりも，そうしたものがもたらす「他者との出会い」の多さ，というものに気づかせてくれるのです。たとえば，沖縄の方言といえば，「ウチナーグチ」といって，沖縄的なものの代表としてよく語られますが，両親がお互いの方言が通じないために，家のなかでは標準語を使っていて，それを聞いて育ったため，ウチナーグチがほとんどわからない沖縄の人びとも，数多くいるのです。このことだけでも，私たちの思い込みを解体する力がある語りだといえます。

　私たちは，沖縄の人びとは，昔からかわらない，やさしく温かい共同体のなかで暮らしていると思いがちなのですが，実際にはこうした，経済成長や人口移動のなかで，沖縄社会もダイナミックに変わっていきますし，その社会変動に巻き込まれた人びとひとりひとりの生活史もまた，変化と多様性に富んでいます。そもそも，私が戦後の沖縄経済についてじっくり調べるようになったきっかけは，戦後の生活や暮らしぶりについて聞くインタビューのなかで，「景気がよかった」「いくらでも仕事があった」「給料がどんどん上がっていった」という語りが非常に多かったことです。それまでは，「貧しい戦後の沖縄から，身を売られるようにして本土へ就職した」という語りが多かったのですが，統計データがしめすところによれば，復帰前の沖縄は高度経済成長のまっただ中にあり，失業率もきわめて低く，ほとんど「完全雇用」を達成していました。私は，それまで私が思い込んでいたことを否定する語りを聞きながら，徐々にその背景となった社会変動について調べるようになりました。こうして，「流動する多様な沖縄」という，沖縄社会についての「新しい理論」に到達したのです。

もちろん，生活史調査は，ここで紹介したような，どちらかといえば歴史社会学的な地域研究だけに有効なのではありません。セクシュアル・マイノリティにとっての居場所，ハンセン病の収容施設での生活，部落解放運動の新たな戦略，在日コリアン女性にとっての家族などなど，およそあらゆるテーマにおいて，生活史調査は大きな可能性を持っています。生活史調査を採用する社会学者たちは，個人の語りを「歴史と構造」の文脈に置き直すことで，新たな「理論」を獲得しているのです。

語られる沖縄

　興味がない方には辛いかもしれませんが，もうすこし沖縄の話をさせてください。どんな社会調査も，調査対象と切り離して語ることが難しいのですが，質的調査については特にそれが困難だからです。

　私たちの最初の「理論的先入観」は，こういうものでした。日本本土の都市部と比べて，沖縄には，ヨコにつながる共同体主義的なつながりや規範が強い。伝統文化や伝統行事も強力に伝承されている。他府県と比べて「沖縄アイデンティティ」が強固にある。

　しかし，すでに述べましたが，私は，長いこと沖縄でフィールドワークをするうちに，そうした共同体主義は，間違っているわけではありませんが，事情はもう少し複雑なのではないかと思うようになりました。

　沖縄は，階層格差が比較的大きなところです。大企業が少なく，民間の経済が弱いかわりに，教員や公務員の方がたは安定した生活を送ることができます。私はあるとき，こうした「安定層」の方がたが，沖縄的共同体について非常に「距離を取った」語り方をして，また同時に，実際にその共同体から「距離を取った」生活を送っていることが多いことに気づきました。もちろん，この「多い」というのは，母集団のなかの何パーセントぐらいが，というかたちでの「多い」ということではありません。あくまでも個人的な経験の範囲のことです。しかし，私は，このことは，沖縄社会の共同性という特質を考えるうえで，とても重要なのではないかと思いました。

　つまり，当たり前のことなのですが，沖縄に暮らしているからといって，その社会の規範をすべて受け入れ，いわば「自動的に」それを維持・再生産しているわけではありません。そのような規範の存在にはみんながちゃんと「気づ

いて」いて，それと「自分との距離」を意識的・無意識的に考えながら，社会と付き合っていっているのではないか，ということを思ったのです。そして，そうした「距離の取り方」は，社会のなかでどういう位置にいて，どのような選択肢が与えられているかによって，さまざまに異なるのではないかと思いました。

　私は 2012 年から 2015 年にかけて，沖縄の安定層（公務員，教員，大企業正社員，専門職など，比較的安定した収入を得ている人びと）の 35 名ほどの方に，生活史の聞き取りをしました。ひとりあたり，短くて 1 時間半，長ければ 4 時間ほどの聞き取りをしました。生い立ちや家族環境のお話から，学校での話，お仕事の話，そして現在にいたるまでの物語を語っていただきました。

　この調査によって，とてもたくさんの生活史のデータを得ることができましたが，なかでもとても印象的だったのが，次のふたつのことでした。

　これは安定層の方々に限ったことではありませんが，さきほども例にあげた語りのなかでも語られているように，沖縄の社会が意外なほどの流動性と多様性をそのなかに含んでいたことです。実は，あの語りのなかの「両親が異なる地域出身なので方言が通じず，家の中では標準語を話していた」という語りは，ほかにもたくさん聞かれました。

　そして，安定層の方が，かならずしも同じような階層の出身ではありませんでしたが，共通しているのは，学校での成績がよかったことと，親が教育に理解があったということでした。そして琉球大学や，あるいは内地の名門大学を出て，それぞれの道に進んでいくのですが，高校や大学への進学がきっかけとなって，地元の地域共同体から「離脱」していくのです。

　ここで何度も何度も繰り返しておきますが，私は「ある階層に属する人の全て，あるいはほとんどが離脱する」という「法則」を述べているわけではありません。私に言えるのはただ，そのような語りが多かった，ということだけです。そして，母集団の何パーセントが離脱したのかということは，それはそれとして量的調査の課題であって，大事なことですが，それよりも生活史の調査から私がしたいのは，沖縄の歴史や社会構造のデータを背景にして，たくさんの方が語ったこうした「離脱の物語」を「描く」ということなのです。

　ほんとうにたくさんの方が，この「沖縄的共同体との距離感」について語っていました。そして，そのライフコースについての物語だけでなく，「沖縄的

なもの」を語るその語りのなかに，かれらの「アイデンティティ」が垣間見える気がしました。「沖縄的なもの」についての話を聞くなかで，沖縄的な共同体のつながりの強さや，その独特の規範や慣習は，かなり強く批判されることが何度もありました。「のんびりした県民性」や，「地元とのつながりの強さ」は，たとえば「近代化をそこねるもの」として語られましたし，あるいはまた，「それでは内地との競争に負ける」というかたちで批判されることもありました。

　ここでは，そうした沖縄的な規範や慣習がはたして「本当に」存在するのか，といった点や，そうした安定層の人びとがどれくらい「本当に」そうした規範や慣習から距離を置いているのか，ということに関しては，何も言いませんが，すくなくとも，そのような語りを何度も聞くなかで，私は，「沖縄的なもの」という概念そのものについて，問い直さざるをえませんでした。

　私は，上原健太郎と打越正行，そして上間陽子という３人の沖縄研究者とともにチームを組んで，私が安定層の生活史を，そして上原が「中間層」（地元の高校を出て居酒屋などをしているような人びと），打越が「不安定層」（元暴走族や建築労働者など）の参与観察を，上間が不安定層の女性（風俗嬢やシングルマザーなど）を担当し，「沖縄の階層格差と共同性」というテーマで，いま本を書いているところです。このメンバーの調査からも，興味深い物語を得ることができました。中間層の人びとにとっては，沖縄的共同体は，たとえばそれがそのまま自分が経営する居酒屋の客にもなるということで，死活問題になります。そうすると，その職場を離れたプライベートにおいても，地元のつながりや共同性が最優先のものとなります。また，不安定層の人びとの物語からは，強固と思われてきた沖縄の共同体から「さえ」排除される人びとがいるのだ，特に女性は過酷な運命をたどることもあるということが浮かび上がりました。

　ここでこれ以上詳しく述べることはできませんが，とにかく私たちの調査から明らかになってきたのは，こういうことでした。人びとは，それぞれが置かれた位置や，与えられた選択肢をじゅうぶんに意識し，それについてじっくり考えています。また，まわりの社会や環境についても，充分な知識を持っています。そして，自分自身と，まわりの環境に関するそうした知識に基づいて，それぞれが，それぞれの人生を「より良く生きよう」としているのです。

　たとえば，安定した収入があれば，共同体の「優しいけれどもすこし面倒く

さい」ような部分とは，距離を置く生活が可能になります。あるいは，共同体そのものが死活問題であるような暮らしであれば，みずから進んでそのなかに「埋没」していく生き方も考えられます。あるいは一切そういう共同体から背を向けて，そこから遠く離れて暮らす生き方もあります。

それぞれが異なる位置にあり，まったく違う選択肢が与えられていながらも，人びとはみなそれぞれに必死に，自分の人生をより良く生きようとする姿だったのです。

他者理解のために

生活史や参与観察によって，私たちは，そうした「より良く生きようとする人びと」を——簡単に「理解できる」，という言い方をしてしまうと，とても不遜ですが，ここではあえてこの言葉を使います——理解することを目指しているのです。人びとが，どのような状況で，どんなことをしていても，そこにはほとんどの場合，ちゃんとした動機があり，理由があります。この，動機や理由がある行為のことを，（とても広い意味で）「合理的行為」といいます。私たちの日常的なふるまいやおこないには，こうした「合理性」が備わっています。ある社会のなかで，たとえば沖縄という特定の地域のなかで，人びとは自らに与えられた状況のもとで，主体的・積極的に，より良く生きようとしています。そして，ときにはそうした状況や構造そのものを破壊し，作り替えてしまうこともあります。

そして何よりも，人びとは，自らの生活やその状況について，積極的に語ります。そして，その語りのなかに，その語り手が置かれている状況や位置，あるいは「アイデンティティ」のようなものを窺うことができます。生活史調査で，「何が語られたか」と同じくらい大切なのが，この「どう語られたか」ということです。

生活史の聞き取りを通じて，私たちが何をやるべきかというと，それをひとことで言えば，「他者を理解する」ということです。

他者という言葉の意味をあまりおおげさに捉えないでください。ここでは「よく知らない人びと」ぐらいの意味で考えてください。ただ，他者という言葉を社会学で使う場合，それは，マイノリティであること，周辺的な存在であることなどの意味も込められます。ですから，この意味が含まれていることも

念頭に置いてください。

　このことをもうすこしだけ具体的に述べます。

　2015年6月のことです。あるベストセラー作家が，沖縄の普天間基地の周辺に住み，爆音や基地被害に悩む人びとのことを，「カネ目当て」だと言わんばかりの発言をしました。正確な発言は以下の通りでした。

> 「基地の地主さんは年収何千万円なんですよ，みんな」「ですからその基地の地主さんが，六本木ヒルズとかに住んでいる。大金持ちなんですよ」「うるさいのは分かるが，そこを選んで住んだのは誰だと言いたい」「基地の地主は大金持ち。基地が出て行くとお金がなくなるから困る。沖縄は本当に被害者なのか」（『沖縄タイムス』2015年6月26日より，発言部分のみを引用）

　これらの言葉はまさに，他者の理解からもっとも遠いところから発せられています。私はこれを読んでふと，確かに普天間基地の周辺に「基地ができてから」住んだ人びとは，なぜその場所を自ら選んだのだろう，と思いました。そして，普天間基地周辺のなかでも，とくに爆音がひどい場所に住んでいる，ある女性の生活史を聞き取り，ひとつの短い記事にしました。その女性に，おもにどのような選択や事情で普天間の真横に住むようになったのか，ということを中心に，その暮らしや日常について聞きました。それは，聞くものにとって，「なるほど，やっぱりいろいろ事情や経緯があるんだな」と思わせるものでした。そして私は，この文章の最後に，こう書きました。長くなりますが引用します。

> 「嫌なら出ていけばいい」という言葉が排除するのは，Wさんの生活史の語りのような，ほんとうにそこで生きている個人の日々の暮らしである。たしかに宜野湾に住む人びとは，自らの自由な意図でそうしている。しかし，その行為は，さまざまな制約や条件や人間関係のなかで折り合いがつけられ，妥協されて選ばれたものである。
> 　個人が自分の生存の条件のもとで，少しでも良きものにしようと精一杯選んだ人生に，私たちは果たして，あの巨大な普天間基地の「責任」を負

4　生活史を「研究」する　●　235

わせることができるだろうか。

　私たちは，個人の実際の生活史から考えることで，行為，意図，選択，責任などの概念について考え直すことをせまられる。たとえ自分の意思で普天間に住んだとしても，私たちは耐え難い騒音被害に対して異議申し立てをすることができる。まして，その責任を当事者個人に負わせることはできないのである。(2015.09.18「爆音のもとで暮らす――沖縄・普天間における「選択」と「責任」」シノドス http://synodos.jp/politics/15166)

　こうした，人びとの行為の背景にある，さまざまな事情や経緯，構造的条件や制約を記述し，そしてその行為がどのようなプロセスで選択されたのか，ということを理解することが，社会学のひとつの仕事です。そして，人びとがその生活史においてどの道を選択して，それをどのように語るか，ということを丹念に拾い上げることによって，無理解が生む「自己責任論」を解体することが，社会学の遠い目標のひとつである，と考えることができます。

生活史調査の「トライアングル」

　あくまでも社会調査としての生活史法は，背景となる社会問題そのものに関する知識がなければ，その場で語られた語りの分析だけに終わってしまいます。特定の社会問題についての調査である以上，私たちは，社会構造や歴史的状況にその語りを位置づけ，また逆に，語りから社会構造や歴史的状況について考え直すことが必要とされるのです。こうして，私たちは，生活史と「歴史と構造」との間を，何度も何度も往復します。この往復運動によって，何が生まれるかというと，それは「新しい理論」です。

　生活史の語りを聞くと同時に，たとえば戦後の沖縄社会や経済の変動について調べることで，私たちは，沖縄社会について，それまでの「共同体主義」的な見方とは異なる視点を得ることができます。たとえばこの語りを，そうした「沖縄的共同性」についての私たちの理論を鍛え直し，あらたな「沖縄社会論」を構築するためのデータとして解釈することもできます。

　広い意味での社会問題をテーマとして，当事者や関係者にじっくりと生い立ちや暮らしぶり，あるいはその問題についての語りを聞き取ります。語り手が「何を語ったか」「どう語ったか」を考えます。そして，その社会問題の背景に

ついての，統計データや歴史的資料などを大量に集めます。聞き取った語りを，大きな「歴史と構造」のなかに位置づけます。さらに，その社会問題についての新しい理論を作り上げます。この一連のプロセスが，生活史調査なのです。

ただ，ここで，たとえば「位置づける」とか「考える」とかいっても，具体的にそれをどうすればよいのかについては，私からは何も言えません。実は，それを考えることこそが「研究」なのです。ここから先は，みなさんが，ゼロから組み立てていくしかありません。そのためにも，「語り」と「歴史と構造」と「理論」の3つのあいだの往復が必要となるのです。

本書は初学者向けの教科書なので，あまりこのことについてじっくり述べることはできませんが，ここまでの議論をまとめると，基本的には生活史調査とは，個人の語りだけではなく，以下の3つの要素すべてで構成される調査である，ということになります。

生活史調査では，

- 個人の生活史にじっくりと耳を傾ける。(「語り」)
- 調査テーマである特定の社会問題の背景知識を得る。(「歴史と構造」)
- その社会問題についての新しい見方を獲得する。(「理論」)

ここまで来てようやく，この章の冒頭で述べた生活史調査の定義を，ここでもういちど述べることができます。

　　生活史調査とは，個人の語りに立脚した，総合的な社会調査である。それは，ある社会問題や歴史的事件の当事者や関係者によって語られた人生の経験の語りを，マクロな歴史と社会構造とに結びつける。語りを「歴史と構造」に結びつけ，そこに隠された「合理性」を理解し記述することが，生活史調査の目的である。

ここまで読まれた方なら，この定義が意味するものを理解していただけるでしょう。これまで，生活史法は，どちらかといえば，マクロな経済システムや歴史的状況，あるいは社会変動などとは無縁の，あくまでも個人のミクロな語

りを集め,そしてその分析もあくまでも語りの水準に限定することが望ましいとされてきました。それはそれで豊かな成果を生み出しましたが,そろそろそのような戦略も,限界に来ています。私たちは,（広い意味での）特定の社会問題についての調査を積み重ね,あらたな知識と理論を構築していくことがどうしても必要なのです。そのためには,生活史調査を語りのレベルだけに限定せず,それを「歴史と構造」のなかに置き直して考えることをしなければなりません。そうしてはじめて,私たちは,特定の社会問題の調査を通じて,あたらしい理論の構築に貢献することができるのです。

5　最後に——生活史は「それ自体で面白い」

　以上,いろいろとごちゃごちゃ述べてきましたが,最後にひとつだけ,強く言いたいことがあります。それは,人の人生の語りは,それ自体で面白い,ということです。

　私は機会があれば,自分がしている専門的な調査のほかに,面白そうなひとにインタビューを申し込んだり,友だちに生い立ちのことを聞いたりしています。あるいは,大学のゼミでも,たくさんの学生が身近なひとなどに生活史の聞き取りをして卒論を書いています。

　こうして私のパソコンには,いつのまにかたくさんの人びとの語りが集まっていました。私はいつか,編集や切り貼りを一切せずに,その語りをそのままの形で世の中に出したいと思うようになりました。それほどその語りたちは,どれもしみじみと面白く,深みや驚きがあり,かけがえのない価値があるものでした。もともと,最初の著作である『同化と他者化』でも,戦後沖縄の労働力移動とアイデンティティというテーマで理論的な分析と考察を加えているのですが,生活史の語りの部分は,ほとんど無編集のまま掲載していました（そのおかげでページ数が大幅に増えました）。そんなとき,たまたま出版社からお話があり,『街の人生』という2冊めの本を,2014年に出すことができました。

　『街の人生』では,私や私のゼミ生が聞き取った,南米から日本に移住したゲイの若者,「ニューハーフ」,シングルマザーの風俗嬢,摂食障害の当事者,そして西成の元ホームレスのおっちゃんの5人の生活史を,ほんとうにほぼ無

編集のまま掲載し、そこに一切の解釈や分析も付け加えませんでした。語り口をそのまま文字化した文体にしたので、読者の方によっては読みにくいと言われましたが、たとえ読みにくくなっても、どうしても語りを語られたそのままの雰囲気で載せたかったのです。

　ひとによっては、生活史の語りというものを、そのひとの人生そのもの、そのひとの人格そのものだと捉えることもあります。しかし、私は実は、そうは思わないのです。それはそのひとの人生の語りではありますが、人生そのものではありません。むしろそれは、その場限りのものです。それまで会ったことのない初対面の誰かと向き合って、2時間か3時間、そのひとの語りをじっくり聞く。そのときに語られる言葉は、そのつど違ったものになるでしょう。そもそも、何十年という人生の歩みそのものを、わずかな時間で語り尽くせるわけがありません。

　しかし、あるいはだからこそ、そうした語りは美しいと思います。偶然の出会いの場で、たまたま語られた言葉たちは、すぐに記録し書き留めておかないと、空中に消えてしまって、二度と戻ってきません。私は『街の人生』で、そうした儚い、その場かぎりの語りをつかまえて文字に変え、紙の上にとどめておこうとしたのです。

　もちろん、それがその場かぎりのものだからといって、そこで語られた人生の経験全体がフィクションだというのではありません。それは現実にあったことです。私たちはその語りを、事実として受け止めます。生活史調査はまず、相手の語りを「信じる」ことから始まります。それはたしかに、ひとつの現実です。ただこの現実は、語り方が無限にあるのです。そして、その場で語られた語りは、真実のものではありますが、同時に一回限りの、すぐに消えてしまうものでもあります。

　いずれにせよ、それほどドラマチックなことがない、淡々とした平凡な人生でも、「つまらない人生」というものはひとつもありません。インタビューを申し込んだときに、よく「私の人生なんか語る価値ありませんよ」と言われることがあります。私はそういうときに、強く思います。語る価値のない人生などありません。どんな人生もほんとうに豊かで、興味深いものです。そして、その人生を自分自身の声で語る生活史もまた、豊かで、興味深いものなのです。

参照文献

岸政彦, 2013, 『同化と他者化——戦後沖縄の本土就職者たち』ナカニシヤ出版.

岸政彦, 2014, 『街の人生』勁草書房.

桜井厚, 1996, 「戦略としての生活——被差別部落のライフストーリーから」栗原彬編『講座 差別の社会学2』弘文堂.

桜井厚, 2005, 『境界文化のライフストーリー』せりか書房.

ターケル, S., 1995, 『人種問題』晶文社.

谷富夫, 1989, 『過剰都市化社会の移動世代——沖縄生活史研究』溪水社.

谷富夫編, 2008, 『新版 ライフヒストリーを学ぶ人のために』世界思想社.

トマス, W. I.・F. ズナニエツキ, 1983, 『生活史の社会学——ヨーロッパとアメリカにおけるポーランド農民』御茶の水書房.

トンプソン, P., 2002, 『記憶から歴史へ——オーラル・ヒストリーの世界』青木書店.

中野卓, 1977, 『口述の生活史——或る女の愛と呪いの日本近代』御茶の水書房.

中野卓, 2003, 『生活史の研究』東信堂.

プラマー, K., 1998, 『セクシュアル・ストーリーの時代——語りのポリティクス』新曜社.

ベルトー, D., 2003, 『ライフストーリー——エスノ社会学的パースペクティヴ』ミネルヴァ書房.

ポルテッリ, A., 2016, 『オーラルヒストリーとは何か』水声社.

宮本常一, 1984, 『忘れられた日本人』岩波書店.

柳田国男, 1976, 『遠野物語・山の人生』岩波書店.

ルイス, O., 2003, 『貧困の文化——メキシコの〈5つの家族〉』筑摩書房.

ブックガイド

■新しい著作

①前田拓也，2009，『介助現場の社会学——身体障害者の自立生活と介助者のリアリティ』生活書院。

　　からだを動かしながら調査をする魅力がわかります。著者は障害やケアといった領域に関心を持つ，自ら介助者になります。介助とは，特定の専門的知識を持てば，すぐに円滑に遂行できるものではありません。介助者と障害者のあいだで，さまざまな事柄を不断に調整しながら，望ましい介助実践を相互に創り上げる必要があるからです。たとえば，入浴介助をする際に，障害を持つ当事者が全裸になるのに対し，介助者はパンツを履いている。はたしてこのパンツを脱ぐべきか否か……。この「パンツ一枚の攻防」に象徴的なように，介助者はつねに自分自身を振り返りながら，日々の介助現場を生きることになります。安易に「共感」なる用語を使わず，あくまで自己と他者の「関係」から物事を辿り直す社会学的思考の魅力とあわせて，本書を堪能してください。

②中村英代，2011，『摂食障害の語り——〈回復〉の臨床社会学』新曜社。

　　質的調査のお手本のような著作です。人は摂食障害からどのように〈回復〉しているのか。18名の回復者へのインタビューをもとに，この問いに迫ったのが本書です。仮説の検証のために語りを聞くのではなく，語りの只中から問いを探る構えが垣間見えます。摂食障害については，「治し方」ばかりに目が向けられて，「治り方」について議論されてこなかったと，著者は言います。専門家が判定する回復ではなく，当事者自身が意味づける〈回復〉の過程とはどのようなものかが丁寧に描出されます。本書からは，話者を診断するのではなく，話者と一緒になって考える著者の姿が浮かぶように，私（石岡）は思いました。著者はこう書きます。「社会学とは，徹底的に言語を疑いながらも，手持ちの言語で何かを可視化させ，自由と解放へと希望をつなぐ試みといえるのではないか」。本書に散りばめられた素晴らしい文章のくだりも，ぜひ味わってください。

③金菱清編，2012，『3.11 慟哭の記録——71人が体感した大津波・原発・巨大地震』新曜社。

　　本書は2012年2月20日に刊行されました。つまり，大震災から1年経たずして世に出された記録です。副題にあるように，71人の人が自ら筆を執って，「それ」をどう経験したのかを記しています。「当事者自身による記録」の可能性について考えることのできる著作です。大震災をめぐっては，私たちは一括りに解釈しがちです。たとえば「津波」「メルトダウン」「原発避難民」「復興」といったように。けれども，それらはあくまで，名前を持った具体的な誰かによって経験された点を忘れるべきではないでしょう。「何が起こったか」と同時に「何を生きたのか」を本書では問おうとするのです。あえて写真を一枚も使わず文字のみで一冊に仕上げたことが，逆にリアリティを強く醸し出します。編者による新著『震災学入門』（ちくま新書，2016）とあわせて読みたいです。

④直野章子，2015，『原爆体験と戦後日本——記憶の形成と継承』岩波書店。

　　およそ20年間にもおよぶ調査から「被爆体験」とその継承について根底的に問うた著作。膨大な体験記を読み，生き残った人びとを訪ね歩き，被団協の活動に伴走しながら，著者は「戦後日本」という時空で「被爆体験」がどのように捉えられてきたかを探ります。本書で著者は「原爆体験」と「被爆者」の間のズレを説き起こします。「原爆体験」者が「被爆者」であるわけではない。「被爆者」とは，戦後の医科学や法制度や事件などさまざまな装置との関連の中で誕生していった特有の主体であることを緻密に描出します。そこから著者は，安易な当事者主義（原爆体験者＝被爆者という前提の思考様式）を批判し，「被爆体験」とは生き残りとその同伴者によって共同形成されてきた点を論ずるのです。それは「被爆者」を当事者として囲い込み，かれらのみを政治の舞台に押し上げる従来の研究を根底的に批判する作業でもあります。著者による『『原爆の絵』と出会う』（岩波ブックレット，2004）も，ぜひ手に取ってみてください。

⑤ベネディクト・アンダーソン，2009，『ヤシガラ椀の外へ』NTT出版。

　　『想像の共同体』（1983＝1997，NTT出版）で世界的に脚光を浴びたアンダーソンの伝記。しかし本書は同時に，フィールドワークの優れた解説書にも仕上がっています。本書，とりわけ第3章「フィールドワークの経験から」を読むと，きっと読者は異世界へと飛び立ちたくなるでしょう。東南アジアでの複数の国での調査を踏まえて，アンダーソンは「比較」の方法について，スリリングな議論を展開します。タイには

有ったものがフィリピンには無い。インドネシアでは当たり前なものが，アメリカでは新鮮に映る。「何かが違う(ディファレント)」／「あるべきものがない(アブセンメント)」という感覚から社会分析を開始するのです。過去に遭遇した風景を携えて，現在直面している景色を見つめる。それは言い換えれば，二重写しで現実を捉える方法と言えるでしょう。フィールドワーカーとは物事を二重写しで見る人のことであると，私（石岡）はアンダーソンの著作から学びました。

⑥三浦耕吉郎，2009，『環境と差別のクリティーク──屠場・「不法占拠」・部落差別』新曜社。

　25年以上にわたって，屠場や部落にまつわるさまざまな事柄にかかわり，また調査をおこなってきた著者による差別と環境をめぐる社会記述。著者は，差別問題や環境問題の渦中にかかわることと，それを社会学の言語で分析することの間の「距離」について，考え抜いてきた人であるように思います。ひとつの差別問題を見るにしても，研究者にとっての「問題」と当事者にとっての「問題」はズレることが通常です。このズレの解消が社会調査では目指されてきましたが，本書では逆にズレの可能性（とでも呼べるもの）から考察が出発されています。すなわち，研究者視点と当事者視点の間の「統合」を目指すのではなく，そこに存在する「ディスコミュニケーション」を直視し，そこから屠場や不法占拠地や被差別部落について複眼的な記述が展開されていくのです。社会問題にかかわることとそれを書くことの関係について，改めて考えさせられる著作です。

⑦ポール・ファーマー，2003＝2012，『権力の病理──誰が行使し誰が苦しむのか　医療・人権・貧困』みすず書房。

　暴力を可視化するエスノグラフィー，それが本書です。医師にして人類学者でもあるファーマーは，1年の半分をハーバードで教え，残りをハイチの診療所で過ごします。結核やエイズで死にゆく人の傍らに居続けた彼は，医療の問題が単に医療的世界のみに関わるのではなく，ハイチをめぐる国内外の政治──とりわけアメリカの介入──と密接に連動している点を暴きます。医療不足やその背後の貧困は，対策が不十分だから残存しているのではありません。むしろ，アメリカをはじめとする先進諸国が，自国の利益のために積極的に「放置」することで，ハイチの貧困が再生産されていると主張するのです。ハイチの貧民は，「福祉」の不足ではなく，見えない「暴力」を受けることで，死にゆく。ファーマーがエスノグラフィーを書くのは，犠牲者たちの声を「響かせ，拡大する」ためだと断言します。その迫力と緊張感に触れてくださ

い。

⑧桜井厚，2005，『境界文化のライフストーリー』せりか書房。

　生活史研究の重要な成果です。滋賀県内の被差別部落でおこなわれたインタビュー調査をもとに，その生活文化——祭り，男女の恋愛や結婚，生業まで——を記述したものです。本書では，さまざまな語りがふんだんに盛り込まれています。それらの語りは決して分析のための補助資料としてあるわけではありません。むしろ，語りそのものに「語らせる」ような工夫が本書では採られています。たとえば「町内のどこの家からも，トントントンと底づけの靴を打つ音」（p.301）が聞こえるほど盛んだった靴づくりについて。近年，海外から安い靴が輸入されることで，この地場産業が消えようとしています。本書で引かれる語りからは，それが同時に靴職人の「わざ」が消えていく過程であることが浮かび上がります。生活感覚を外さない社会記述について，本書から学べる点は多いです。

⑨澁谷智子，2009，『コーダの世界——手話の文化と声の文化』医学書院。

　「コーダ」とは，Children of Deaf Adults の頭文字を取ったもの（CODA）で，聞こえない親を持つ聞こえる子どもたちのことです。著者は，コーダを中心に，さらには聞こえない親への調査も補充して，かれらの日常世界について記します。コーダの語りからは，親の「ろう者」の世界が伝えられます。同時に，コーダたち自身もまた，聞こえる親に育てられた聴者とは異なった状況感覚を生きている点が語られます。たとえば旅行の際に，持ち物リストに沿って準備をする聴者に対して，コーダは「家を出るでしょ。駅で友達の○○さんと会うでしょ」といった具合に，頭の中で映像を流しながら持ち物が準備されていくのです。聴者の「静止画の思考」に対するコーダの「動画の思考」が読み取れます。本書が素晴らしいのは，コーダやろう者の世界についての探究であると同時に，聞こえることを自明にする聴者の世界の捉え直しにもつながっている点です。ですから，コーダを知ると同時に，私たち自身を再発見する本だと言えるでしょう。

⑩熊谷晋一郎，2009，『リハビリの夜』医学書院。

　脳性まひを生きる著者がその身体世界について記述した傑作。自らの体験を別アングルから把握し直そうという意志に貫かれています。「脳性まひ」や「障害」といった言葉で説明を終えるのではなく，著者は「私が体験していることをありありと再現してくれるような——そんな説明が欲しいのだ」と言います。本書は，病苦の当事者

が自ら体験を書くという「自己エスノグラフィー」の代表作と言えるでしょう。用いられる表現も卓抜です。「私はなぜ全身全霊でパソコンを打つのか」「グニャグニャの快感」「取り込めないセックス」「トイレとつながる」などなど。私（石岡）は学部2年生向けのゼミで本書を輪読したことがありますが，学生の評判もとても良かったです。

⑪ 小川さやか，2011，『都市を生き抜くための狡知――タンザニアの零細商人マチンガの民族誌』世界思想社。

　タンザニアの古着商人のエスノグラフィー。古着の売買にはさまざまな駆け引きがおこなわれます。そんな古着商人たちの駆け引きについて，著者は驚くほど緻密に記します。古着商人の世界は，取引をめぐって騙したり，騙されたり，また商品を持ち逃げされたりと，一見トラブルだらけのように見えます。しかし長い目で見ると，古着商人たちはそんな関係を維持しながら生きている世界が浮かび上がってきます。騙し騙されながらうまくやっていく。そのような茶目っ気たっぷりのずる賢さのことをスワヒリ語で「ウジャンジャ」と言います。著者は自ら古着売りの仕事をこなし，500人以上の常連客を持つやり手になりながら，古着商人の「ウジャンジャ」について書き上げました。

■古　典

① ウィリアム・ホワイト，1943＝2000，『ストリート・コーナー・ソサエティ』有斐閣。

　社会学の参与観察の古典中の古典。20世紀に刊行された社会学の最良の成果の一つで，アメリカやイギリスでは，本書の影響下にある著作を「ストリート・コーナー社会学」と呼ぶほどです。ボストンのスラム街であるコーナーヴィルを舞台にして，都市周縁の独自の秩序と社会関係を描いたもの。第一部に登場するギャング団のメンバー「ドック」は，社会学の書物において，最も有名な個人名の一つです。読みどころはさまざまな箇所にわたりますが，特にボウリングの記述は秀逸で，ギャング抗争における遊びの機能について教えてくれます。巻末の「アペンディックス」では，ホワイトがどのようにコーナーヴィルに入り込んだのかが記されており，参与観察の方法を考えたい人は必読です。

②クリフォード・ショウ，1930＝1998，『ジャック・ローラー――ある非行少年自身の物語』東洋館出版社。

　「ジャック・ローラー」とは，酔っ払いを狙って金を奪う者を指す俗語。本書は，1920年代のシカゴで盗みや略奪を繰り返し，少年院に収監されたスタンレーについての記録です。著者のショウは，スタンレーに生活記録を書かせ，それをそのまま用いることで，スタンレー自身にとっての「ものの捉え方」を浮かび上がらせます。従来は，逸脱や犯罪を行政資料から捉えることが主流でした。しかし，本書では少年自身の物語から捉えなおすという斬新な視座転換が果たされます。たとえば，盗みが犯罪行為というよりはスリルあふれる「ゲーム」として存在する点などは，少年の意味世界に接近するための意義深い論点です。また，およそ100年前のシカゴで生きた少年の息づかいに触れることができる点で，資料的にも貴重なものです。

③中野卓編，1977，『口述の生活史――或る女の愛と呪いの近代』御茶の水書房。

　日本の生活史研究の幕開けを告げた古典で，社会学界に大きな影響を与えた一冊です。岡山県倉敷市の水島コンビナート近くに暮らすひとりの老女（「奥のオバァサン」）の人生。その女性は1893年に岡山に生まれ，満州と朝鮮を経由してから，岡山に戻って生きました。日本の近代化をひとりの庶民として具体的に生きた女性の口述史から，私たちは，社会とは決して抽象的なものではなく，具体的な個人たちが作り上げるものであることを改めて思い知ります。著者は元日本社会学会会長ですが，その会長就任講演の内容である「個人の社会学的調査研究について」（『社会学評論』32(1)，1981年）も，ぜひ読んでください（ウェブサイトのJ-stageから読めます）。

④アーヴィング・ゴッフマン，1961＝1984，『アサイラム――施設収容者の日常世界』誠信書房。

　アサイラムとは，刑務所や精神病院など，収容者を四六時中，細部まで全面的に管理する施設のこと。近代社会は「個の自由」をベースに設計されているので，一定の時間と場所での統制はあり得ても（学校や職場みたいに），個人の全時間と全空間を統制することは原則的にありません。にもかかわらず，特定の個人の全時間・全空間を管理下に収める施設も，なぜか同時に準備されています。ゴッフマンはそうしたものを「全制的施設」と呼んで，それらに共通する仕組みを取り出そうとしました。ゴッフマンは，ものすごい感性と分析の鋭さを持った社会学者ですが，本書からはそんなゴッフマン・ワールドが堪能できます。たとえば，収容者の過去の履歴の消去は，持ち物の没収だけでなくて，名前の没収（かわりに番号で呼ばれるようになる）に表

れるという記述からも，その一端が伝わるかと思います。

⑤オスカー・ルイス，1959＝2003，『貧困の文化――メキシコの〈五つの家族〉』ちくま学芸文庫。

　メキシコシティに暮らす五つの都市下層家族の「平均的一日」を，朝から晩までの叙述を通して浮かび上がらせたもの。感動的な作品です。私（石岡）の知人の経済学者は，本書を読んでから，調査スタイルをそれまでの統計的なものからエスノグラフィーを中心にしたものへと変更しました。家族の一日の記述は，父親の視角から描写したかと思えば，同じ事柄を母親の視角から記述し直したりと，とにかくアングルへの方法意識が際立つ著作で，これはルイスによって「羅生門的手法」と定式化されるものです。ぜひその具体的手触りを堪能してください。ルイスが亡くなったとき，本書の第一章に登場するペドロ・マルチネスから弔電が送付されたことも有名な逸話です。

⑥クロード・レヴィ＝ストロース，1955＝2001，『悲しき熱帯Ⅰ・Ⅱ』中公クラシックス。

　20世紀を代表する人類学者にして思想家であるレヴィ＝ストロースの主著。ブラジル・アマゾンの奥地に出かけた著者が，複数の先住民族の生活模様を記したものです。長期フィールドワークに持参したい一冊で，私（石岡）は本書をマニラに持参して，ボクシングジムで気の向いたページを読んでいました。文章の美しさと分析の鋭さが際立っています。たとえば第2巻でボロロ族の集落形態について記した箇所に，それが典型的に表れています。最終章で，著者はこう言います。「人間は発端においてしか，真に偉大なものを創造しない。いかなる領域においても，最初の踏み出しだけが全体的な価値を持つ」。著者がこのように考えた理由を，本書を読みながら考えると興味深いです。

⑦ポール・ウィリス，1977＝1996，『ハマータウンの野郎ども――学校への反抗・労働への順応』ちくま学芸文庫。

　1970年代中頃にイギリスの工業都市ハマータウンで実施された参与観察。著者は，学校に入り込んで，荒くれ者の生徒たち（「ラッズ（野郎ども）」と呼ばれています）に密着します。なぜ労働階級の若者男性は，自ら進んで手労働の世界に参入していくのか。そこには彼らの文化による独自の「選択」の過程があるのだ――ウィリスは本書でそう論じます。本書では興味深い調査方法が採用されていて，それは野郎どもに

対して，個人インタビューと集団インタビューが両方おこなわれている点です。集団インタビューでは威勢の良い語りが登場しますが，個人インタビューでは悩む姿などもうかがえて，一括りにはできない人生模様が上手に描かれています。複雑なものを複雑なままに書きながら，しかし全体を通して一つのストーリーができあがっていて，読み応えがあります。

⑧ハワード・ベッカー，1973＝2011，『完訳 アウトサイダーズ——ラベリング理論再考』現代人文社。

ラベリング理論を打ち立てた社会学の古典です。参与観察の点からも非常に面白い著作です。学生時代，ベッカーはジャズ・ミュージシャンとして稼ぎを得ていました。アメリカの社会学者の中には，大学で過ごした時間よりも，学外で得た体験を足場に，独自の社会学を展開していった人が何人もいますが，ベッカーはその代表格のような人です。ミュージシャンは，ジャズを本当のところわかっていない聴衆を小馬鹿にするものの，しかし稼ぎを得るためには，かれらの前で演奏をするしかありません。そんなジレンマの中で，ミュージシャンは一般聴衆に染まらぬよう独自な行為を取るわけですが，それが同時にミュージシャンを「アウトサイダー」として社会的に際立たせるのです。ベッカーの研究は，味わい深く，個性的で，面白いです。

⑨ロバート・マーフィー，1987＝2006，『ボディ・サイレント——病いと障害の人類学』平凡社。

脊椎腫瘍に侵された人類学者が，自らの身体世界を「フィールドワーク」のように見つめ返して記録した名著。人生における決定的な一冊，というのがあるとすれば，私（石岡）にとっては本書です。身体が動かなくなるとはどういうことか。それは単に食事や排泄といった肉体機能が衰退するだけでなく，「世界」が変質することなのだと，マーフィーは記します。何の不自由なく使用していた二階部屋は遠い彼方になってしまい，思いのままにおこなっていた椅子に座ることもいちいち計画と準備をしなければいけなくなる。私たちはたとえば，歩くことについては，歩くなくなることで，はじめてその基層を知るのです。よって，身体が動かなくなっていく過程は，自明性の奥に潜む世界の成り立ちが開示されていく過程でもあります。異世界とはどこか遠くにあるわけではなく，私たちの傍らに潜んでいるかもしれないことを教えてくれます。

⑩ピエール・ブルデュー，2002＝2007，『結婚戦略——家族と階級の再生産』藤原書店。

　社会的な「裂け目」——古い社会と新しい社会の狭間——に放り込まれた人間の模様を存分に描いた著作。自由恋愛が主流になる過程で，フランス農民の子弟は，結婚相手を自ら見つけ出さなければならなくなります。父親世代のような「家」単位での結婚はなくなり，かといってパリの若者のように自由恋愛を当たり前に育ったわけではない。かつての慣行と現在の慣行の双方から放り出された彼らは，社会的な「裂け目」を生きます。その物悲しさをブルデューは，男女が集うダンスパーティーで，踊ることができず，壁の花になる農民子弟の描写から捉えてみせます。豊かな感性を社会学の言語に置き換えて提示するブルデューの真骨頂が，本書には息づいています。ブルデューの社会学には，他の著作——アルジェリア戦争やフランスの大学の分析など——においても，つねに「裂け目」から考察を出発する特徴があります。

⑪スディール・ヴェンカテッシュ，2008＝2009，『ヤバい社会学——一日だけのギャング・リーダー』東洋経済新報社。

　学部生に一冊薦めるなら，本書です。シカゴ大学が生んだ異端の社会学者，ヴェンカテッシュ。日本ではあまり話題になりませんが，世界的にはよく引き合いに出される著名な社会学者です。彼の師匠はアメリカ社会学会会長を務め，黒人ゲットー研究で世界的に著名なウィリアム・ウィルソンです。ヴェンカテッシュは，1980年代後半，シカゴの黒人ゲットーの荒廃した団地，ロバート・テイラー・ホームズに丸腰で入り込みます。その無鉄砲なギャングへの接近の仕方は，社会調査としては異端かもしれませんが，しかし，ヴェンカテッシュの記述の方法は，ロバート・パーク以来のシカゴ学派の王道に則っています。たとえば，「黒人」と「アフリカ系アメリカ人」と「ニガー」がいかに別物なのかをビビッドに描くあたりは，さすがです。

⑫佐藤郁哉，1984，『暴走族のエスノグラフィー——モードの叛乱と文化の呪縛』新曜社。

　日本の社会学で参与観察と言えば，本書です。1980年代の京都市の暴走族についてのフィールドワークの成果です。「エスノグラフィー」という言葉が日本で定着したのは，本書以降です。その点において本書は，一つの金字塔を打ち立てた作品です。アンケート調査，インタビュー，雑誌記事の分析など，使えるものは何でも使うという「恥知らずの折衷主義」が本書で採用されています。華麗な文体で展開する本書は，それ自体が一つの暴走体験を与えてくれるような疾走感にあふれていて，読者を飽きさせません。

⑬松田素二，1996，『都市を飼いならす——アフリカの都市人類学』河出書房新社。

　　日本語で書かれたエスノグラフィーの中で，最も豊かな成果の一つだと思います。私（石岡）は2000年代前半に大学院生時代を過ごしましたが，当時，フィールドワークを中心にした研究を目指す院生の多くが，本書を読んで刺激を受けていました。ケニアのスラムに生きる単身男性者たちのさまざまな生活実践を，リズミカルな文体で力強く描写します。植民地支配や経済の構造調整など「大状況」に振り回されるケニアの下層の人びとですが，そうした中で自らの身の丈レベルの「小状況」の工夫を通じて巧みに生き抜く過程を「ソフト・レジスタンス」として捉え返す視座は圧巻です。

■教科書

①谷富夫・芦田徹郎編，2009，『よくわかる質的社会調査　技法編』ミネルヴァ書房。

　　参与観察，ワークショップ，インタビューなどの質的調査の異なる技法や，会話分析，ライフヒストリー分析，内容分析など質的調査の異なる分析方法について説明されています。一人の著者による教科書は，まとまりがある反面，質的調査の幅広い調査スタイルを想定していないことが多いのですが，多数の著者が各自の得意分野を説明している本書は，多様な方法論についてバランスよく言及されたものになっています。質的調査とはどんなものか，初学者が全体を見渡したいなら便利な教科書でしょう。同じ編者らによる『よくわかる質的社会調査　プロセス編』（2010）も，調査の具体的手順の説明がわかりやすくされており，おすすめです。

②佐藤郁哉，2002，『フィールドワークの技法——問いを育てる，仮説をきたえる』新曜社。

　　佐藤は質的調査の教科書を何冊も書いていますが，そのなかでも佐藤自身が学生時代からどのように調査をしてきたか，体験談を中心に記述してあり，読みやすい本です。質的調査の手法は，研究テーマや調査対象に依存する部分が大きく，具体的な研究対象やテーマを離れて一般的なことは言いづらいのですが，その点で佐藤の体験談とともに読める本書は，個別具体的な調査の経験の記述をとおして，他にも応用できる質的調査にとって普遍的なことがらがわかるものになっています。佐藤自身のフィールドノートの紹介などもあります。同じ著者の『フィールドワーク——書を持って街へ出よう　増訂版』（2006，新曜社）は，日本の質的調査のパイオニア的教科書で，

必読です。

③菅原和孝編，2006,『フィールドワークへの挑戦——"実践"人類学入門』世界思想社。

　文化人類学者である菅原が，京都大学総合人間学部で学部生向けに「文化人類学演習」という授業を担当していたときの受講生たちのレポートを中心に構成された本です。それらのレポートに菅原が入れる温かくも厳しい「つっこみ」から，「よい」調査と「よくない」調査をわけるものはなんなのか，その勘所がわかります。銭湯，セックスワーク，振売り，新興宗教など，さまざまなフィールドに挑む学生たちの多様な関心も，研究テーマや調査フィールドを考える際の参考になります。初学者がはじめて挑戦するフィールドワークは，調査の原点とでもいうべき魅力にあふれていて，読むときっとフィールドワークをしたくなってくることでしょう。

④箕浦康子編，1999,『フィールドワークの技法と実際——マイクロ・エスノグラフィー入門』ミネルヴァ書房。

　著者の箕浦が，東京大学で教えていたフィールドワークの授業の記録。本書の特徴は，文化人類学者が行うような全体社会を対象としたものよりも，教育学や社会心理学を背景に，比較的小さな社会空間やミクロな場面などに着目するフィールドワークを想定していることです。フィールドワークの技術を身に着けるために授業で課していた実習課題や，受講生たちが実際にフィールドワークをして書いたレポートも収録されており，内容はやや難しいですが，授業を想像しながら読めます。同じ編者はのちに，『フィールドワークの技法と実際II——分析・解釈編』(2009)というデータの分析・解釈の仕方に焦点をあてた続編も出しており，そちらもおすすめです。

⑤藤田結子・北村文編，2013,『現代エスノグラフィー——新しいフィールドワークの理論と実践』新曜社。

　他者を調査し，記述する調査者はどのような立場にあるのか，調査はその人の主観が反映されたものではないのか。ポストモダン思想に影響を受けて高まってきた，従来の「実証主義」的な社会調査に対するこうした疑念は，質的調査そのものを大きく揺るがしています。その波にもまれ，こうした疑念に誠実に向き合いながら調査をしてきた若い研究者たちによる質的調査の教科書。質的調査をとりまく理論的状況の説明はやや難しいですが，質的調査の新たな展開や最近注目されている新しいアプローチがまとまっています。フィールドワーカーが出会う問題や抱えがちな悩みなどについても，率直な言及がなされています。

⑥波平恵美子・小田博志，2010，『質的研究の方法——いのちの〈現場〉を読みとく』春秋社。

　　ベテランの医療人類学者波平に，若手の文化人類学者小田が，研究生活の経験を聞くという対談形式の書。いわゆる教科書的な内容とはいえませんが，会話がそのまま収録されているため読みやすいです。文化人類学者が世界をどのように見ているのか，研究するとは日々の営みとどう関わっているのか，研究は社会にどのように還元できるのか，質的研究の知とはどのように生み出されるのか，そんなことを豊富に汲みとることができる一冊です。

⑦桜井厚，2002，『インタビューの社会学——ライフストーリーの聞き方』せりか書房。

　　質的調査のなかでも，インタビューをすることに絞った調査方法の教科書です。桜井は，語りをどのように扱うのかという認識の違いによって，実証主義，解釈的客観主義，対話的構築主義の3つに立場を整理しています。桜井が依拠する対話的構築主義は，マイノリティの人々の語りに誠実に向き合ってきたがゆえに編み出された知であり，同じくマイノリティを対象に調査をしようとする人にとっては必読の書です。同じ著者が10年後に書いた『ライフストーリー論』（2012，弘文堂）も合わせて読むと，その後の著者の思考の展開を追うことができ，興味深いです。

⑧前田泰樹・水川喜文・岡田光弘編，2007，『エスノメソドロジー——人びとの実践から学ぶ』新曜社。

　　本文中では触れられませんでしたが，質的研究のなかでも，エスノメソドロジーと呼ばれる方法について説明した教科書です。エスノメソドロジーとは，集団の中で暗黙のうちに共有されている知識やルールとはなにかを明らかにしようとするきわめて社会学的な方法で，会話や仕事・教育など「場」を対象に，観察可能なことがらに焦点をあてて，何がその集団の社会秩序を成り立たせているかを分析しようとします。本書では，エスノメソドロジーとはなにか，どんな研究の展開可能性があるかについて，平易に書かれていますが，実際にエスノメソドロジーを用いた研究を行うなら，代表的な研究例とともに，具体的な分析や記述の方法については，別の教科書で学ぶ必要があるでしょう。

⑨木下康仁,2003,『グラウンデッド・セオリー・アプローチの実践――質的研究への誘い』弘文堂。

　本文中では触れられませんでしたが,質的研究の分析方法として,しだいに広く用いられるようになってきているグラウンデッド・セオリーについての概説書です。なかでも日本では,本書が扱っているM-GTA(修正版グラウンデッド・セオリー・アプローチ)という方法がよく用いられています。グラウンデッド・セオリーは,体系的にデータをコード化し整理していくための方法であり,質的調査のデータの収集方法についてはさまざまな議論がなされているのに対して職人芸的で脆弱だった質的研究のデータの分析方法の議論に,手続きの明確さをもたらしました。しかしグラウンデッド・セオリーは万能ではなく,質的調査によって得られたデータを分析するためのひとつの方法にすぎませんから,他の分析方法と比較検討して,自分の調査にあった手法を選ぶべきでしょう。

⑩盛山和夫,2004,『社会調査法入門』有斐閣。

　質的調査だけではなく,量的調査も含めた社会調査一般を扱った教科書です。紙幅の大半は,定型化された方法のある量的調査に割かれていますが,社会調査とはどのようなものか,量的調査と質的調査それぞれにできることと弱点,調査が持つ限界,とりあげるケースの代表性をどう考えればよいかなど,すべての社会調査に共通する基本的な構えが目配りよく書かれています。言及されている研究事例も著名な社会学の研究が多く,勉強になります。社会学の社会調査について全般的に学びたいなら,非常にバランスのよい教科書でしょう。

あとがき

　本書で書かれているのは，質的調査のほんの入り口で経験することばかりです。フィールドワークや生活史調査を継続して，自分でも論文や本を書くようになると，より難しい問題がたくさん出てきます。たとえば，参与観察やインタビューで得られた「データ」から「事実」をつくりあげていくのは，どうしたらよいのか。先行研究では質的調査のどんな側面が批判されているのか。量的調査とはどのような関係にあるのか。そして，そもそも，調査とは何か。

　入門書としての本書では，こうした難しい問題を取り上げることはできませんでした。それはまたいずれ，別の機会に論ずることにしたいと思います。

　ただ，これだけは言えると思います。質的な社会調査も量的な社会調査も，一見すると深く対立するようにみえながらも，それらが「社会調査」である限りは，人びとのコミュニケーションのなかで鍛えられ，試され，厳しく批判されるということは，どちらにも共通しています。社会調査は，社会を相手に，社会のなかでおこなわれる調査であり，そして調査主体である私たちもまた，社会のなかにいるのです。それは，人びとのあいだでおこなわれる調査です。数字を使っても使わなくても，このことだけは共通していると思います。

　社会調査の妥当性や信頼性についての，抽象的で理論的で「哲学的」な，難しい議論はいくらでもありますが，その倫理や正しさも含めて，その成否を決定するのは社会であり，そこに生きる人びとなのです。

　社会調査について考えるということは，社会について考えることと同じなのです。

　　　　＊　　＊　　＊

　本書をまとめるにあたり，さまざまな方にお世話になりました。特に，東京大学の北田暁大さん，関西学院大学の金明秀さん，立命館大学の筒井淳也さん，神戸大学の朴沙羅さんからは，原稿を読んでいただいて，温かくも厳しいコメントをいただきました。北海道大学の加藤弘通さんからも，貴重な指摘をいただきました。大学院生として立命館大学の丸山ゼミに参加されていた山田大地

さん，岡部茜さん，延圭史さんにも原稿への助言をいただきました。心より感謝いたします。もちろん，筆者の能力もあり，そのご批判に十分にお応えすることはできませんでした。本書の至らない点のすべての責任は筆者にあります。

有斐閣の四竈佑介さんには，最初に本書のオファーをいただいてから，ほんとうに長い時間お待たせすることになってしまいました。お詫び申し上げます。彼の情熱と能力がなければ，本書は完成しなかったと思います。ほんとうにありがとうございました。

 2016 年 10 月

著者一同

事項索引

◆ ア 行

IC レコーダー　　55, 57, 204
相手の常識　　118
アイデンティティ　　44, 233, 234
アイデンティティ喪失　　102, 103
新しい理論　　230, 236, 237
　　──の構築　　238
アドリブのインタビュー　　210
アポイントメント（アポ取り）　　52, 53, 161, 198-201
アンケート調査　　10, 21
逸脱集団　　17
逸脱文化　　181
一般化　　186, 187
移動の街　　228
移民社会　　181
インタビュー　　8, 46, 52, 53, 57, 159, 161, 177, 212
　　──の意図　　53
　　──の終わり　　214
　　──の食い違い　　74
　　──の始まり　　203
インタビューデータ　　72, 74, 78, 135
インフォーマルな共同体　　191
インフォーマルな組織　　47
大きな物語　　174
沖縄アイデンティティ　　166, 170, 227, 231
沖縄的共同体　　229-231, 233, 236
沖縄の戦後史　　227, 228, 230
オーバー・ラポール　→ラポール
思いつき　　98, 99
オーラル・ヒストリー　　156, 195
お礼状　　55
音声データのバックアップ　　215

◆ カ 行

階級文化　　28

外国語　　132
会話の流れ　　211, 213
会話分析　　218
書く／書かない　　149
過剰移動　　229
数の多さ　　167
語　り　　188, 191, 192, 194, 197, 207, 237
　　──と事実　　194
　　──の意味　　194
　　──の研究　　192
　　──の変化　　79
　　──の矛盾　　78
　　社会的な──　　195
語り方　　171-173, 195, 239
語り手固有の語り　　163
語り手のライフコース　　168, 169
カテゴリー化　　186
　　──の暴力　　188, 192
感　情　　117
聞き取りの現場　　179, 206, 208, 214
聞き取りの場所　　202
擬似相関　　13
記述の確かさ　　109
基礎的な知識　　227
気　分　　56, 97-99, 101, 135, 137
客　観　　64, 65
客観主義　　69, 70
客観性　　20, 68-70, 105, 112-114, 118
客観的事実　　69, 70
教育制度　　227
記録のものさし　　118
近代化　　184, 233
具体的事実を聞く生活史　　170
具体的な事実　　169
経験則　　96
経済状況　　227
携帯電話　　57
経　費　　55

257

ケーススタディ　26
ゲーム　→もうひとつのゲーム
研　究　219
　――の作法　89
　――の問い　44
研究者／調査者としての立ち位置　211
研究対象　38, 106
　――と研究テーマ　106-108
研究テーマ　39-42, 44, 50, 96, 101, 106, 107, 131, 162, 164
研究倫理　46
現象学的社会学　185
現地語　132
行　為　30
行為者の選択　31
行為の合理性の理解　31
構造化インタビュー　53
構造的な暴力　165
構築主義　170
高度経済成長　228
合理性　29-31, 234
国勢調査　9
ゴシップ的な面白さ　103, 104
個人の語り　20, 156

◆ サ　行

最終地点の記述　140
作業と情熱の合体　98, 99
差　別　74, 186
サンプリング　14, 19
サンプル　22
参　与　16
参与観察　16-18, 27, 33, 52, 95, 102, 110, 113, 117, 142-144
　――における他者理解　131
　――の往復運動　127
　――の終わり　133
　――の核心　97
　――の成否　105
　――の第一歩　100
　――の独創性　150

　――の特徴　127, 129
ジェンダー　66
シカゴ学派　181, 182
時間的制約性　151
時間的予見　128, 129, 136
　――の剥奪　128
時間の諸効果　151
自己言及的な記述　113
自己責任論理　33
自己の不合理性　147
事実性　192
事実を聞く／語り方を聞く　173
事前の知識　227
実証主義生活史法　189
実証主義的方法　191
質的調査　9, 15, 19, 24-26, 38-41, 201, 227
　――と量的調査　21
　――の醍醐味　79
　――の魅力　69
　――の役割　190
質的データ　9
質問項目　14, 53, 209, 210
自分にとって面白いこと　101
自分の研究の位置づけ　84
社会解体の過程と要因　181
社会学　2, 3, 6, 192
　――の究極の目標　34
　――のデータの面白さ　8
　――の目的　30
社会学者　1, 4, 25
　――の課題　35
　社会と――との相互作用　6
社会学的想像力　76
社会学的な面白さ　103, 104
社会学部　1, 2
社会環境についての知識　233
社会構造　189
　――と文化体系　190
　――や歴史的状況　236
社会調査　35, 171, 186, 187, 198, 203
社会調査士　34

社会問題　4-6, 161, 169, 181, 198, 199, 237
　　──に関わる知識　236
　　──の実態　173
　　──へのコミット　22
　　──へのまなざし　6
写　真　57, 100, 138
謝　礼　53, 54
主　観　64, 69, 70, 89
取　材　201
　　──の承諾　198
紹介者　45, 46
小集団　17, 18
焦点化　77, 81
調べたことと考えたこと　145, 146
事例の核心　108, 137
身体訓練　106
信頼関係　164, 201, 213, 227
図表作成　124, 127
スポーツと社会階層　106
住み込み調査　97, 109, 118, 127, 131, 132, 134
生活感覚　109, 128, 129
生活記録　→ライフ・ドキュメント
生活構造　189, 190
生活構造論　189
生活史　18, 19, 33, 72, 158, 163, 168, 169, 172, 174, 182, 184, 190, 193, 194, 199, 206, 207, 209, 239
　　──のインタビュー　160
　　──の語り　188, 219, 226
　　──の聞き取り　159, 206
生活史調査　18, 157-159, 168, 190, 204, 239
　　──の定義　156, 237
　　──のめざすもの　219
生活史的センス　174, 176-178, 180, 185, 192, 204
セクシュアル・ハラスメント　5, 65, 69
世代間生活史法　192
先行研究　42, 44, 80, 81, 83-86, 106, 107, 143
　　──との異同　86

戦後復興　228
専門家　162
総合的な実態調査　15
相互作用　26, 218
属　性　25, 65, 67, 112, 130
卒　論　8

◆ タ　行

ダイアグラム　125
体験から認識へ　137
体験した人びと　19, 113, 161, 162
対　象　→研究対象
対話的構築主義　188, 189
他　者　32, 118, 163
　　──の暴力　164
　　──の理解　235
　　──を理解する　165, 234
他者の合理性　29, 39, 65, 79, 119, 146, 147
他者の合理性の理解　32-34, 103, 146
他者の対峙する世界　131
正しい知識　162
他人にとって面白いこと　101
多様性　26
誰として参入するか　112
地域社会　103
地域調査　45
地域や時代の差　168
知　識　15, 24, 62
中心的な問い　78
中範囲の社会問題　192
調　査　14, 15
　　──における葛藤　63
　　──の区切り　78
　　──の趣旨　202, 208
　　──のプロセス　90
　　──の暴力　165, 192
　　──の暴力性　166
　　──の目的　11, 61
調査依頼　50
調査依頼書　46-48
調査者　11

——と当事者の信頼関係　163
　　——の葛藤　65
　　——の義務　91
　　——の責任　92
　　——の属性　65, 67
調査データの整理　72
調査テーマ　35, 198, 199
調査票　10, 12, 14
調査倫理　50, 61, 65
地　理　227
定型的な語り　196
デ ー タ　7, 97, 98, 117, 135
データ整理　71, 73, 75
　　——と分析　78
データの矛盾　73
データベース　42, 43
テーマ　→研究テーマ
てみやげ　53-55, 203
伝統文化　227
問　い　100, 108, 145, 146
　　——の立て方　21
動　画　57
当事者　8, 20, 161-163, 167, 169
　　——の語りを聞く　161
ドキュメンタリー　65
都市問題　181
トラブル　54, 61

　　　◆ ナ　行

ナラティブ　156
日記（フィールド日記）　56, 116, 117
日本の社会学　4
年　表　72

　　　◆ ハ　行

バイアス　14, 21, 114
バイオグラフィー　156
漠然とした興味関心　39
外してはならない事象　109, 110
ハビトゥス　136
ハラスメント　66, 67

半構造化インタビュー　53
比較研究　26
非構造化インタビュー　53
人の人生の語り　238
人びとの対峙する世界　128-130, 140
費　用　41
標本スケール　167
貧困の恐怖　128
貧困の文化　175
ピントを合わせない集中　207, 208, 210
フィールド　41-44
　段階的に——に入る　46
　　——で知り合った友人　63
　　——でのあたりまえ　51
　　——でのおもしろいところ　76
　　——での関係性　60
　　——での人間関係　47, 50, 65
　　——でのホットなトピック　77
　　——での役割　52, 58
　　——の概況　101, 102
　　——の概況を知り直す　102
　　——の気分　108, 117
　　——の記録　57
　　——の現実　124
　　——の下調べ　45
　　——の特徴　77, 142
　　——の理解可能性　133
　　——への理解　51
　　——を探す　41
フィールド体験　127
フィールドノート　51, 56, 71, 99, 108, 114, 115, 118, 119, 122, 134, 141, 142
　　——の過程　135
　　——の作成法　117
フィールドワーク　15, 16, 33, 38
　　——でのおもしろいところ　84
　　——という言葉　37
　　——の最初の関門　45
　　——の焦点　75
　　——のプロセス　93
フォーマルな組織　46, 47

フォーマルな歴史　169
不合理　28, 29, 31, 34, 103, 146, 147, 151
不合理性　147
普通の人びと　195
普遍的な方法　25
プライバシー　53, 57, 90
ぶらぶら過ごす　51, 59
文化資本　22
文化人類学　16
文化体系　190
文献リスト　43
変　数　25
ボイスレコーダー　204
方法論　9
飽　和　196
補足調査　80, 82

◆ マ　行

マイノリティ　19, 20, 32, 33, 186
マジョリティ　32
　　――とマイノリティの構造的な差別　164
マスキュリティ　106, 107
待ちの調査　110, 111
民俗学　16
矛盾する語り　194
名刺（連絡先カード）　203
メ　モ　56, 57, 71, 115, 116, 122, 139, 203
メンバーの流動性　124
もうひとつのゲーム　32
文字起こし　71, 72, 78, 79, 159, 161, 167, 217-219
文字起こしソフト　204, 217
文字起こしデータの編集　225
ものの捉え方　104, 105, 119, 129
　　――のバージョンアップ　104, 105, 119, 138, 146, 147
問題意識　41, 44, 45, 77
問題関心　101
問題設定　85-87

◆ ヤ　行

役　割　60, 61
予見と予測　136

◆ ラ　行

ライフコース　168, 232
ライフ・ストーリー　156, 185
ライフ・ドキュメント（生活記録）　156, 180-182
ライフ・ヒストリー　156
ラベリング　17
ラポール（オーバー・ラポール）　64, 164
リアルタイム　140
　　――とオフタイム　151, 152
　　――と最終地点　142, 143
　　――の観察　18
　　――の記述　140, 141
　　――の現実　144
　　――の社会認識　150, 151
　　――の出来事　142
理　解　30, 93, 165, 166, 194, 234
量的調査　11, 12, 14, 19, 22-24, 38, 40, 167
　　――と質的調査　9, 10, 25
　　――のプロセス　13
　　――の問題の立て方　10
量的データ　9, 15
理　論　25, 219, 237
理論的思い込み（先入観）　230, 231
隣　人　34, 165, 166
倫理規定委員会　61
歴史社会学的な感覚　184
歴史的状況　229
歴史と構造　194, 196, 219, 227, 231, 237, 238
レコーダー　204, 205, 216
労働市場　227
録　音　57, 71, 72, 203, 206
録音機材　204
論文執筆　134
論文の書き方　85

人名索引

◆ ア 行

池田浩士　143, 144
ヴィトゲンシュタイン, L.　125
ウィリス, P.　17, 27, 31
ウェーバー, M.　29, 30, 98, 99, 137
上原健太郎　233
上間陽子　233
鵜飼正樹　99
打越正行　233
小川徹太郎　144

◆ カ 行

鎌田慧　133
ゴッフマン, E.　17, 146

◆ サ 行

齋藤直子　169
桜井厚　19, 180, 185-189, 191-193
佐藤郁哉　55, 56, 118
シュッツ, A.　185
鈴木広　189, 190
ズナニエツキ, F. W.　18, 19, 180-182

◆ タ 行

ターケル, S.　177, 180
谷富夫　19, 180, 189-193
デュルケム, E.　137

トマス, W. I.　18, 19, 180-182
トンプソン, P.　195

◆ ナ 行

中野卓　19, 124, 130, 180, 182-185, 192

◆ ハ 行

パーソンズ, T.　185
プラマー, K.　195
ブルデュー, P.　96, 124, 127, 136, 151
フレイレ, P.　130, 131
ベルトー, D.　195, 196
ポルテッリ, A.　196, 197

◆ マ 行

松田素二　131, 132
マルクス, K.　137
マルケス, G.　184
宮本常一　178-180
森達也　65

◆ ヤ 行

柳田国男　178, 180

◆ ラ 行

ラザースフェルト, P. F.　185
ルイス, O.　174-176, 180
レヴィ＝ストロース, C.　116

質的社会調査の方法——他者の合理性の理解社会学
Qualitative Research Methodology:
Interpretative Sociology of the Rationality of the Other

2016年12月20日 初版第 1 刷発行
2023年 2 月20日 初版第14刷発行

著 者	岸　　　政　彦 石　岡　丈　昇 丸　山　里　美
発行者	江　草　貞　治
発行所	株式会社　有　斐　閣

郵便番号 101-0051
東京都千代田区神田神保町 2-17
http://www.yuhikaku.co.jp/

印刷・株式会社理想社／製本・大口製本印刷株式会社
© 2016, M. Kisi, T. Ishioka and S. Maruyama.
Printed in Japan
落丁・乱丁本はお取替えいたします。
★定価はカバーに表示してあります。
ISBN 978-4-641-15037-9

JCOPY　本書の無断複写（コピー）は、著作権法上での例外を除き、禁じられています。複写される場合は、そのつど事前に（一社）出版者著作権管理機構（電話03-5244-5088, FAX03-5244-5089, e-mail:info@jcopy.or.jp）の許諾を得てください。